Einführung in die Sportsoziologie

Waxmann Verlag GmbH
Steinfurter Straße 555, 48159 Münster
info@waxmann.com

Otmar Weiß, Gilbert Norden

Einführung in die Sportsoziologie

Waxmann 2013
Münster / New York / München / Berlin

Bibliografische Informationen der Deutschen Nationalbibliothek
Die Deutsche Nationalbibliothek verzeichnet diese Publikation in
der Deutschen Nationalbibliografie; detaillierte bibliografische
Daten sind im Internet über http://dnb.d-nb.de abrufbar.

Waxmann Studium

ISSN 1869-2249
ISBN 978-3-8309-2886-7

2., überarbeitete und aktualisierte Auflage
1. Auflage, WUV-Universitätsverlag gem. mit UTB 1999

© Waxmann Verlag GmbH, 2013
Postfach 8603, 48046 Münster
Waxmann Publishing Co.
P.O. Box 1318, New York, NY 10028, USA

www.waxmann.com
order@waxmann.com

Umschlaggestaltung: Pleßmann Design, Ascheberg
Satz: Stoddart Satz- und Layoutservice, Münster

Gedruckt auf alterungsbeständigem Papier,
säurefrei gemäß ISO 9706

Inhalt

Vorwort

Die Sportsoziologie hat in den letzten Jahrzehnten wichtige Fortschritte erzielt und bedeutsame wissenschaftliche Erkenntnisse zur Verfügung gestellt, die Grundlagen für Theorie und Praxis, für Studium, Ausbildung und Beruf liefern. In diesem Sinne soll dieses Einführungsbuch Basiswissen über das Forschungsfeld vermitteln und zugleich eine Orientierungshilfe sein, indem sportsoziologische Themen, Theorien und Forschungsergebnisse anschaulich dargestellt und anhand von Beispielen näher erläutert werden. Die Lektüre des Buches ist insbesondere für Studierende der Sportwissenschaft und Soziologie gedacht, aber auch für alle, die am Sport interessiert sind und die Sozialwelt des Sports besser verstehen möchten.

Die Autoren zeichnen für folgende Kapitel verantwortlich: Otmar Weiß Kapitel 6 und 7, Gilbert Norden und Otmar Weiß Kapitel 1 bis 5 und 8 bis 10.

Auf eine geschlechtsneutrale Schreibweise wird zugunsten der leichteren Lesbarkeit verzichtet.

Wien, im Januar 2013   Otmar Weiß, Gilbert Norden

Einleitung

Sportsoziologie hat sich in den letzten Jahrzehnten als Subdisziplin der Sportwissenschaft und Soziologie etabliert. Wichtige internationale Fachgesellschaften sind: Das „International Committee for Sociology of Sport" (ICSS, gegründet 1964, seit 1995 „International Sociology of Sport Association", ISSA), die „North American Society for Sociology of Sport" (NASSS, gegründet 1978) und die „European Association for Sociology of Sport" (eass, gegründet 2001). Diese Organisationen veranstalten jeweils jährlich Kongresse und geben Zeitschriften heraus, nämlich die „International Review for the Sociology of Sport" (seit 1966, Organ der ISSA), das „Sociology of Sport Journal" (seit 1984, Organ der NASSS) und das „European Journal for Sport and Society" (seit 2004, Organ der eass). Weitere sportsoziologische Zeitschriften sind das „Journal of Sport and Social Issues" (seit 1977), „Sport, Education and Society" (seit 1996), „Soccer and Society" (seit 2000) und „Sport und Gesellschaft" (seit 2004). Die Zeitschriften spiegeln den Diskussionsstand innerhalb der Sportsoziologie wider. Ihre Themenvielfalt sowie die Heterogenität der theoretischen Ansätze und verwendeten Methoden in den Beiträgen verweisen auf eine rasante Entwicklung des Faches Sportsoziologie, welches in den USA, in Großbritannien, Deutschland und Südkorea am stärksten vertreten ist.

In Österreich setzte die Institutionalisierung der Sportsoziologie 1968 mit der Gründung des „Österreichischen Arbeitskreises für Soziologie des Sports und der Leibeserziehung" ein, der Vorläuferorganisation der heutigen „Österreichischen Gesellschaft für Sportsoziologie". Wie in vielen anderen Ländern erfolgte hierzulande ab den 1980er Jahren ein starker Zuwachs an sportsoziologischen Publikationen. Unter anderem erschien 1988 eine Übersichtsdarstellung zu Sportsoziologie (Norden/Schulz 1988), der 1999 ein Lehrbuch folgte (Weiß 1999). Die vorliegende zweite Auflage dieses Lehrbuches geht von folgendem Sportbegriff aus:

Definition:
Sport ist eine körperliche Aktivität, die erlebnis-, gesundheits-, leistungs-, spiel- und wettkampforientiert betrieben wird.

Diese Definition unterscheidet sich von anderen Definitionsversuchen durch ihre handlungstheoretische Ausrichtung, die auch für große Teile des Buches grundlegend ist. Das Buch ist in zehn Kapitel gegliedert:

In Kapitel 1 und 2 erfolgt eine Beschreibung der Gegenstände „Soziologie" und „Sportsoziologie". Dabei wird sowohl über die theoretischen Ansätze, wie auch über die Methoden in der Sportsoziologie ein Überblick geboten. Ziel ist, Grundkenntnisse zu vermitteln, die zum Verständnis und Umgang mit Ergebnissen empirischer sportsoziologischer Forschung notwendig sind.

Anschließend wird der Zusammenhang zwischen Sport und Gesellschaft (Kapitel 3) skizziert. Es wird verdeutlicht, dass Sport integraler Bestandteil der Gesellschaft und daher sozial und kulturell geformt ist. Jede Gesellschaft hat eine für sie bezeichnende Auffassung von Sport. Die Relativität dieser Auffassungen und ihre große Vielfalt verweisen darauf, dass es sich hierbei eher um soziokulturelle Schöpfungen als um ein Ergebnis einer biologisch fixierten Natur des Menschen handelt. Sport ist ein Kulturprodukt. Als solches ist er ein Indikator für den Grad der gesellschaftlich zulässigen physischen Gewalt und stellt eine Abbildungsfläche gesellschaftlicher Distinktionen und eines spezifischen Habitus des Menschen in den verschiedenen Stadien der Gesellschaftsentwicklung dar.

Die Sinngebung des Sports kann von Gesellschaft zu Gesellschaft unterschiedlich sein. Innerhalb einer Gesellschaft variieren Form und Bedeutung des Sports etwa nach Geschlecht und sozialer Schichtzugehörigkeit. Dabei spielen die je nach sozialer Lage unterschiedlichen Vorstellungen vom eigenen Körper eine wichtige Rolle. Darauf und auf die Sozialisationsprozesse, aus welchen diese Vorstellungen resultieren, wird in Kapitel 4 eingegangen.

An die Sozialisationsthematik anknüpfend werden in Kapitel 5 soziale Prozesse in Sportgruppen behandelt. Dabei geht es vor allem um Zusammenhänge zwischen Gruppengröße, Gruppenstruktur, Gruppenkohäsion und Leistung.

In Kapitel 6 wird ein „Paradigma der Anthropologie" wiedergegeben, um die soziale Dimension des Sports besser erschließen zu können. Das Paradigma wurde im Rahmen der Habilitationsschrift „Sport und Gesellschaft (Weiß 1990) unter Rückgriff auf einige Grundaxiome der Philosophischen Anthropologie (Scheler, Plessner, Gehlen) sowie in Anlehnung an das sozialpsychologische Konzept G. H. Meads entwickelt. Es besagt, dass menschliches Handeln durch ein Streben nach sozialer Bestätigung und Anerkennung gekennzeichnet ist. Dieses Paradigma wird sodann auf den Sport angewandt. Es wird herausgearbeitet, dass Sport den Menschen in besonderer Weise Möglichkeiten zur Selbstbestätigung bietet.

In Kapitel 7 wird gezeigt, dass Handlungen im Sport trotz ihrer Körperbezogenheit auch als Kommunikationsprozesse ablaufen. Als soziale Institution hängt Sport aufs Engste mit Kommunikation zusammen, da Handlungen im Sport mit Bedeutung und Sinn verbunden sind.

Die Sinnproduktion und -vermittlung stellt auch einen wichtigen Faktor der Zuschauerattraktivität des Sports dar. Darauf und auf weitere Attraktivitätsfaktoren wird in Kapitel 8 ebenso eingegangen wie auf die Aggressionsproblematik von Sportzuschauern.

Nach den Ausführungen zum Verhalten von Zuschauern vor Ort wird die indirekte Teilnahme von Zuschauern an Sportereignissen über Medien und der Mediensport überhaupt untersucht (Kapitel 9). Hierbei bildet die „parasoziale Beziehung" zwischen Fernsehzuschauern und Mediensportlern einen Schwerpunkt. Es handelt sich um eine künstliche Beziehung, die in vielerlei Hinsicht einer echten sozialen Beziehung gleicht. Ein zweiter Schwerpunkt liegt in der Charakterisierung der „Realität des Mediensports". Die Massenmedien produzieren eine eigene Wirklichkeit, eine Medienkultur des Sports, die mit dem Wesen der Medien zusammenhängt.

Die Symbiose zwischen Sport und Massenmedien hat weitreichende Auswirkungen auf das Verhältnis zwischen Sport und Wirtschaft (Kapitel 10). Sport ist zu einer riesigen Industrie geworden. Wie kaum ein anderes Phänomen fügt er sich erfolgreich in den Algorithmus von Freizeit, Konsum und Massenkommunikation ein und verhilft seinerseits diesen Subsystemen zur Verwirklichung ihrer Ziele. Folglich kommt es im Sport zur Kommerzialisierung (Anpassung des Sports an die Gesetze des Marktes), Professionalisierung (Verberuflichung) und Mediatisierung (Anpassung des Sports an die Gesetzmäßigkeiten der Medien).

1 Der Gegenstand der Soziologie

Der Gegenstand der Soziologie[1] ist die Gesellschaft. Unter Gesellschaft wird allgemein ein Gefüge von Individuen, sozialen Handlungen und Beziehungen zur Befriedigung individueller und gemeinschaftlicher Bedürfnisse verstanden. Man spricht von: Stammesgesellschaft; Jäger- und Sammlergesellschaft; Agrargesellschaft; industrieller, spätindustrieller und postindustrieller Gesellschaft, offener und geschlossener Gesellschaft, traditioneller, moderner, spätmoderner und postmoderner Gesellschaft, sakraler und säkularisierter Gesellschaft, matriarchalischer und patriarchalischer Gesellschaft, imperialistischer, totalitärer, repressiver, autoritärer, antiautoritärer und permissiver Gesellschaft; theokratischer, diktatorischer, plutokratischer, bürokratischer, technokratischer und demokratischer Gesellschaft, lokaler, regionaler, nationaler und transnationaler Gesellschaft sowie Weltgesellschaft; u.v.a.m.

Als deskriptiver Begriff wird Gesellschaft meist durch Aufzählung von Eigenschaften definiert, wie zum Beispiel: Sie besitzt ein abgegrenztes Territorium, eine eigene Kultur und bestimmte Organisationsformen, die Bevölkerung besteht aus beiden Geschlechtern und allen Altersgruppen etc.

> **Definition:**
> Gesellschaft ist eine Bezeichnung für die Gesamtheit des Sozialen und kennzeichnet die zwischenmenschliche Verbundenheit oder die besondere Art der sozialen Beziehungen, Prozesse, Handlungen und Kommunikationen.

Für Gesellschaftsmitglieder ist die „Gesellschaft nicht unmittelbar sichtbar, weil sie einerseits eine als selbstverständlich erlebte Umwelt darstellt und weil sie andererseits Aspekte von Ordnung und Regelmäßigkeiten, Phänomene des gleichgerichteten und organisierten Verhaltens aufweist, die erst unter Beobachtung erkennbar sind" (Schulz 2008, S. 15). Diese dem Individuum vorgegebene Ordnung bezeichnet den Systemcharakter der Gesellschaft. Wird in

---

1 Namengeber der Soziologie (socio = Gemeinschaft, Gesellschaft; logie = Lehre, Wissenschaft, Theorie) war Auguste Comte (1798–1857) (Gukenbiehl 2006, S. 15).

der Soziologie primär von diesem, also vom „Ganzen" der Gesellschaft ausgegangen, spricht man von einer „holistischen" Perspektive (Makrosoziologie), aus der Soziologie wie folgt definiert wird:

> **Definition:**
> Soziologie ist jene Wissenschaft, die sich mit der Erforschung gesellschaftlicher Strukturen befasst.

Wichtige Fragestellungen betreffen demnach den Aufbau von Gesellschaften und richten sich auf die Wechselwirkungen zwischen gesellschaftlichen Teilbereichen (Arbeit, Familie, Sport etc.) sowie auf die Auswirkungen unterschiedlicher Strukturen. Welchen Einfluss hat es zum Beispiel auf die Entwicklung des sozialen Lebens in einem Dorf, wenn ein Betrieb, in dem ein großer Teil der Ortsbevölkerung beschäftigt ist, zusperrt und die Bewohner arbeitslos werden? Oder, wie wirkt sich die Zunahme der Ehescheidungen auf die Sozialisation der Kinder aus? Oder, welche Bedeutung hat die Verbreitung des E-Sports (Computerspielesport) bei Kindern und Jugendlichen für die Entwicklung von sozialer Kontaktfähigkeit und des Sozialverhaltens?

Ein anderer Zugang geht primär nicht von Strukturen aus, sondern von den sozialen Verhaltensweisen, dem Handeln der Menschen und den menschlichen Interaktionen. Man nennt dies den „individualistischen" Zugang (Mikrosoziologie). Ihm entspricht die folgende Definition von Soziologie:

> **Definition:**
> Soziologie ist die Wissenschaft vom sozialen Handeln und von menschlichen Interaktionen.

Wichtige Themenbereiche sind dann der Erwerb und die Ausformung sozialer Verhaltensweisen (Sozialisation) und die wechselseitige Orientierung der Menschen aneinander durch gegenseitige Verhaltens- und Norminterpretationen. Man ist an einem Grundmodell menschlichen Verhaltens interessiert, um Handlungsabläufe im sozialen Kontext erklären zu können.

Unabhängig davon, ob der Verhaltens- und Interaktionsaspekt oder der Systemaspekt im Vordergrund steht, geht es in der Soziologie nicht um Aussagen über die individuellen Akteure, wie dies in der Psychologie der Fall ist, sondern die Gesellschaft oder das Soziale stehen im Mittelpunkt des Interesses. Der Kernbegriff der Soziologie *sozial* verweist auf eine breite Verwendungspraxis. In der Alltagssprache drückt sozial eine ethisch-moralische Haltung aus:

z. B. jemandem helfen, ein gutes Werk tun, sich fürsorglich, lieb und rücksichtsvoll verhalten. Der Gegensatz hierzu ist unsozial: z. B. lieblos, rücksichtslos, egoistisch, geizig. Ferner hat das Wort sozial eine öffentlich-politische Dimension im Sinne von fördernd, den (wirtschaftlich) Schwächeren schützend und die menschlichen Beziehungen in der Gesellschaft regelnd, ausgedrückt in den Wortverbindungen *Sozialpolitik, Sozialhilfe, Sozialreform, Sozialstaat* etc.

Neben dem moralischen und politischen Sinnverständnis erfährt der Begriff in seiner wissenschaftlichen (soziologischen) Verwendung eine entscheidende Erweiterung seines Bedeutungsrahmens. In der Soziologie bedeutet sozial: jedes Handeln, das auf andere Menschen bezogen ist oder aus dem Verhalten anderer Menschen folgt; es beinhaltet sowohl Kooperation als auch Konflikt.

Der Begriff *sozial* kommt auch in der Biologie vor. Zum Beispiel spricht man vom Sozialverhalten von Tieren und Pflanzen. Es gibt eine Tiersoziologie, Pflanzensoziologie, Soziobiologie etc.

Abbildung 1.1: Nachbardisziplinen der Soziologie

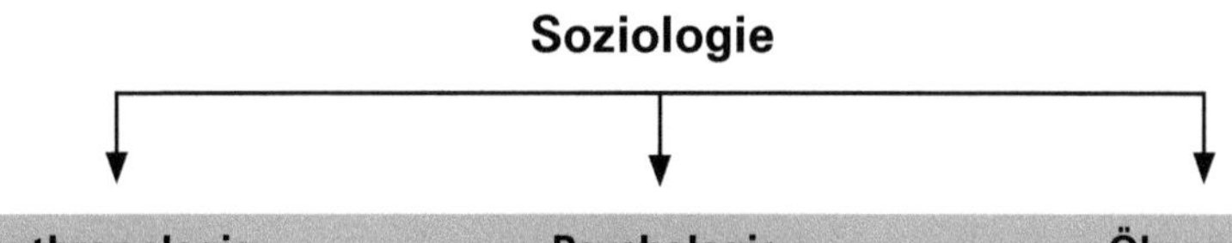

Anthropologie	Psychologie	Ökonomie
Spielt durch die Wesensbestimmung des Menschen für die soiologische Theoriebildung eine Rolle. Naturanthropologie: Aus der Sicht der Biologie steht die Ablösung des Menschen aus dem Tierreich zur Diskussion. Kultur-Anthropologie: Aus ethnologischer Perspektive gilt das Interesse primitiven Gesellschaften und der Spezifität sowie Relativität bestimmter Kulturformen. Philosophische Anthropologie: Versucht einen Brückenschlag zwischen Natur- und Kulturanthropologie herzustellen.	Der Gegenstand psychologischer Forschung umfasst die psychischen Grundlagen menschlichen Verhaltens und Erlebens wie sie in der Wahrnehmung, im Denken, in den Gefühlen, in Motiven, im Lernen, in der Bewegung und im Handeln wirksam werden; die Sozialpsychologie betrachtet diese Grundlagen unter dem spezifischen Aspekt des Sozialen. Die Sozialpsychologie ist folglich die Schnittmenge von Soziologie und Psychologie, wobei wichtige Problemfelder, wie Kleingruppen geschehen, Rollenhandeln und Sozialisationsvorgänge von beiden Disziplinen bearbeitet werden.	Mit der Ökonomie hat die Soziologie traditionellerweise viele Berührungspunkte, sei es auf dem Gebiet der Wirtschaftssoziologie oder in Bezug auf das Leitthema Wirtschaft und Gesellschaft, das mehreren Klassikern auf diesem Gebiet zugrunde liegt.

Die wichtigsten mit sozialem Verhalten befassten Nachbardisziplinen der Soziologie sind die Anthropologie, die Psychologie und die Ökonomie (Abbildung 1.1).

Eine eigene und unumstrittene *Sozialtheorie* wurde bislang nicht entwickelt; zumindest gibt es keinen relativ einheitlichen Kern einer allgemein anerkannten Theorie. Stattdessen gibt es eine Vielzahl theoretischer Ansätze. Die wichtigsten davon sind in Tabelle 1.1 überblicksartig dargestellt.

Tabelle 1.1:   Theoretische Ansätze der Soziologie

- Struktur-Funktionalismus
- Neo-Funktionalismus (= Nachfolger des Struktur-Funktionalismus)
- Systemtheorie (in verschiedenen Varianten)
- Interpretativer oder Phänomenologischer Ansatz (in seinen Ausprägungen, dem Symbolischen Interaktionismus, der Ethnomethodologie und der Neuen Phänomenologie)
- Prozess- und figurationstheoretischer Ansatz
- Verhaltenstheoretischer Ansatz
- Praxistheorie (Theorie sozialer Praktiken)
- Performanztheorie
- Dialektischer Ansatz
- Konflikttheorie
- Kritische Theorie
- Rational-Choice-Ansatz (= aus der Ökonomie übernommene Überlegungen)

Soziologische Theorien und Aussagen müssen an der Wirklichkeit, d.h. empirisch, geprüft werden. Es geht um die systematische Ermittlung sozialer Tatsachen mit Verfahren, welche die Ergebnisse intersubjektiv überprüfbar (objektiv) und damit prinzipiell von der Subjektivität des Forschers unabhängig machen. Insofern ist die Soziologie als Wissenschaft von der Gesellschaft nur als empirische Forschung möglich. Als grundlegende Sozialwissenschaft ist die Soziologie auf die theoretisch empirische Erforschung der Gesetzmäßigkeiten des gesellschaftlichen Zusammenlebens der Menschen ausgerichtet.

> **Definition:**
> Empirisch bedeutet „auf Erfahrung beruhend".

Mittels empirischer Forschung werden Theorien und Aussagen über die soziale Wirklichkeit geprüft. Während in den Naturwissenschaften empirische Forschung und Theoriebildung weitgehend zu einer Einheit verschmolzen sind, ist dies in der Soziologie nicht unbedingt der Fall. Die hoch abstrakten Gesellschaftstheorien sind der empirischen Überprüfung weitgehend entzogen. Die meisten gut abgesicherten Theorien findet man daher vorwiegend im Bereich der Mikrosoziologie oder auch in einigen speziellen Soziologien.

Spezielle Soziologien sind auf entsprechende Bereiche des gesellschaftlichen Lebens ausgerichtet. Hierzu zählen die Familien-, Religions-, Bildungs-, Wirtschafts-, Rechts-, Arbeits-, Stadt-, Agrar-, Technik-, Wissenschafts-, Kunst-, Medizin-, Sprach-, Mediensoziologie und eben die Sportsoziologie.

2 Sportsoziologie: Gegenstandsbereich, theoretische Ansätze und methodische Zugänge

Gegenstand der Soziologie ist die Gesellschaft oder das Soziale. Folglich hat die Sportsoziologie den Zusammenhang zwischen Gesellschaft und Sport bzw. das Soziale im Sport zum Gegenstand.

> **Definition:**
> Sportsoziologie ist jene Wissenschaft, die sich mit der Erforschung sozialen Handelns, sozialer Prozesse und Strukturen im Sport sowie mit den Wechselwirkungen zwischen Gesellschaft und Sport befasst.

Ihre grundlegenden Fragen lauten entsprechend: Wie prägen gesellschaftliche Strukturen, Institutionen und Beziehungen den Sport? Wie wirkt der Sport auf andere gesellschaftliche Bereiche? Wie ist der Sport aufgebaut? Welche sozialen Prozesse vollziehen sich in ihm und wie wird in ihm gehandelt? Diese Grundfragen lassen sich in eine Vielzahl von Einzelfragen aufsplitten. Die folgenden Einzelfragen sind beispielhaft ausgewählt und sollen das Themenspektrum der Sportsoziologie verdeutlichen.

a) Beispiele für Fragen zum sozialen Handeln, zu sozialen Prozessen und Strukturen innerhalb des Sports:
   - Wie ist die organisatorische Verfassung des Sports in einem Land?
   - Wie verlaufen die formellen und informellen Entscheidungs- und Kommunikationswege in verschiedenen Sportorganisationen?
   - Welche sozialen Probleme gibt es im Sport?
   - Welche Zusammenhänge bestehen zwischen Mannschaftsstrukturen und Mannschaftserfolg? Gibt es einen Heimvorteil im Mannschaftssport und wenn ja, aus welchen Gründen?
   - Inwiefern ist soziale Integration im Sport möglich?
   - Inwieweit erfolgt im/durch Sport eine Sozialisation?
   - Welche Besonderheiten weist die Rolle des Berufssportlers/Sportmanagers/Sportlehrers/Trainers/Schiedsrichters etc. auf?
   - Was bedeutet Identität im Sport?

b) Beispiele für Fragen zum wechselseitigen Verhältnis von Sport und Gesellschaft
  - Welche Bedeutung hat Sport in der Gesellschaft?
  - Welche Funktionen hat Sport in der Gesellschaft?
  - Welche Beziehung besteht zwischen Sport und Wirtschaft, welche zwischen Sport und Arbeit?
  - Welche Beziehung besteht zwischen Sport und Massenmedien?
  - Welchen Einfluss haben Sportverbände auf politische Entscheidungen?
  - Welchen Einfluss nimmt die Politik auf den Sport?
  - Welche kulturellen und religiösen Werte prägen das Ethos des Sports? Wirkt ein Sportethos in andere gesellschaftliche Bereiche hinein?
  - In welcher Form wird durch familiäre und schulische Sozialisation die Fähigkeit und Bereitschaft beeinflusst, Sport oder einzelne Sportarten zu betreiben? Ist ein Transfer von sozialen Kompetenzen, Handlungsorientierungen und Werten, die im Sport erworben werden, in andere Lebensbereiche möglich?
  - Inwiefern beeinflusst die soziale Stellung, die der Einzelne in der Gesellschaft einnimmt, sein Sportverhalten? Welche Wirkungen hat der Sport auf die soziale Stellung des Einzelnen?

Die Zahl der Forschungsfragen und Themen hat sich in jüngster Zeit durch eine Hinwendung zu den Themenfeldern „Bewegung" und „Körper" weiter vergrößert. Mit diesen vielfältigen Themen, Fragen und Problemen des Sports beschäftigt sich die Sportsoziologie in theoretischen und empirischen Untersuchungen. Sie ist eine auf Theoriebildung basierende, empirische Disziplin.

Wie werden Theorien in der Sportsoziologie gebildet? Indem auf Theorien der allgemeinen Soziologie zurückgegriffen wird und diese entsprechend verarbeitet werden. Dabei hat die Verarbeitung systemtheoretischer Ansätze eine lange Tradition. War es zunächst die strukturell-funktionale Systemtheorie, die Anwendung fand, so ist es im deutschsprachigen Raum seit den 1980er Jahren insbesondere die Luhmannsche Fassung der Theorie, auf welche Entwürfe einer soziologischen Theorie des Sports Bezug nehmen. In diesen wird Sport – oder zumindest der Leistungs-/Spitzensport – als eigenständiges Teilsystem der modernen, also funktional differenzierten Gesellschaft verstanden. Als solches habe er sich zwischen dem 18. und 20. Jahrhundert ausdifferenziert, sprich aus anderen gesellschaftlichen Bereichen herausgelöst. Die Voraussetzung für diese Ausdifferenzierung wird – je nach Variante der Theorie – in der Entwicklung eines spezialisierten Codes, durch welchen sich Teilsysteme voneinander abgrenzen, oder in der Spezialisierung auf eine Funktion für die Reproduktion der Gesellschaft gesehen.

> **Definition:**
> Die Funktion eines gesellschaftlichen Teilsystems liegt in demjenigen Beitrag, der zum Überleben des übergreifenden sozialen Systems (Gesellschaft) notwendig ist.

Als gesamtgesellschaftliche Funktion, welche das Sportsystem im Zuge seiner Ausdifferenzierung für sich in Anspruch genommen habe, wird von Cachay (1988, S. 179–274) „Produktion gesellschaftsadäquater personaler Umwelt durch Körperbildung" vorgeschlagen. Dem steht die Auffassung des wahrscheinlich größeren Teils der Forscher gegenüber, der zufolge das Teilsystem Sport keine gesamtgesellschaftlich unverzichtbare Funktion erfüllt. Demnach könnte „die Gesellschaft zur Not auf den Sport verzichten", wie es Schimank (1988, S. 183) formuliert. Für Bette (1989, S. 170) ist der Sport im Vergleich zu funktionalen Teilsystemen wie Wirtschaft, Politik, Medizin oder Religion, ein Sonderfall, der seine Funktion darin findet, keine exklusive Funktion zu besitzen und gerade dadurch eine besondere Flexibilität und Anschlussfähigkeit gewinnt.

Während die Funktion und auch der Code des Sportsystems (nämlich „leisten/nicht leisten" oder „Sieg/Niederlage") nicht einheitlich verstanden werden, besteht Einigkeit darüber, dass der Sport als Breiten-, aber auch als Spitzensport Leistungen für andere gesellschaftliche Teilbereiche erbringt und von diesen Teilbereichen Leistungen erhält (Schulze 2007, S. 94–95). So werden beim Breitensport starke Leistungsbeziehungen vor allem zu folgenden gesellschaftlichen Teilsystemen gesehen: Gesundheitssystem (Breitensport wird oft um der Gesundheit willen betrieben und unterstützt so dieses Teilsystem), Bildungssystem (Breitensport gilt als „pädagogisch wertvoll"), Politiksystem (Breitensport wird auf Grund seiner mutmaßlichen erzieherischen, gesundheitlichen und sozialintegrativen Leistungen politisch gefördert), Familiensystem (Eltern sehen mit Blick auf ihre Kinder die Sozialisationsfunktionen des Sporttreibens) und Wirtschaftssystem (kommerzielle Nutzung des Breitensports durch Fitness-Studios, Sportartikelhersteller etc.). Der Spitzensport bietet sich anderen Teilsystemen (Wirtschaft, Politik, Medien) durch seine aufmerksamkeitsträchtige Ereignisproduktion an und erhält im Gegenzug finanzielle Ressourcen (Schimank 2001, S. 13–18; 2008, S. 71–72). Diese Aspekte bilden nicht nur einen systemtheoretischen Konsens, sondern darüber hinaus eine gemeinsame Basis mit der nicht systemtheoretisch arbeitenden empirischen und theoretischen Sportsoziologie (Schulze 2007, S. 94).

Ein Ansatz in der nicht systemtheoretisch arbeitenden Sportsoziologie ist die Theorie sozialer Institutionen. Ihr zufolge ist Sport eine soziale Institution, vergleichbar etwa mit Religion, Familie, Politik oder Wirtschaft.

> **Definition:**
> Soziale Institution kennzeichnet eine allgemein anerkannte gesellschaftliche Einrichtung, die der Befriedigung wichtiger Bedürfnisse dient und als fundamentaler Teil einer Kultur angesehen wird.

Als Institution bietet Sport spezifische Werte, Normen, Rollen[1], Sozialisationsmodelle, Organisationsformen sowie ideologische Orientierungen an und macht diese – für diejenigen, die sich entsprechend betätigen – relativ verbindlich (Rigauer 1982, S. 32). Die Reglementierungen sind im organisierten Sport besonders deutlich: Das Verhalten ist dort in sozialen Rollen organisiert, von denen viele seitens ihrer Träger als „Pflicht" oder „Amt" empfunden werden (Funktionär, Trainer etc.). Für Wettkämpfe und das Messen von Leistungen gibt es einheitliche Regeln. Regelverstöße werden durch Disqualifikation oder andere Strafen geahndet. Anstelle urwüchsigen Bewegungsdranges werden etwa bei Olympischen Spielen oder in der Schule nur bestimmte Sportarten zugelassen. Angesichts dieser und anderer Reglementierungen erfüllt Sport im Zusammenspiel mit anderen Institutionen eine Stabilisierungsfunktion in der Gesamtgesellschaft (Weis 1989; 2008, S. 83–86).

Während die Institutionentheorie insbesondere die Stabilität im Auge hat, betont die Zivilisations-, Prozess- und Figurationstheorie von Elias/Dunning (2003) den Prozesscharakter von „Gesellschaft". Sport wird in dieser Theorie als Ausdruck komplexer sozialer Entwicklungsprozesse und Figurationsgeschehen interpretiert. Danach ist Sport eingebettet in den Zivilisationsprozess bzw. in soziale Figurationen, die eine eigene soziale Dynamik entfalten.

> **Definition:**
> Figuration ist die (oft ungeplante) Dynamik und Strukturiertheit sozialer Prozesse zwischen zahlreichen Menschen (auch über Gruppengrenzen hinweg).

Moderne Figurationen zeichnen sich im Unterschied zu vormodernen durch eine Verdichtung der Verflechtungsordnung oder der Interdependenzen aus.

---

1 Unter sozialen Rollen versteht man Verhaltenserwartungen, die an Individuen in bestimmten sozialen Positionen und Situationen gerichtet sind (Kapitel 4).

Damit verbunden ist eine immer differenziertere Regulierung des Verhaltens und zunehmende Kontrolle der Emotionen. In dieser Phase des Zivilisationsprozesses brauchen Menschen – so Elias und Dunning (2003) – Handlungsbereiche wie den Sport, in denen es möglich ist, Spannungen zu erleben und Emotionen freien Lauf zu lassen, wie es in Situationen außerhalb des Sports nicht oder nicht im selben Ausmaß geschieht (Kapitel 3 und 8).

Neben dem zivilisations-, prozess- und figurationstheoretischen Zugang und neben der institutionentheoretischen sowie systemtheoretischen Sichtweise hat sich in der Sportsoziologie die praxistheoretische Forschungsperspektive Bourdieus als ergiebig erwiesen. In dieser Perspektive erscheint Sport als soziales Feld, auf dem Akteure in Abhängigkeit von ihrem jeweiligen Habitus und ihrem jeweiligen ökonomischen und kulturellen Kapital aktiv werden; das Kapital bestimmt die Aktivitätsmöglichkeiten, der Habitus die Präferenzen.

Definition:
Habitus (Gehabe) ist ein vielschichtiges System von Denk-, Wahrnehmungs- und Handlungsmustern, das die Ausführung und Gestaltung individueller Handlungen und Verhalten mitbestimmt.

Die Akteure werden Sportarten präferieren, die ihrem jeweiligen Habitus entsprechen. Dabei ist – in Verbindung mit dem Habitus – der Mechanismus der Distinktion (sozialen Absetzung) zu berücksichtigen (Bourdieu 2003, S. 338–354). In Untersuchungen zum schichtenspezifischen Sportengagement wird diese Theorie angewandt (Kapitel 4). Ein zentraler Teil der Theorie, nämlich das Habituskonzept, wird auch in anderen sportsoziologischen Untersuchungen verwendet.

Neben den genannten Theorieansätzen finden sich in der Sportsoziologie zahlreiche andere theoretische Konzepte und Forschungsprogramme, so dass sich auch hier eine „multiparadigmatische Situation" ergibt (Tabelle 2.1), die der Soziologie generell eigentümlich ist (Kapitel 1) (Winkler 1995a, S. 15).

Tabelle 2.1:　Sport in verschiedenen theoretischen Ansätzen (Auswahl)

Theoretische Ansätze	Sport wird konzeptualisiert als ...
Systemtheorie (in ihren verschiedenen Varianten)	soziales System, Funktionssystem, funktionsloses Teilsystem, das in intersystemische Wechselbeziehungen integriert ist; in Sportarten differenziertes soziales System
Theorie sozialer Institution	moderne soziale Institution, mit verschiedenen Organisationsformen und Trägern
Zivilisations-, Prozess- und Figurationstheorie	Ausdruck komplexer sozialer Entwicklungsprozesse, Figurationsgeschehen
Interpretative Ansätze	Prozess oder Resultat sozialen Handelns
Handlungstheorie Wrights	Handlungsfeld, auf dem Akteure in Abhängigkeit von ihren Wünschen und Pflichten einerseits und ihren Fähigkeiten und situativen Möglichkeiten andererseits aktiv werden
Performanztheorie	Körperliche Handlung, die im Tun sozialen Zusammenhalt konstituiert
Praxistheorie Bourdieus	soziales Feld, auf dem Akteure in Abhängigkeit von ihrem jeweiligen Habitus und Kapital aktiv werden
Rational Choice-Ansatz (Theorie rationaler Wahl)	Anwendungsfeld zweckrationalen, nutzenmaximierenden Handelns
Cultural Studies	Phänomen der Alltags- und Popularkultur
Machttheorie	Disziplinarsystem, das Leistungsnormen setzt und produktive Körper hervorbringt
Machttheorie Foucaults	Dispositiv: ein Netz, das diskursive und körperlich-praktische Elemente miteinander verknüpft
Kritische Theorie der Gesellschaft	Ideologieträger, arbeitskonformes Handlungssystem, Instrument zur Repression sexueller Bedürfnisse und Aufrechterhaltung der Klassenherrschaft
Konflikttheorie	Modell (geregelten) sozialen Konflikts
Feministische Ansätze	Stabilisator der Geschlechterordnung, Reproduktionsstätte traditioneller männlicher Stereotype

Dem „Pluralismus" der Theorien und der Vielfalt der Fragestellungen entspricht ein „Pluralismus" der Forschungsmethoden, wobei quantitative Methoden in der Sportsoziologie eine Vorrangstellung innehaben (Weis/Gugutzer 2008, S. 10). „Quantitative Methoden sind solche, in denen empirische Beobachtungen über wenige, ausgesuchte Merkmale systematisch mit Zahlenwerten belegt und auf einer zahlenmäßig breiten Basis gesammelt werden" (Brosius/Koschel 2003, S. 19). Die Befragung von 1008 Jugendlichen im Alter zwischen 14 und 20 Jahren in Österreich mit dem Ergebnis, dass 81% der Jugendlichen in ihrer Freizeit mindestens einmal in der Woche intensive körperliche Aktivitäten ausüben und 40% dabei die Sportanlagen von Sportvereinen nutzen (Riepl/Blum 2008, S. 38–39, 55), ist demnach eine quantitative Methode. Eine Befragung von vielleicht 20 Jugendlichen zum gleichen Thema, aber mit dem Ziel, das individuelle Bewegungsverhalten einzelner Jugendlicher in der Freizeit möglichst detailliert und im jeweiligen Kontext zu erfassen, ist eine qualitative Methode.

Qualitative Methoden gehen in die Tiefe. Sie sammeln möglichst viele Informationen über wenige Fälle oder auch nur über einen Einzelfall. Es geht hierbei nicht um Verteilungen von Merkmalen, sondern um die Rekonstruktion oder Herausarbeitung von typischen Mustern in fallübergreifenden Analysen. Qualitative Verfahren sind zum Beispiel Interviews, die völlig offen („narrative Interviews") oder anhand einer Stichwortliste geführt werden, oder Gespräche, in denen zwar Fragen vorgegeben, aber die Antworten offen sind und genau protokolliert werden. Eine andere und weniger gebräuchliche qualitative Methode ist die Gruppendiskussion. In ihr wird eine vom Forscher zusammengestellte Gruppe von Personen gebeten, über ein festgelegtes Thema, unter Betreuung eines der Gruppe nicht angehörenden Diskussionsleiters, zu diskutieren. Ein Beispiel für die Anwendung dieses Verfahrens ist die Fußballfan-Studie von Nern (2011). Im Zuge dieser Untersuchung wurden Gruppendiskussionen mit Fans unmittelbar nach einem Stadionbesuch und nach der TV-Rezeption eines Spiels durchgeführt.

Neben dem Gruppendiskussionsverfahren und den verschiedenen qualitativen Interviewformen gehört die qualitative Inhaltsanalyse (Dokumentenanalyse) zu den qualitativen Methoden. Ihr Ziel ist die Erschließung des gesamten Bedeutungsinhaltes eines Textes, Bildes etc. Als Beispieluntersuchungen seien die „ikonographisch-ikonologische Bildanalyse von Bodybuilding-Fachzeitschriften" (Honer 1985, S. 156) und eine Studie von Langreiter (2006) genannt. In letzterer wurden Autobiographien österreichischer Skirennläufer mittels qualitativer Inhaltsanalyse ausgewertet.

Ferner zählen zu den qualitativen Methoden (Tabelle 2.2) noch Formen der Beobachtung, die ohne ein standardisiertes Instrument darauf gerichtet sind, eine möglichst vollständige Beschreibung von Handlungen und Beobachtungsfeldern zu geben. Eine dieser Beobachtungsformen ist die Ethnographie. Es handelt sich dabei um eine Feldstrategie, welche Beobachtung und direkte Teilnahme des Forschenden an der sozialen Situation, sowie Introspektion, Spontaninterviews, Interviews mit Informanten, Dokumentenanalyse u. Ä. m. kombiniert.

> **Definition:**
> Ethnographie – oft auch teilnehmende Beobachtung oder Feldforschung
> genannt – bezeichnet sowohl die teilnehmende Beobachtung als auch
> die Beschreibung der Kultur einer Ethnie. Dabei meint Ethnie eine
> Menge von Personen, welche sich aufgrund einer gemeinsamen Kultur
> als Gruppe verstehen.

Als Beispiele für ethnographische Studien seien jene von Schmidt (2002)
und Wacquant (2003) angeführt. Wacquant untersuchte die Kultur eines Boxclubs im schwarzen Ghetto von Chicago. Zu diesem Zweck trainierte er drei Jahre lang drei- bis sechsmal in der Woche im Club, unterbrochen nur von einer Zwangspause wegen eines gebrochenen Nasenbeins, das er sich beim Sparring zugezogen hatte. Er verfasste nach jedem Training und sonstigem Feldbesuch ein Protokoll über seine Beobachtungen und Gespräche, führte ein Feldtagebuch und konnte auf der Basis des so gesammelten Materials u. a. herausarbeiten, wie sich in der „quasi-totalen Institution"[2] Boxclub die körperlich-mentale Produktion des boxerischen Habitus vollzieht. Schmidt führte drei Jahre lang jeweils in den Monaten Mai bis Anfang Oktober teilnehmende Beobachtungen im Berliner Yaam Club durch, um die dortige Bewegungskultur ethnographisch beschreiben zu können. Ethnographisch beschreiben bedeutete in diesem Fall jene Bedeutungen zu erschließen, die das Streetballspiel oder der Umgang mit HipHop für die Akteure im Club haben.

Bedeutungs- und Interpretationsfragen, sprich Fragen nach Sinnzuschreibungen und -zusammenhängen sind typische Fragen, die mittels qualitativer Methoden untersucht werden. Weiters werden diese Methoden häufig zur bloßen Exploration als Vorbereitung strukturierter Erhebungen eingesetzt.

> **Definition:**
> Von Exploration spricht man, wenn sich der Forscher mit seinem
> Untersuchungsgegenstand vertraut macht und diesen erkundet.

Exploration ist unumgänglich, wenn über den Untersuchungsgegenstand nur wenige Informationen vorliegen und geringe wissenschaftliche Kenntnisse be-

---

2 Totale Institutionen sind dadurch gekennzeichnet, dass alle Angelegenheiten des
   Lebens an ein und derselben Stelle unter ein und derselben Autorität stattfinden.
   Beispiele sind Gefängnisse, Kinderheime, psychiatrische Kliniken, Kasernen, Schiffe
   und Klöster.

stehen. Weiß man beispielsweise noch wenig über die Bedeutung außergewöhnlicher Lebensereignisse hinsichtlich der Entwicklung von Einstellungen gegenüber dem Sport, so können etwa mittels qualitativ-biographischer Interviews weiterführende Informationen erhoben und darauf aufbauend Hypothesen aufgestellt werden.

Tabelle 2.2:   Überblick zu qualitativen und quantitativen Methoden der empirischen sportsoziologischen Forschung

Qualitative Verfahren

- Qualitatives Interview (informelles Gespräch, narratives Interview, unstrukturiertes, wenig-, teil-, halbstrukturiertes/-standardisiertes Interview, offene Befragung, Leitfadengespräch, Intensiv-, Tiefeninterview, freies, biographisches, episodisches, exploratives, kontrolliert-exploratives, fokussiertes, problemzentriertes, thematisches Interview, authentisches Gespräch, ero-episches Gespräch; schriftlich: informelle Anfrage bei Experten etc.)
- Gruppendiskussion
- Qualitative Inhaltsanalyse (Dokumentenanalyse)
- Unstrukturierte Beobachtung (qualitativ-teilnehmende Beobachtung, Ethnographie, Auto-Ethnographie, qualitative Videographie)

Quantitative Verfahren

- Standardisiertes Interview:
  - face-to-face Interview
  - telefonisches Interview
  - schriftliches Interview
    online-basiertes Interview
- Test (Persönlichkeitstest etc.)
- Quantitative Inhaltsanalyse (Dokumentenanalyse)
- Standardisierte (strukturierte) Beobachtung (auch standardisierte Videobeobachtung)
- Spezifische Designs:
  - Experiment
  - Querschnitts-, Längsschnittuntersuchung
- Verhaltensmessungen mittels technologischer Kontrollsysteme wie Teletest zur Ermittlung der Reichweite von Sportübertragungen im Fernsehen oder Pedometer zur Erhebung von Bewegungsaktivitäten

Hypothesen sind Vorstufen von Theorien oder werden aus Theorien abgeleitet. Es handelt sich um kausale Aussagen, die mindestens zwei Variable (Merkmale) in einen Zusammenhang bringen („Wenn-Dann", „Je-Desto"). Sie sagen immer aus, welche Variable jeweils als Ursache und welche als Folge angenommen wird. Für die Ursache (Variable in der „Wenn-" oder „Je-Komponente" der Hypothese) verwendet man die Bezeichnung „unabhängige" oder „erklärende" Variable und für die Folge (Variable in der „Dann-" oder „Desto-Komponente") den Begriff „abhängige" oder „erklärte" Variable. In der Hypothese „Je höher das Bildungsniveau, desto größer die Vielfalt der praktizierten Sportarten", ist „Bildung" die unabhängige, „Vielfalt der praktizierten Sportarten" die abhängige Variable. Zur Überprüfung von Hypothesen eignen sich quantitative Methoden (Tabelle 2.2).

Die quantitativen Methoden versuchen, dem Anspruch des „Messens" gerecht zu werden. Deshalb ist bei ihnen das Forschungsinstrument vollkommen standardisiert. So sind etwa beim standardisierten Interview die Reihenfolge und der Wortlaut der Fragen sowie die Antwortmöglichkeiten genau festgelegt. Eine Sonderform dieser Art von Befragung, meist der schriftlichen, ist der soziometrische Test (Kapitel 5).

Andere quantitative Verfahren sind zum Beispiel die standardisierte (strukturierte) Beobachtung und die quantitative Inhaltsanalyse (Dokumentenanalyse). Bei ersterer ist in einem Schema bis ins Detail festgelegt, was beobachtet werden soll (bspw. die Zahl der Ballkontakte und erfolgreichen Ballabgaben jedes Spielers einer Mannschaft während eines Spiels); bei letzterer ist in einem Kategorienschema genau vorgegeben, welche formalen und inhaltlichen Merkmale der zu untersuchenden Textmengen (bspw. Sportberichte in Tageszeitungen) erfasst werden sollen (Kapitel 9).

Daneben gibt es noch spezifische Untersuchungsdesigns wie die Längsschnittuntersuchung oder das Experiment. Im Experiment werden die Versuchspersonen in eine Experimental- und eine Kontrollgruppe geteilt; nur in der Experimentalgruppe stehen sie unter dem Einfluss der als ursächlich vermuteten Bedingung (unabhängige Variable), deren Einfluss auf die abhängige Variable geprüft wird. In Längsschnittuntersuchungen wird versucht, denselben Sachverhalt in zeitlichen Abständen zu erheben, um zu Aussagen über Veränderungen gesellschaftlicher Phänomene zu gelangen, zum Beispiel Veränderungen der Einstellungen zum Hochleistungs-/Spitzensport und Freizeit-/Breitensport in der Bevölkerung in einem Zehn-Jahres-Abschnitt.

Die Einstellungen zum Sport und viele andere komplexe Sachverhalte können nicht mit jeweils einem einzelnen Indikator (Anzeiger), sondern nur durch Zusammenfassungen mehrerer Indikatoren zu Indizes oder Skalen erfasst werden. Die Einstellung zur Sportteilnahme wurde etwa im Zuge einer Befragung mit folgenden Gegensatzpaaren gemessen, die zu einem Index zusammengefasst wurden (Wilhelm 1999, S. 432): „Sport zu treiben ist für mich ..." lang-weilig vs. anregend, eine Qual vs. eine Freude, unangenehm vs. angenehm, un-wichtig vs. wichtig, sinnlos vs. sinnvoll, schlecht vs. gut sowie schädlich vs. vorteilhaft (Antworten jeweils auf einer fünfstufigen Skala mit den Werten -2, -1, 0, +1 und +2). Das Gesundheitsbewusstsein, um ein anderes Beispiel zu bringen, kann etwa durch Zusammenfassung der in Abbildung 2.1 aufge-reihten Indikatoren gemessen werden, wobei sich die Indikatoren durch eine Befragung erheben lassen.

Abbildung 2.1: Operationalisierung (Messbarmachung) des Begriffs „Gesund-heitsbewusstsein"

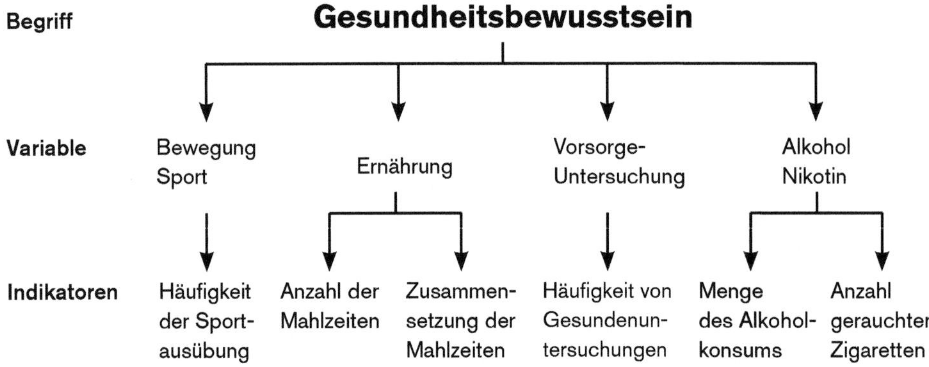

Da man kaum die Gesamtheit der Bevölkerung befragen oder untersu-chen kann, werden aus dieser Grundgesamtheit Stichproben gezogen. Damit von den Ergebnissen der Stichprobe auf die Gesamtheit geschlos-sen werden kann, ist es notwendig, dass diese Stichprobe auch tatsäch-lich Abbild der gesamten Population ist; dies wird als Repräsentativität be-zeichnet. Um Repräsentativität zu gewährleisten, werden vor allem zwei Techniken der Stichprobenziehung angewandt: Das Zufallsverfahren und das Quotenverfahren. Bei Letzterem geht man von der Verteilung der relevan-ten Merkmale in der Population aus, also etwa von der Anzahl der Frauen und Männer, von der Altersverteilung, der Verteilung der Berufstätigen auf Berufsgruppen; man versucht, eine Stichprobe zusammenzustellen, in der diese Merkmale genauso verteilt sind wie in der Grundgesamtheit. Verlässlicher als dieses Verfahren ist das Zufallsverfahren, mit welchem die meisten großen Markt- und Meinungsforschungsinstitute arbeiten. Mit die-sem Verfahren werden aus den Wählerverzeichnissen Personen gezogen, dadurch entspricht diese Personengruppe in ihrer Zusammensetzung der Grundgesamtheit. Oder es werden für telefonische Befragungen Zufalls-zahlen so generiert, dass sie in ihrer Struktur (Anzahl von Stellen, Anfangs-

Tabelle 2.3: Sozial- und sportwissenschaftliche Methodeneinführungen

Sozialwissenschaftliche Methodeneinführungen (Auswahl)
Atteslander 2008; Brosius/Koschel 2003; Denz 2005; Diekmann 2009; Flick 2007; Flick/Kardorff/Steinke 2008; Friebertshäuser/Prengel 2008; Friedrichs 1997; Froschauer/Lueger 2009; Heinze 2001; Kromrey 2006; Lamnek 2005; Mayntz/Holm/ Hübner 1978; Mayring 2002, 2008; Przyborski/Wohlrab-Sahr 2009; Schnell/Hill/ Esser 2008.
Sportwissenschaftliche Methodeneinführungen (Auswahl)
Andrews/Mason/Silk, 2005; Bässler 2009a; 2009b, Bös/Hänsel/Schott 2004; Gratton/ Jones 2010; Heinemann 1998; Singer/Willimczik 2002; Strauß/Haag 1994; Strauß/ Haag/Kolb 1999; Tenenbaum/Driscoll 2005; Willimczik 1997.

ziffern usw.) Telefonnummern in dem Untersuchungsgebiet entsprechen. Bei diesem sog. Random Digit Dialing (RDD) und bei Zufallsstichproben überhaupt hat jedes Element der Grundgesamtheit die gleiche Chance in die Stichprobe aufgenommen zu werden. Durch die zufällige Auswahl lassen sich mithilfe der Wahrscheinlichkeitstheorie Aussagen über die Präzision der von der Stichprobe auf die Grundgesamtheit übertragenen Ergebnisse machen. Je größer die repräsentative Stichprobe ist, umso genauer sind die Ergebnisse; anders ausgedrückt, der „Zufallsfehler" ist bei größeren Stichproben kleiner. Erhält man zum Beispiel bei einer Befragung von 500 mittels eines Zufallsverfahrens aus der österreichischen Bevölkerung ermittelten Personen auf eine bestimmte Frage einen Prozentsatz von 50% Ja-Antworten, so wird der wahre Wert von Ja-Antworten in der Bevölkerung mit 95%iger Wahrscheinlichkeit zwischen 46% und 54% liegen, bei 1.000 Personen analog zwischen 47% und 53% und bei 2.000 Personen zwischen 48% und 52%.

Neben der Größe und Qualität der Stichprobe sind vor allem Gültigkeit und Zuverlässigkeit wichtige Gütekriterien empirischer Forschung. Zuverlässigkeit (Reliabilität) des Messvorgangs und des diesem zugrunde liegenden Instruments bedeutet, dass bei mehrmaliger Messung unter gleichen Bedingungen identische Resultate erzielt werden. Gültigkeit (Validität) bezeichnet die Brauchbarkeit von Forschungsmethoden: Wird tatsächlich das getestet, analysiert, beobachtet oder erfragt, was erklärtes Ziel des Forschungsvorhabens ist? Misst ein Instrument wirklich das, was es messen soll? Dazu gibt es geeignete Prüfverfahren, die hier nicht dargestellt werden können, sich aber ohne Weiteres anhand der sozial- und sportwissenschaftlichen Methodeneinführungsliteratur (Tabelle 2.3) erschließen lassen.

Angemerkt werden soll lediglich, dass bereits eine Reihe von Validitäts- und Reliabilitätsstudien zu gängigen Messinstrumenten in der Sportsoziologie vorliegt (zum Beispiel: Attitude Toward Physical Activity (ATPA)-Skalen – Steffgen/Fröhling/Schwenkmezger 2000; Fragebogen zur Erfassung der habituellen körperlichen Aktivität – Wagner/Singer 2003).

3 Sport und Gesellschaft

Unter Sport verstand man ursprünglich den Englischen Sport. Dieser entstand im England des 18. und 19. Jahrhunderts (Krüger 1993, S. 32). Er unterschied sich von den früheren und gleichzeitig praktizierten Formen der Leibesübungen und Spiele durch die Prinzipien (formale) Chancengleichheit, Leistung, Konkurrenz und Rekord sowie, daraus folgend, durch wachsende Rationalisierung, präzise Normierung und Bürokratisierung. Damit entsprach er der entstehenden Industriegesellschaft. Gefördert durch die weltweite Präsenz des britischen Empire und die modernen Olympischen Spiele verbreitete sich der Englische Sport international. Dabei kam es zu einer von ihm dominierten Verschmelzung mit den beiden anderen Hauptsystemen moderner Leibesübungen, nämlich dem Deutschen Turnen und der Schwedischen Gymnastik, und zu einer Ausweitung des Begriffsverständnisses (Strohmeyer 1983, S. 8–9).

Heute ist Sport ein globales Phänomen: Fußball etwa wird fast überall auf der Welt nach den gleichen Regeln gespielt. Aber der Stil, in dem er in verschiedenen Gesellschaften gespielt wird, und die mit dem Spiel verbundenen Sinnstrukturen und Motivlagen variieren.[1] „Football has an extraordinary cultural plasticity… The game may be constant but the kind of style and what precisely it refers will vary" (Critcher 1991, S. 82). Sport ist also ebenso universell wie partikular und seine Welt kann als Verflechtung lokaler und globaler Entwicklungen interpretiert werden. Einerseits schreitet die Globalisierung fort und nimmt der Globalisierungsdruck zu, andererseits bilden oder erhalten sich spezifische Sportkulturen in verschiedenen Gesellschaften. In den einzelnen Sportkulturen sind Elemente des Englischen Sports, des Deutschen Turnens[2] und der Schwedischen Gymnastik ebenso wie Elemente von Brauchtumsleibesübungen sowie kulturelle und institutionelle Eigenheiten der jeweiligen Gesellschaft miteinander vermengt (Heinemann 2007, S. 311). Kulturelle Merkmale der jeweiligen Gesellschaft beeinflussen also den Sport einerseits, andererseits wirkt dieser auf die Gesellschaft zurück. Indem er bestimmte Lebensstile nahelegt, beeinflusst er die Gesellschaft, deren integraler Bestandteil er ist. Als

---

1 Fußball in Südamerika ist anders als Fußball in Europa, in Nordeuropa anders als in Südeuropa, in Österreich anders als in Deutschland etc.
2 In Österreich auch des Natürlichen Turnens.

solcher kann er allgemeine Strukturen, Prozesse und Werte der Gesellschaft abbilden.

3.1 Sport und Kultur: Werte in der Gesellschaft und im Sport

Definition:
Werte sind kulturell verbreitete Vorstellungen des Wünschbaren und geben eine Orientierung. Sie bilden die Basis für Entscheidungen und motivieren menschliches Handeln.

Definition:
Normen sind Regeln des Handelns oder Verhaltensforderungen der jeweiligen sozialen Umwelt an die Inhaber sozialer Positionen und Rollen; sie leiten sich aus Werten ab und dienen zu deren Verwirklichung.

Das Werte- und Normensystem in den USA, um ein Beispiel zu bringen, ist durch eine hochgradige Konkurrenz- und Gewinnorientierung gekennzeichnet. Die USA wollen Sieger, ob in der Schule, im Geschäft, in der Politik oder im Sport. Nur der Sieg zählt, und nur die Härtesten überleben. Dieses sozialdarwinistische Prinzip[3], „the survival of the fittest", manifestiert sich in den USA sowohl in der Gesellschaft als auch im Sport. Der Sieg wird glorifiziert, wie die folgenden Epigramme erfolgreicher amerikanischer Footballtrainer und Sportslogans in den Highschools dokumentieren (Eitzen/Sage 2009, S. 49–50, 53; Snyder/Spreitzer 1989, S. 46):

Epigramme:
- „Winning is not everything. It is the only thing." – Vince Lombardi
- „I will demand a commitment to excellence and to victory, and that is what life is all about." – Vince Lombardi

---

3   Der Biologe Charles Darwin (1809–1882) formulierte die Theorie der Evolution durch Selektion: Im Überlebenskampf siegen die Stärksten, also die am besten an die Umwelt Angepassten. Daraus folgerte der Soziologe Herbert Spencer (1820–1903), dass Kampf, Zerstörung und schließlich Überleben des Stärkeren die Basis für den Fortschritt in menschlichen Gesellschaften bilden. Spencers Theorie erlangte große Popularität und beeinflusste insbesondere die Gesellschaft in den USA erheblich. Das führte dort zu einer Erfolgsethik im Namen des Fortschritts und rechtfertigte Armut und Ausbeutung (Tischler/Whitten/Hunter 2010, S. 12–13). Diese Sozialphilosophie findet nach wie vor in den Subsystemen der amerikanischen Gesellschaft ihren Ausdruck und liegt vor allem auch dem Sport in den USA zugrunde.

–   „Winning isn't everything, but it beats everything that comes in second." –
    Paul „Bear" Bryant
–   „Winning is living." – George Allen
–   „Every time you win, you're reborn; when you lose, you die a little." –
    George Allen

Sportslogans:
–   „A quitter never wins, a winner never quits."
–   „When the going gets tough, the tough get going."
–   „It's not the size of the dog in the fight, but the size of the fight in the dog."
–   „Never be willing to be second best."
–   „The greatest aim in life is to succeed."
–   „Win by as many points as possible."
–   „They ask not how you played the game but whether you won or lost."

Wie sehr die Konkurrenz- und Gewinnorientierung etwa im College-Sport
hervortritt, lassen Ergebnisse eines Sportvergleichs zwischen den USA und
Österreich erkennen (Curry/Weiß 1989; 1999). Es ging in dieser „cross-cul-
tural-study" um den Vergleich von amerikanischen und österreichischen
Studierenden in Bezug auf die Motive des Sporttreibens. Als Sportmotive wurden Gründe, die Personen für die Ausübung von Sport angeben, bezeichnet.
Dabei wurden unter „competition" Items[4] wie „Ich betreibe Sport, weil ich am
Wettkampf Freude habe", unter „fitness" z. B. das Item „Ich betreibe Sport, um
körperlich fit zu sein" und unter „social" etwa das Item „Ich betreibe Sport, um
neue Leute kennenzulernen" subsumiert. Die Befragten gaben zu jedem einzelnen Item an, inwieweit es für ihre Sportausübung eine Rolle spielt. Befragt
wurden in den USA Studierende im Raum Ohio, die im Rahmen des College-
Sports aktiv waren. Das Pendant in Österreich bildeten Studierende in Wien,
die Sportvereinsmitglieder waren.[5] Die Befragung fand 1989 statt und wurde
1999 wiederholt.

---

4   Items sind Aussagen, denen die Befragten zustimmen oder die die Befragten
    ablehnen sollen.
5   Während der Sport im deutschsprachigen Raum seinen Platz mehr im Verein als
    im Schulwesen gefunden hat (hauptsächlich aufgrund der neuhumanistischen
    Bildungstradition, die sportfeindlich war), ist er in den USA ein zentraler Bestand-
    teil des Bildungssystems und wird seit alters von den Colleges organisiert.

Abbildung 3.1: Means for Motivation Scales by Country and Gender

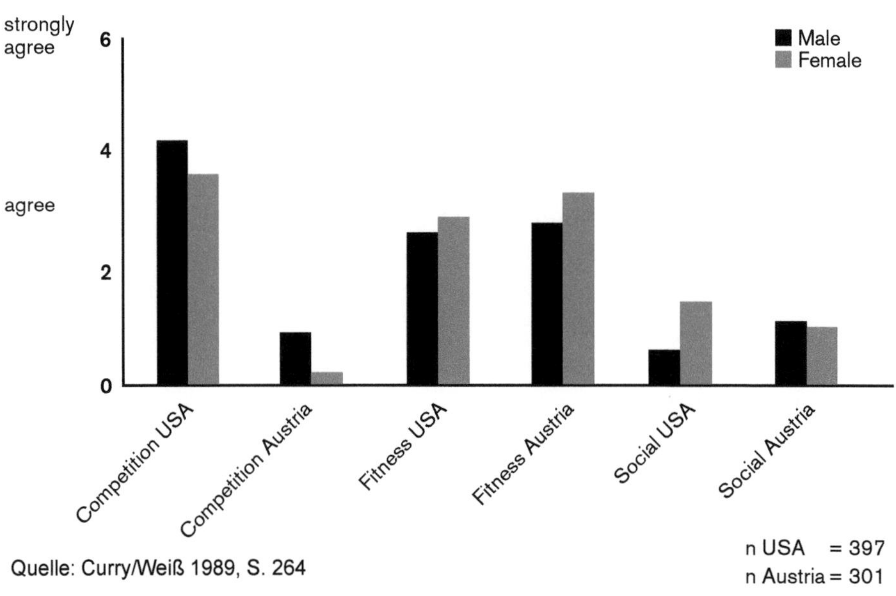

Quelle: Curry/Weiß 1989, S. 264

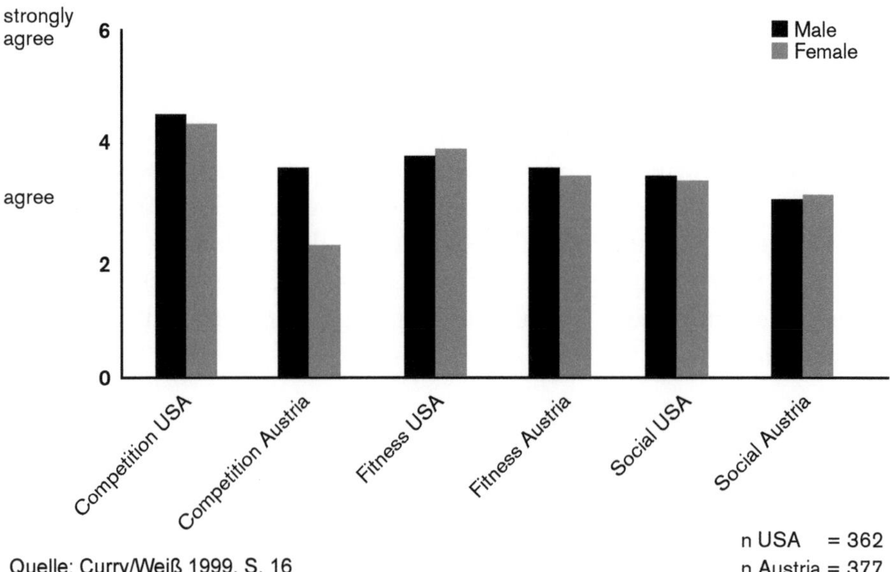

Quelle: Curry/Weiß 1999, S. 16

Ein Ergebnis der Befragung war, dass sich der kulturelle Unterschied zwischen den USA und Österreich im Zehnjahresvergleich zwar abgeschwächt hat, aber in Bezug auf „competition" immer noch deutlich ist. In Abbildung 3.1 kommen die hochgradige Wettkampforientierung in den USA und die geringere Ausprägung dieses Motivs in Österreich zum Ausdruck. Besonders deutlich zeigt sich dieser Unterschied in der Wettkampforientierung bei den Studentinnen.

Jedenfalls sind Konkurrenzorientierung und der Wunsch, siegen zu wollen, keinesfalls natürliche Phänomene, sondern kulturelle. Dies lässt sich anhand eines Blicks in Gesellschaften verdeutlichen, die gemäß ihrer Kultur und sozialen Struktur völlig andere Sportarten oder Spiele bevorzugen. Es gibt Gesellschaften, in deren Spielen das Wettkampfelement nicht vorkommt. Als Beispiel sei eine Stammesgesellschaft in Neuguinea angeführt, in der Wettkampfenthusiasmus US-amerikanischer Herkunft unvorstellbar wäre. Ein Spiel dieser Gesellschaft wird folgendermaßen beschrieben:

> „The Tanga people of New Guinea play a popular game known as taketak, which involves throwing a spinning top into massed lots of stakes driven into the ground. There are two teams. Players of each team try to touch as many stakes with their tops as possible. In the end, however, the participants play not to win but to draw. The game must go on until an exact draw is reached. This requires great skill, since players sometimes must throw their tops into the massed stakes without touching a single one. Taketak expresses a prime value in Tangu culture, that is, the concept of moral equivalence, which is reflected in the precise sharing of food-stuffs among the people" (Leonard 1973, S. 45).

Ebenfalls aus Neuguinea liegen Berichte vor, denen zufolge nach der Einführung des Fußballs dessen Regeln dahingehend geändert wurden, dass jede Mannschaft dieselbe Anzahl an Toren zu erzielen hatte. Die Fußballregeln wurden also dem kulturellen Ethos angepasst.

Das gleiche kulturelle Ethos illustriert auch die Anthropologin Benedict, die in ethnographischen Beobachtungen eruieren konnte, wie die nordamerikanischen Zuniindianer einen hervorragenden Läufer behandeln:

> „The ideal man in Zuni is a person of dignity and affability who has never tried to lead, and who has never called forth comment from his neighbours. Any conflict, even though all right is on his side, is held against him. Even in contest of skill like their foot races, if a man wins habitually he is debarred from running. They are interested in a game that a number can play with even chances, and an outstanding runner spoils the game: they will have none of him" (Benedict 1989, S. 99).

Zweifellos reflektiert das Spiel der Zuni, in dem eher Kooperation denn Auszeichnung auf Kosten anderer dominiert, die Wertorientierung dieses Indianerstammes. Die gleiche Wertorientierung findet sich bei den Tununak-Dorfbewohnern von Nelson Island in Alaska. Im Überlebenskampf in einer rauen Umwelt sind die Inuit aufeinander angewiesen und haben eine sehr stark ausgeprägte Gruppenmoral entwickelt, die sich auch in ihren Spielen niederschlägt, wie die Anthropologin Ager berichtet: „The kind of competition I saw was one in which everyone tried to do his best but not at anyone else's expense" (zit. n. Calhoun 1987, S. 60). Nicht der Sieg, sondern Geschicklichkeit und Kooperation stehen bei diesen Spielen im Vordergrund. Calhoun berichtet über weitere ähnliche Spiele und geht vor allem auf deren Funktion in der jeweiligen Gesellschaft ein. Er resümiert:

> „These purely skill games of simple achievement societies are quite different from the competitive sports into which games of physical skill and strategy often turn in the more complex achievement cultures. There, instead of learning skills for the common welfare, children of the same age may be trained by their elders to throw baseballs at each other's heads and how to hold opponents in football without being detected" (ebd., S. 72).

Die komplexen „achievement cultures", von welchen Calhoun spricht, hat McClelland (1976; 1995) eingehend analysiert. Er stellte u. a. fest, dass soziale Erwartungen als Bestandteil eines religiösen Dogmas oder einer anderen ideationalen Struktur (des Wertesystems) der Gesellschaft wichtige Vorbedingungen für Leistung („achievement") sind. Dies gilt auch für sportliche Leistungen, wie die Analyse des sportlichen Erfolgs verschiedener Gesellschaftstypen bei Olympischen Spielen zeigt. Demnach waren protestantische Länder bei den Olympischen Sommerspielen von 1896 bis 1972 und Winterspielen von 1948 bis 1968 am erfolgreichsten:

> „Ihr Erfolg bei allen Olympischen Spielen seit 1896 war mehr als siebenmal so groß, als im Vergleich mit der Bevölkerungsgröße dieser Länder hätte angenommen werden können. Der Erfolg setzt sich bis zu den letzten Spielen in Mexico-City fort, wo der Erfolg dieser Länder immer noch den erwarteten Wert um das Dreifache übertraf" (Seppänen 1976, S. 95).

Die Erklärung dafür liegt in der protestantischen Ausprägung der Askese, die auch im Sport zum Tragen kommt. Es handelt sich beim Protestantismus – wie ihn Max Weber in seinem klassischen Werk „Die protestantische Ethik und der Geist des Kapitalismus" (1934, zuerst 1904/05) beschrieben hat – um eine extreme Form von „innerweltlichem Asketizismus".[6] Damit ist ein Streben nach Beherrschung der Welt in einer asketischen Lebensführung als Weg zur Erlösung gemeint, ein Streben, welches in geradezu klassischer Weise dieses Leistungsethos in der Gesellschaft und im Sport bewirkt habe.

Das hohe Leistungsniveau der protestantischen Gesellschaften wird also als eine Funktion des Ethos in der protestantischen Religion gesehen. Der Katholizismus hebt sich von diesem Ethos insofern ab, als er die rationale Beherrschung der weltlichen Ordnung oder die Teilnahme an weltlichen Institutionen nicht so systematisch akzentuiert, wie dies der Protestantismus tut. Dies erklärt die von Weber festgestellte geringere Beteiligung der Katholiken am modernen Erwerbsleben in Deutschland. In Bezug auf sportliche Leistungen konstatierte Seppänen:

> „Je innerweltlicher die ideationale Struktur der Gesellschaft orientiert ist, desto höher ist das Niveau der sportlichen Leistungen. Katholische Länder sind weniger erfolgreich als gemischt protestantisch-katholische Länder und diese wiederum weniger erfolgreich als protestantische Länder, wenn auch der Unterschied zwischen den letzten beiden ziemlich gering ist" (1976, S. 94).

Während Weber in seine Analyse der Rolle ideationaler Strukturen in Gesellschaften nur jene Konfessionen einbeziehen konnte, die es in der damaligen Zeit gab, konnte Seppänen auch jene weltliche Sozialphilosophie berücksichtigen, die zwischenzeitlich zur Leitideologie eines ganzen Staatenblocks geworden war, nämlich den Sozialismus:

> „Die ideationale Struktur der sozialistischen Gesellschaften zeichnet sich dadurch aus, daß sie nicht auf Religion in ihrer traditionellen Bedeutung gegründet ist, sondern auf eine weltliche Art von Sozialphilosophie. Sie mag in den unterschiedlichen sozialistischen Gesellschaften leicht differieren, aber ihre Grundelemente stammen aus der marxistischen Tradition. Die marxistische Interpretation der Welt handelt nicht nur in dieser Welt, sondern im Gegensatz zu den Idealen von Paulus

---

6 Weber betont zwei Dimensionen religiöser Orientierung. Einerseits ist es die Haltung gegenüber der bestehenden gesellschaftlichen Ordnung, die sich in Form einer Dichotomie artikuliert: innerweltliche und außerweltliche Einstellung. Während die innerweltliche Position einen radikalen Bruch mit der institutionellen Ordnung vermeidet, versucht die außerweltliche Position, den Kontakt mit der bestehenden Welt zu verringern. Andererseits ist es die Unterscheidung im Weg zur Erlösung zwischen Beherrschung der Welt (Asketizismus) und Anpassung an die weltliche Ordnung (Mystizismus). Daraus leitet Weber eine Typologie ab, die vier verschiedene religiöse Wege oder Einstellungen zur Erlösung preisgibt: innerweltlicher Asketizismus, außerweltlicher Asketizismus, innerweltlicher Mysitizismus und außerweltlicher Mystizismus (zit. n. Seppänen 1976, S. 90).

von ihr, ein Tatbestand, der vollständig im Gegensatz zu irgendeiner auf übernatürlicher Autorität aufbauenden Religion steht" (ebd., S. 94).

Und eben am Beispiel sozialistischer Staaten zeigte sich, dass die innerweltliche Orientierung in den Grundelementen der ideationalen Struktur einer Gesellschaft noch stärker sein konnte als sie im Protestantismus jemals war. Die sozialistische Ideologie strebte die Beherrschung der weltlichen Ordnung sowie die Kontrolle über die Leistungen in allen Bereichen gesellschaftlicher Betätigungen an. Hier manifestierte sich das Streben nach Herrschaft über die Welt par excellence. Da diese Position noch innerweltlicher war als die protestantische, konnten auch höhere sportliche Leistungen erwartet werden:

> „In der gleichen Zeit, in der der Erfolg der protestantischen Länder sank, zeigte der Erfolg der sozialistischen Länder eine ansteigende Tendenz. In den letzten Spielen 1960 bis 1968 sind die sozialistischen Länder zusammen sogar erfolgreicher als die protestantischen gewesen" (ebd., S. 95).

Die Annahme, dass das hohe Leistungsniveau im Sport eine Funktion des ideationalen Ethos sei, bestätigte sich also anhand der sozialistischen Kultur noch eindrucksvoller als im Falle der protestantischen. Das beste Beispiel ist die ehemalige DDR, die nicht nur als sozialistisch, sondern auch als protestantisch galt. Das ideologisch doppelt verankerte Streben nach Beherrschung der Welt zeigte im Sport eindrucksvolle Erfolge, hinter denen freilich manche Autoren systematisches Doping vermuten (Tcha 2004; S. 315–316, Szymanski 2000, S. 210). Jedenfalls war die ehemalige DDR weltweit die erfolgreichste Sportnation.

Die Wirkungen eines sozialistischen Systems können unter Umständen auch über dessen Ende hinausgehen, weil sich kulturelle Wertorientierungen nicht so schnell ändern. Aus diesem Grunde wurden in einer Untersuchung der sozioökonomischen Determinanten nationaler Medaillengewinne bei den Olympischen Sommerspielen von 1960 bis 2004 auch ehemalige (bis zum Fall des Eisernen Vorhangs um 1990) sozialistische Staaten als „sozialistisch" kategorisiert (Maennig/Wellbrock 2008). Als Ergebnis zeigte sich auch in dieser Untersuchung ein positiver Einfluss des Vorliegens eines „sozialistischen Systems" auf olympische Medaillengewinne. Somit kann die Annahme bestätigt werden, dass die Entwicklung und der Leistungsstand des Sports von kulturellen Wertorientierungen und Ideologien der umgebenden Gesellschaft nachhaltig beeinflusst werden.

3.1.1 Sport und Zivilisation

Der Einfluss von Werten und Normen der Gesellschaft auf die Entwicklung des Sports soll an einem weiteren Beispiel veranschaulicht werden, nämlich an jenem der zivilisatorischen Standards in Bezug auf die Ausübung von körperlicher Gewalt. Dazu hat Elias (1997a; 1997b, zuerst 1939) grundlegende Einsichten vorgelegt. Demnach war ein hoher Grad an körperlicher Gewalt nicht nur in antiken Gesellschaften, sondern auch bei den antiken Olympischen Spielen vorherrschend. Man kämpfte etwa beim Pankration (eine Art Boden-Ringkampf) mit jedem Teil des Körpers, mit Händen, Füßen, Ellbogen, Kopf, Knien oder Zähnen. Es war sogar gestattet, dem Gegner die Augen auszudrücken, ihn zu würgen, die Finger und Arme auszurenken. Bei diesem rohen Kampf gab es selbstverständlich die furchtbarsten Verwundungen, oft hatten die Kämpfe sogar einen tödlichen Ausgang. Auch kam es vor, dass ein im olympischen Zweikampf getöteter Athlet nachträglich zum Olympiasieger erklärt wurde, weil er besonders tapfer gekämpft hatte.

Abbildung 3.2: Pankration

Quelle: Schöbel 2000, S. 58

> „Von zwei Boxern heißt es, daß sie sich mit einem fortwährenden
> Schlagabtausch einverstanden erklärt hätten. Der erste versetzte sei-
> nem Gegner einen Schlag auf den Kopf, den dieser zwar überlebte. Als
> letzterer aber seine Deckung vernachlässigte, stach der Gegner ihm mit
> ausgestreckten Fingern in seine Seite und riß seine Eingeweide heraus
> und tötete ihn so" (Elias 1979, S. 93).

Auf der Basis der Werteskala unserer modernen Gesellschaft wird man dieses Ausmaß an körperlicher Gewalt wohl als barbarische Entartung abtun. Es
verstößt offensichtlich gegen die Gewalttabus unserer Gesellschaft. Verstehbar
wird es erst dann, wenn man sich die Struktur, die Entwicklungsstufe und
die Art der sozialen Organisation und Kontrolle physischer Gewalt des antiken Griechenlands vor Augen führt. Die Standards des Verhaltens und Fühlens
der Griechen waren nämlich anders als unsere; sie waren weniger zivilisiert.
So war der Kriegszustand durchaus eine normale Beziehung zwischen den
Stadtstaaten. Völkermord war häufig ein kalkulierter Akt und wurde zwecks
Zerstörung der militärischen Macht eines rivalisierenden Staates ausgeführt.
In der griechischen und römischen Antike erweckte ein Massaker an der gesamten männlichen Bevölkerung einer besiegten und eroberten Stadt sowie
der Verkauf deren Frauen und Kinder als Sklaven möglicherweise Mitleid, aber
bestimmt keine weitverbreitete Verurteilung. Ähnlich war der Standard der
Kriegsgesellschaft im 13. Jahrhundert: „Die Freude am Quälen und Töten anderer war groß", das Ausüben von Grausamkeiten hat in keiner Weise vom gesellschaftlichen Verkehr ausgeschlossen (Elias 1997a, S. 268). Daher mussten
die diesbezügliche moralische Abneigung, die Schuld- und Schamgefühle ent-
schieden schwächer ausgeprägt gewesen sein als dies heutzutage der Fall ist.
Derartige Empfindungen hätten sich wohl auch als schweres Handicap erwiesen, wenn man bedenkt, dass die Anwendung körperlicher Gewalt in gewisser Weise lebensnotwendig war. Jede kampffähige männliche Person musste zur
Verteidigung der Verwandtschaft oder zum Angriff bereit sein, um gegebenen-
falls Verwandte unterstützen oder rächen zu können. Der Schutz des Lebens
und der Bürger war nicht vornehmlich Aufgabe des Staates. Um zu überleben
war man daher viel mehr auf die eigene physische Kraft und Ausdauer angewiesen als dies heute der Fall ist, wo Gewaltanwendung weitgehend der staat-
lichen Kontrolle unterliegt. Insgesamt war das Ausmaß an körperlicher Gewalt
in der Antike und auch im Mittelalter erheblich höher als in unseren zeitgenös-
sischen Gesellschaften in Europa.

Dieser Unterschied resultiert aus dem geschichtlichen Wandel, dem die
Menschheit unterworfen ist und der nach Elias (1997a; 1997b) als „Prozeß
der Zivilisation" bezeichnet werden kann. Elias sieht den Gang dieses
Zivilisationsprozesses als Zwang, den die Menschen aufgrund zunehmen-

der gesellschaftlicher Verflechtungen aufeinander ausüben. Demokratisierung, Industrialisierung, Urbanisierung, Verkehr und Kommunikation schafften ein Hebelwerk von Verflechtungszwängen, das eine allmähliche Veränderung des Verhaltens zu unserem Standard hin herbeiführte. Elias beschreibt diese Veränderung z.B. anhand der Entwicklung der Tischsitten (Verwendung von Besteck statt Essen mit bloßen Fingern), des allgemeinen Benehmens in der Öffentlichkeit (Benützung des Taschentuchs statt Spucken, Verrichtung der Notdurft nur mehr an eigens dafür vorgesehenen Orten) und des Umgangs mit Sexualität (die Befriedigung sexueller Triebe in der Öffentlichkeit wird zum Tabu, das Schlafzimmer zu einem privaten Bereich menschlichen Lebens). In verschiedenen Evolutionsschüben lernten die Menschen, dass sie in der Öffentlichkeit ihre Gefühle verbergen müssen, wenn sie als „normal" gelten wollen. Der Mechanismus der Gefühlsregulierung ging den Menschen so in Fleisch und Blut über, dass er zu einer „Selbstzwangapparatur" wurde, die in immer stärkerem Maße rationales, auch längerfristig angelegtes Handeln und damit eine Zurückdrängung der spontanen Wallungen sowie Dämpfung der körperlichen Gewalt bewirkte.[7]

Die aufgezeigten Zusammenhänge machen verständlich, weshalb die modernen Sportspiele – im Vergleich zu den Volksspielen der Gesellschaften des Mittelalters und der Frühneuzeit – weit kontrollierter sind und nur ein geringes Ausmaß an direkter Aggression in Form von Tätlichkeiten erlauben (Tabelle 3.1).

---

7 Die psychische Selbstkontrolle wird in der Soziologie als Internalisierung (Verinnerlichung) von Normen bezeichnet und ist das Resultat des Erziehungsprozesses (Sozialisation). Am Beispiel der historischen Veränderung der Kindererziehung lässt sich demnach die Entwicklung zu zivilisierten Verhaltensformen und zur Humanisierung ablesen. So war die Ermordung illegitimer als auch legitimer Kinder in der Antike bis ins 4. Jahrhundert durchaus üblich. De Mause (2007) spricht vom Stadium des „Kindesmordes", dem sich das Stadium der „Weggabe des Kindes" anschloss, das etwa bis ins 13. Jahrhundert andauerte. Das dritte Stadium nennt de Mause „Ambivalenz" (14. bis 17. Jahrhundert). Es entstehen die ersten Anleitungen für Kindererziehung, wobei harte Schläge und das Auspeitschen als Erziehungsmethoden hervortreten. Der Erwachsene jener Zeit, der selbst von Triebkräften asozialer, sexueller, egoistischer, aggressiver Art gepeinigt war, sah im Kind die eigenen verbotenen Triebe. Er versuchte, diese aus dem Kind herauszuprügeln. Schreien des Kindes wurde als Bösartigkeit angesehen, die durch Schläge ausgetrieben werden musste. Im 18. Jahrhundert wurde das Stadium der „Intrusion" (Eindringen in die Seele des Kindes) und im 19. Jahrhundert jenes der „Sozialisation" erreicht. Das Kind sollte nicht mehr dem eigenen Willen unterworfen werden, sondern auf den rechten Weg gebracht werden. Das sechste und letzte Stadium, jenes der „Unterstützung", begann nach de Mause erst nach dem Ende des Zweiten Weltkrieges. Es ist gekennzeichnet durch den Versuch der Eltern, den Bedürfnissen des Kindes gerecht zu werden und gewaltfrei zu erziehen.

Tabelle 3.1:   Struktureigenschaften der Volksspiele und der modernen Sportspiele (Auswahl)

Volksspiele	Moderne Sportspiele
– Hoher Grad sozial tolerierter physischer Gewaltanwendung	– Niedriger Grad sozial tolerierter physischer Gewaltanwendung
– Emotionale Spontaneität	– Hohe Selbstbeherrschung
– Offene und spontane Erzeugung einer Vergnügen bereitenden Kampfstimmung	– Stärker kontrollierte, sublimierte Erzeugung einer Kampfstimmung (Spannung)
– Betonung der Körperkraft im Verhältnis zum Niveau (sport-)motorischer Fertigkeiten	– Betonung des Niveaus (sport-)motorischer Fertigkeiten im Verhältnis zur Körperkraft

Quelle: Dunning 1998, S. 17

Allgemein lässt sich feststellen: Je aggressiver eine Gesellschaft ist, umso kampfbetonter werden auch die Sportarten sein, die in dieser Gesellschaft praktiziert werden. Eine Präzisierung dieser Aussage findet man in Form von Hypothesen, die Allardt (1976) anhand einer vergleichenden Typologie von Sportformen und Gesellschaften erstellt hat. Ausgehend von Durkheims Theorie zur Arbeitsteilung klassifizierte er Gesellschaften nach

a) dem Grad der Differenzierung in der Arbeitsteilung

b) dem Grad oder der Stärke sozialer und politischer Zwänge in einer Gesellschaft und

c) dem Grad der Härte im Gehorsamstraining während der Kindheit.

Sportarten wurden danach klassifiziert, ob sie

a) formalisierte Regeln haben oder nicht,

b) mehr körperliche Kraft als Technik erfordern oder umgekehrt,

c) unmittelbare körperliche Aggressivität gegen andere Personen erfordern,

d) als Mannschafts- oder Individualsportarten betrieben werden.

Sodann stellte er folgende Zusammenhänge zwischen Gesellschaftstypen und Formen des Sports fest:

1. Je höher die Arbeitsteilung, desto formalisierter sind die Regeln der Sportarten.

2. Je stärker die sozialen und politischen Zwänge, desto wichtiger ist körperliche Kraft und desto unwichtiger ist technische Geschicklichkeit in den Sportarten.

3. Je härter das Gehorsamstraining, desto aggressiver sind die Sportarten.

4. Je niedriger die Arbeitsteilung und je stärker die sozialen Zwänge, desto populärer sind Mannschaftssportarten.

Auf der Basis dieser Zusammenhänge formulierte Allardt die Hypothese:

> „In Gesellschaften mit geringer Arbeitsteilung, starken sozialen und po-
> litischen Zwängen und hartem Gehorsamstraining besteht eine Wahr-
> scheinlichkeit für die Popularität nicht-formalisierter, aggressiver Wett-
> spiele, die körperliche Kraft erfordern und als Mannschaftsspiele ausge-
> übt werden" (1976, S. 85).

Wenn allerdings in einer Mannschaftssportart Technik und Geschicklichkeit im Vordergrund stehen, handelt es sich um Systeme mit abgeschwächtem Gehorsamstraining sowie schwachen politischen und sozialen Zwängen.

3.2 Expansion des Sports, interne Differenzierung und Trends

Ein weiterer Aspekt der Affinität zwischen Sport und Gesellschaft ist die Differenzierung des Sports innerhalb einer Gesellschaft. Die Differenzierung ist nicht zuletzt vor dem Hintergrund der Expansion des Sports zu sehen. Dies, weil Binnendifferenzierungsprozesse als Begleiterscheinung der Expansion ei- nes gesellschaftlichen Teilsystems aufzufassen sind.

Abbildung 3.3: Bandbreiten von Sportaktivenquoten in Österreich in den 1970er, 1980er, 1990er und frühen 2000er Jahren. Ermittelt auf Basis von Umfrageergebnissen.

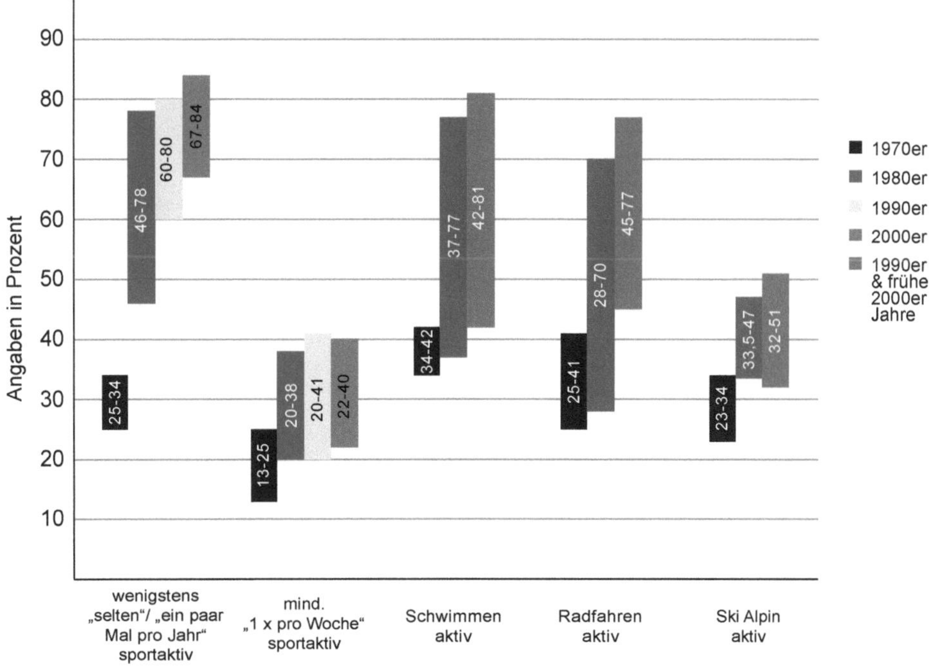

Quelle: Norden 2010a, S. 17, 32–48.

Die Expansion des Sportsystems vollzog sich in Österreich hauptsächlich von den 1970er Jahren bis in die frühen 2000er Jahre. Dies lässt sich anhand der für diesen Zeitraum vorliegenden Befragungsergebnisse belegen. Zwar weisen die Ergebnisse eine große Bandbreite an Sportpartizipationsquoten auf. Im Trend jedoch ist eine Steigerung der Sportpartizipation der Bevölkerung deutlich zu erkennen. Die Steigerung zeigt sicht sowohl bei der Partizipation am Sport überhaupt als auch bei der Partizipation an bestimmten Sportarten wie Schwimmen, Radfahren und Skifahren (Abbildung 3.3).

Diese Steigerung des Sportengagements kann vor dem Hintergrund von Veränderungen der Lebensbedingungen und der Sozialstruktur, sowie des Wandels von Einstellungen und Werten interpretiert werden. Folgende Faktoren haben die aktive Teilnahme am Sport begünstigt:
- Rückgang der Arbeitszeit (Karazman-Morawetz 1995, S. 414–417), Zunahme der Freizeit (IMAS 2002);
- Zunahme der durchschnittlichen Lebenserwartung (Statistik Austria 2006) und der Lebensqualität (Schulz und Pichler 2005, S. 80) – Gesündere und Menschen, denen es besser geht, sind aktiver (Guttmann 2004, S. 306–307);
- Rückgang manueller und Zunahme nicht-manueller Arbeit (Karazman-Morawetz 1995, S. 410) – Angestellte, Beamte und Selbstständige außerhalb der Landwirtschaft sind aktiver als Arbeiter und Landwirte;
- Bildungsexpansion (Reiterer 2003, S. 181; Haller 2005, S. 63) – mit steigendem Bildungsniveau nimmt die Sportaktivität zu;
- Vermehrung des Wohlstands (Karazman-Morawetz 1995, S. 412), Verringerung des Anteils der lebensnotwendigen Ausgaben am gesamten Haushaltsbudget (Zapotoczky 2005, S. 41–42) – dadurch können für Sport mehr finanzielle Mittel aufgewendet werden;
- Zunahme des Autobesitzes (Eder 2003, S. 283; IMAS 2003a) – Personen, die in Haushalten leben, in denen ein Auto vorhanden ist, sind häufiger sportlich aktiv (Preisendörfer 2001, S. 745–746);
- Bevölkerungsrückgang in Gemeinden mit weniger als 2.500 Einwohnern (Lichtenberger 1997, S. 208; Haller 2005, S. 63) – Bewohner von Kleingemeinden betreiben weniger Sport;
- Zunahme der Sportinfrastrukturangebote (Hofmeister 1987; 1994; Adam 2000);
- Aufwertung der Freizeit (Bretschneider/Hawlik/Pauli 1999, S. 121; Haller 2005, S. 46; Scheid/Renner 2011, S. 138);
- verstärkte Erlebnisorientierung (Schulze 2000, S. 256–258);
- Körperboom – größeres Schönheitsbewusstsein, zunehmende Bedeutung von Körperidealen für die Konstruktion der eigenen Identität (Norden/Schulz 1988, S. 46–49);

- verstärktes Gesundheitsstreben (Seidl et al. 1997, S. 106)
- zunehmende Verbreitung von Single-Haushalten (Haller 2005, S. 63) und Verkleinerung der Verwandtenkreise[8] – das damit einhergehende wachsende Bedürfnis nach Kommunikation und Geselligkeit begünstigt insbesondere die Teilnahme an Partner- und Mannschaftssportarten.

Hat also die Sportteilnahme vor dem Hintergrund dieser Einzelfaktoren und gefördert durch Kampagnen wie „Fit mach mit" (Holzweber 1995) zugenommen, so lassen jüngste Befragungsergebnisse in Österreich auf einen leichten Rückgang oder eine Stagnation der Teilnahme auf hohem Niveau schließen: 44% „regelmäßig" Sporttreibende 2006–2009 (ISMA 2006; Karmasin 2009); 45% wenigstens „mehrmals im Monat" Sporttreibende 2008 und 2009 (IFT 2010); 32% „mindestens einmal wöchentlich" Sporttreibende 2007 und 2011 (IFT 2011, 8); 39% mindestens „einmal pro Woche" Sporttreibende 2012 gegenüber noch 42% mit der gleichen Frequenz Sporttreibende 2008 (IMAS 2013).

Heute besteht der Sport in vielfältigen Ausprägungs- und Erscheinungsformen und diese Vielfalt nimmt weiter zu. Dabei werden zwei Prozesse unterschieden, die mit den Begriffen „Diversifikation" und „Differenzierung" bezeichnet werden. Unter „Differenzierung" wird die „Pluralisierung innerhalb der einzelnen Sportarten" verstanden (Wopp 1995, S. 114–115). So entwickelten sich etwa in der Sportart Paragliding die Varianten „Acro" (akrobatisches Fliegen), „Streckenfliegen" (bei dem es darum geht, möglichst weite Strecken ohne Landung zu erzielen), „Wettkampf" („Dreiecksfliegen", bei dem eine vorab festgelegte Route geflogen wird) und „Genussfliegen" (Stern 2010, S. 47). Die Sportart „Aerobic", um ein anderes Beispiel anzuführen, wurde zu einem Oberbegriff für eine wachsende Vielzahl unterschiedlicher Praxisformen wie „Fat Burning Aerobic", „Dance-Aerobic", „Step-Aerobic", „Box-Aerobic" und „Aqua-Aerobic".

Der Begriff „Diversifikation" bezieht sich auf die Tatsache, dass die Anzahl ausgeübter Sportarten zunimmt. Ständig werden neue Sportarten erfunden, wieder entdeckte alte neu aufgemacht, Bewegungsformen aus anderen Kulturen importiert und entsprechend vermarktet. Ist die Vermarktung erfolgreich, spricht man von Trendsportarten.

---

8   Ein Einzelkind eines Paares von Einzelkindern hat kaum noch Verwandte.

Definition:
Als Trendsportarten bezeichnet man jene Sportarten, die kontinuierliche Zuwachsraten an Ausübenden über einen mehrjährigen Zeitraum aufweisen.

Der Entwicklungsverlauf von Trendsportarten lässt sich unter Zugrundelegung des wirtschaftswissenschaftlichen Modells des Produktlebenszyklus idealtypisch in fünf Phasen gliedern (Lamprecht/Murer/Stamm 2003):
1. Invention (Entdeckung oder Erfindung)
2. Innovation (beginnende Vermarktung)
3. Entfaltung und Wachstum (Medien und Industrie werden aufmerksam)
4. Reife und Diffusion (Breitenwachstum, umfassende Vermarktung)
5. Sättigung und allfälliger Niedergang.

Als Beispiel für eine Sportart, die alle fünf Phasen durchlaufen hat, sei das Inline-Skating angeführt. Seine diesbezügliche Geschichte lässt sich wie folgt skizzieren (Norden 1999, S. 22):

1979 – so wird es zumindest erzählt – entdeckten die Brüder Scott und Brennan Olson in einem Sportgeschäft in Bloomington, Minnesota einen Inline-Skate, der von einem Chicagoer Erzeuger bereits 1966 auf den Markt gebracht, aber kaum beachtet worden war (Phase 1). Die beiden waren von diesem Gerät und der damit verbundenen Möglichkeit eines Sommertrainings für Eishockeyspieler so begeistert, dass sie im folgenden Jahr die Firma Rollerblade gründeten und mit der Herstellung solcher Skates begannen (Phase 2). Vom Vorgängermodell unterschieden sich die Rollerblade Skates – die Grundlage für den späteren Trend – nur durch das Baumaterial (Kunststoff) und eine Bremsvorrichtung (Abbildung 3.4). Um die Nachfrage anzukurbeln, baute die Firma aus Minnesota 1987 im kalifornischen Küstengebiet – dort, wo bereits in den vergangenen Jahren viele Trends entstanden waren – einen Verleih ihrer Skates auf und bewarb diese als Fitnessgeräte. Die Marketingstrategie ging auf. Inline-Skates avancierten zur Jahresentdeckung und wurden schnell zum Verkaufsschlager in Sportartikelläden (Phase 3). Der Boom war geboren, erfasste rasch auch innere Landesteile und bald ganz Nordamerika (Phase 4). Von dort griff er Mitte der 1990er Jahre auf Europa über, so auch auf Österreich, wo sich der Anteil der Rollschuhläufer an der Bevölkerung binnen kurzer Zeit vervierfachte und das Rollschuhlaufen damit auf die sechste Stelle in einer Rangliste von 24 Sportarten nach Beteiligungsquoten vorrückte (Norden, 2010a, S. 47–48). Aus dem Boom entstand eine riesige Szene, die sich in eine Kernszene (z. B. Aggressive-Skater in Innenstädten), Randszene (z. B. Sport-Skater) und Freizeit-Skaterszene ausdifferenzierte. Die Zugehörigkeit zur jeweiligen Szene präsentierte sich nicht zuletzt in der Verwendung spezieller Skates, die in großer Vielfalt von mittlerweile Dutzenden von Produzenten angeboten wurden. Bald aber war auch über fortschreitende Differenzierungen keine Ausdehnung des Marktes mehr möglich (Phase 5). Der Marktsättigung folgte in den frühen bis mittleren 2000er Jahren ein Rückgang der Beteiligung an der Sportart, die – zusammen mit Snow-, Skate-, Sand- und Wakeboarden, sowie Wind- und Kitesurfen – für eine „neue Bewegungskultur" stand. Diese wurde mit dem Wort „Gleiten" umschrieben: „Gleiten meint sich entziehen, vorbeisausen, nicht sesshaft sein, sich nicht fassen lassen, unerreichbar und damit frei und unabhängig bleiben" (Lamprecht/Murer/Stamm 2003, S. 35). Mit dieser Umschreibung sind wichtige gesellschaftliche Werte wie Leichtigkeit, Flexibilität und Mobilität angesprochen, die in den gleitenden Trendsportarten zum Ausdruck kommen.

Abbildung 3.4: Inline-Skate der Firma Rollerblade im Jahr 2010

Quelle: www.rollerblade.com

Während einige der gleitenden Trendsportarten eine enge Beziehung zur Jugend oder zu jugendkulturellen Stilen hatten oder haben (Gugutzer 2012, S. 119–222), hat die Trendsportart „Nordic Walking" mit ihren – kontrastiv zum „Gleiten" – traditionellen motorischen Charakteristika insbesondere in den mittleren Altersgruppen Verbreitung gefunden. Ursprünglich als Alternative zum Laufen/Joggen präsentiert, erlebte Nordic Walking in den mittleren 2000er Jahren in Österreich einen raschen Aufschwung, der zunächst tatsächlich auf Kosten des Laufens/Joggens ging. Heute befindet sich die Sportart ebenfalls in der letzten Phase der Entwicklung von Trendsportarten, nämlich in jener der Marktsättigung (Tabelle 3.2).

Tabelle 3.2:   Entwicklung von Laufen/Joggen und Nordic Walking in Österreich nach Daten von Spectra 2000–2012

| | betreiben (in %) | | | |
| | Laufen/Joggen | | Nordic Walking | |
Jahr	regelmäßig (mind. 1x pro Woche)	mindestens gelegentlich	regelmäßig (mind. 1x pro Woche)	mindestens gelegentlich
2000	13	25	.	.
2002	12	26	.	.
2003	15	32	.	.
2004	13	24	4	9
2005	14	28	7	13
2006	14	27	8	16
2007	15	27	7	15
2008	14	27	8	16
2009	12	25	8	16
2010	13	23	8	16
2011	14	25	9	18
2012	13	25	7	16

Fragetext nicht angegeben, Frage nach der Ausübungshäufigkeit von Laufsportaktivitäten, ab 2004 auch von Nordic Walking: regelmäßig (mindestens 1x/Woche), gelegentlich (seltener als 1x/ Woche), nie, übe jedoch anderen Sport aus, nie übe keinen Sport aus.
. = nicht erhoben
n = 1000, repräsentativ für die österreichische Bevölkerung ab 15 J.

Quelle: Spectra 2012.

Das Gesamtbild, das sich aufgrund der skizzierten Entwicklung von Nordic Walking und Inline-Skating und einiger anderer nachfolgend angesprochener Entwicklungstendenzen der Sportkultur bietet, ist unübersichtlich und teilweise widersprüchlich (Norden 2010a, S. 29):

Auf der einen Seite steigt oder bleibt die Nachfrage nach Ausdauersportarten und Krafttraining erhalten. Auf der anderen Seite gibt es eine starke Nachfrage nach Bewegungsformen, die der Entspannung und Ruhe dienen sollen (asiatische Kampfformen u. Ä. m.). Einerseits steigt oder besteht weiterhin die Nachfrage nach Bewegungsformen, die nicht wettkampforientiert sind. Andererseits steigt die Bedeutung von als „Events" veranstalteten sportlichen Wettkämpfen. Auf der einen Seite steht im Sport das gegenwartsbezogene

Erleben, die Suche nach Spaß und momentanes Wohlbefinden im Vordergrund und wird zum Teil auch das Risiko im Sport gesucht. Auf der anderen Seite ist aber die Instrumentalisierung des Sports in der Suche nach Gesundheit, Fitness und Stressabbau von großer Bedeutung. Einerseits findet sich ein ausgeprägter Wunsch nach Naturerlebnissen, andererseits stellen wir eine zunehmende Technisierung und Technologisierung des Sports fest. Auf der einen Seite steigt der Wunsch nach Selbstbestimmung und Unabhängigkeit von anderen, zugleich aber beobachten wir das Entstehen von Abhängigkeit in Form von Sport- oder Trainingssucht.

Auch im Hinblick auf diese Unübersichtlichkeit und teilweise Widersprüchlichkeit von Wert- und Handlungsorientierungen erscheint der Sport als Spiegelbild gesamtgesellschaftlicher Entwicklungsprozesse (Anders 2011, S. 13). Sport kann gesellschaftliche Entwicklungsprozesse aber nicht nur abbilden, sondern auch auslösen. So hat seine Expansion u. a. dazu geführt, dass „Sportlichkeit" nicht mehr nur etwas mit Sport zu tun hat, sondern in die Alltagsmode eingedrungen und zu einem Symbol für einen modernen, gesundheits- und leistungsbewussten Lebensstil geworden ist (Kaschuba 1989; Liebau 1989). In diesem Sinne kann von einer „Versportlichung" der Gesellschaft gesprochen werden, die sich etwa auch in einer zunehmenden Verwendung der Sportterminologie zur Darstellung nicht-sportlicher Sachverhalte (Politik, Wirtschaft etc.) in der Gemeinsprache ausdrückt (Belyutin 2012, S. 28).

4 Sozialisation und Sport

Der Mensch ist genötigt, Verhaltensweisen im Laufe der Begegnung oder Auseinandersetzung mit seiner Umwelt zu erwerben, denn er verfügt nicht wie Tiere über eine Erbmotorik, sondern über eine Erwerbsmotorik (Storch 1949). Er muss die Beherrschung des eigenen Körpers genauso wie das Handeln in der sozialen Umwelt lernen und ständig kontrollieren.

> „Das, womit der Mensch täglich von früh bis abends umzugehen hat, sind Gegenstände seiner Erzeugung, und die Manipulationen, die sie erfordern, sind von einer ungeheuren Vielfalt, und *nichts davon ist ‚angeboren‘*, sondern *alles erlernt,* durch Selbsterwerb angeeignet“ (Storch 1949, S. 28).

Beispielsweise stellen die Aufrichtung des Körpers und die aufrechte Fortbewegung ein Ergebnis der menschlichen Erwerbsmotorik dar. Das zeigen jene seltenen Ausnahmefälle von sogenannten wilden Kindern, die Blumenthal (2003) dokumentiert hat. Die berühmtesten Fälle sind „Kaspar Hauser“ und die „Wolfskinder von Midnapore“. Kaspar Hauser war ohne nennenswerte soziale Kontakte, Ansprache, Erziehung oder Förderung etwa bis zu seinem sechzehnten Lebensjahr eingesperrt. Er konnte kaum gehen und wusste nicht, wie er von seinen Händen und Fingern Gebrauch machen sollte. Ein noch drastischeres Beispiel dafür, dass menschliches Verhalten nicht vererbt, sondern gelernt ist, sind die sogenannten „Wolfskinder von Midnapore“, zwei Mädchen, die völlig wild bei Wölfen aufgewachsen waren. Sie hatten sich in ihrer Motorik den Tieren derart angepasst, dass sie wie diese vom Boden aßen, in Kauerstellung übereinandergelegt schliefen, den aufrechten Gang nicht kannten und sich stattdessen auf allen vieren fortbewegten. Nachdem sie gefunden worden waren, nahm sich das Ehepaar Singh ihrer an und begann damit, ihnen typisch menschliches Verhalten beizubringen.

> „Now began a plan of exercises developed by Mrs. Singh to help Kamala [so wurde eines der Wolfskinder genannt, d. V.] use her body in human ways, to sit, stand and run. [...] The wolves had not been able to teach anything especially human to their little human cubs, [...] there was no sense of humor, nor [...] of sorrow, very little curiosity, and no interest except in raw meat [...]“ (Candland 1993, S. 66–67).

Die basalen Lernprozesse, welche die „Wolfskinder" nachholen mussten, beginnen normalerweise in der fetalen Periode[1], in welcher der Mensch extrauterin ein Stück Entwicklung in direktem Kontakt mit der Außenwelt durchmacht. Diese im Hinblick auf Sinnesleistung, Motorik und Sprache nach außen, ins Freie verlegte Endphase der Embryonalentwicklung hat ihren biologischen Sinn im möglichst frühen Kontakt des Kindes mit der Außenwelt, d.h. im Stadium höchster Bildsamkeit.

Die physiologische Frühgeburt macht das neugeborene Menschenkind zu einem Lernwesen, das auf andere Menschen angewiesen ist, um menschlich werden zu können. Dies demonstriert auch der Terminus „soziokulturelle Geburt" (König 1977, S. 12) – die erste natürliche Geburt muss ergänzt werden durch die Prozeduren und Mechanismen einer zweiten Geburt in die jeweilige Kultur oder Gesellschaft hinein. Dabei sind die Möglichkeiten eines jeden Individuums durch seinen Genotypus (ererbte Komponente) vorausbestimmt.

Das Erbgut bestimmt die (Re)Aktionsnorm, die Spannweite, innerhalb der ein menschlicher Organismus (re)agieren kann,[2] während die tatsächliche Ausprägung von Verhaltens- und Handlungsweisen durch die Wirkung verschiedener Umweltfaktoren auf das Erbgut zustande kommt.

Die zentrale Vermittlerrolle zwischen dem sich entwickelnden Menschen und der natürlichen Umwelt einerseits sowie kultureller und gesellschaftlicher Ordnung andererseits kommt den „signifikanten Anderen" (konkreten Anderen) zu. Mit diesem von George Herbert Mead stammendem Ausdruck (2003, S. 295) sind Bezugspersonen gemeint, zu denen starke emotionelle Bindungen bestehen, so dass sie einen prägenden Einfluss auf das Individuum haben. Den „signifikanten Anderen" obliegt die grundlegende und allgemei-

---

1 Nach Portmann erstreckt sich die fetale Periode des Menschen über das erste Lebensjahr, das extrauterine Frühjahr: „Die Zeit, die der Mensch, als echtes Säugetier aufgefaßt, noch im Mutterleib verbringen müßte, um eine wirkliche Nestflüchterausbildung zu erhalten, entspricht [...] etwa dem ersten Lebensjahr nach der Geburt. Diese Periode erscheint durch den Gegensatz zu tierischer Norm in einem besonderen Lichte. Wir nennen sie die „extra-uterine Frühzeit" (Portmann 1956, S. 69).

2 Die biologischen Grenzen des Menschen sind seine motorische Ausrüstung und sein artspezifisches Sensorium. „Biologische Fakten beschränken die gesellschaftlichen Möglichkeiten des einzelnen. Aber die gesellschaftliche Welt, die vor jedem einzelnen ist, beschränkt auch das, was für den Organismus biologisch möglich wäre" (Berger/Luckmann 2010, S. 192).

ne Einführung des Individuums in die Gesellschaft oder in gesellschaftliche Subkulturen: die Sozialisation[3].

> **Definition:**
> Sozialisation ist ein Prozess der Internalisierung (Verinnerlichung) von Werten, Normen, Verhaltensmustern und sozialen Rollen, um dadurch Aufnahme (Integration) in eine Gesellschaft oder in einen Teil der Gesellschaft zu finden.

In der frühkindlichen Sozialisation sind meist die Eltern die „signifikanten Anderen". Sie sind die Mittler zur sozialen Realität, die Vermittler der Perspektiven und Kriterien, welche die Welt umgänglich und sinnvoll machen.

> „Mit den Eltern, die einem das Schicksal bestimmt hat, muß man sich abfinden. Die eindeutige Folge dieser minder begünstigten Situation des Kindes ist die, daß ihm, obgleich es nicht ganz unbeteiligt und passiv während seiner Sozialisation ist, die Erwachsenen die Spielregeln aufstellen. Es kann gern oder ungern mitspielen, ein anderes Spiel jedenfalls ist nicht zu haben. Was daraus folgt, ist wichtig: Da das Kind sich seine signifikanten Anderen nicht aussuchen kann, ist seine Identifikation mit ihnen quasi-automatisch, und aus demselben Grund ist seine Identifikation mit ihnen quasi-unvermeidlich. Es internalisiert die Welt seiner signifikanten Anderen nicht als eine unter vielen möglichen Welten, sondern als die Welt schlechthin, die einzig vorhandene und faßbare" (Berger/Luckmann 2010, S. 145).

Daher formen die Eltern das Verhalten ihrer Kinder in vielfacher Weise und haben großen Einfluss darauf, wie Kinder über sich selbst und über andere denken; sie übertragen Meinungen und Interessen. Man kann sagen, dass ein (lebenslanges) Sportinteresse in der Kindheit vor allem durch die Eltern begründet wird (Heinemann 2007, S. 191). Dies geschieht – wie alle Sozialisationsprozesse, in denen Eltern als Sozialisationsagenten fungieren – durch die Vorbildwirkung elterlichen Verhaltens sowie durch Verstärkung (Belohnung) und Bestrafung. Als besonders wirksame Strafe erweist sich für

---

3 Die Sozialisationstheorie unterscheidet zwischen primärer und sekundärer Sozialisation. Die primäre Sozialisation ist die Basiserfahrung, durch die der Mensch in seiner Kindheit zum Mitglied der Gesellschaft wird. Sie endet damit, dass sich die Vorstellung des „man" oder „generalisierten Anderen" und alles, was damit zusammenhängt, im Bewusstsein der Person festsetzt (siehe dazu Mead 2003, S. 290–328). Sekundäre Sozialisation (die ca. mit Schulbeginn ansetzt) ist jeder spätere Vorgang, der eine bereits sozialisierte Person in neue Ausschnitte der objektiven Welt einweist (Berger/Luckmann 2010, S. 148–157; siehe auch Hurrelmann/Ulich 2002).

das Kind die Gefahr, die Liebe seiner Bezugsperson zu verlieren. Das Kind übernimmt dabei zeitweise die Perspektive seiner Bezugsperson[4], bevor es in diesem Prozess selber zu vollem Ich-Bewusstsein erwacht (Reichardt 1981, S. 126). Die Übernahme der Perspektiven anderer erfolgt auch beim Spiel. So versetzen sich Kinder beim Rollenspiel und beim nachahmenden Spiel in verschiedene Rollen. Indem das spielende Kind vorgibt, jemand anders zu sein (eine Krankenschwester, ein Polizist, Pirat, Indianer etc.), lernt es, die Rolle eines vorgestellten anderen zu übernehmen (role-taking) und dass an jeden Menschen (an jeden sozialen Positionsinhaber) Erwartungen seitens der Umwelt herangetragen werden, auf die er angemessen zu reagieren hat.

Definition:
Soziale Rolle ist die normative Erwartung eines situationsspezifisch sinnvollen Verhaltens.

Die Wahrnehmung von Erwartungen und die Antizipation der Reaktion anderer auf erwartungskonformes oder nichtkonformes Verhalten ist Voraussetzung für die Entwicklung einer Identität. Dabei unterscheidet Mead (2008) zwischen einer personalen Identität dem „I", und einer sozialen Identität, dem „me". Letzteres besteht aus gesellschaftlich vorbestimmten Rollen (z. B. Eltern oder Kind, Lehrer oder Schüler), deren Anforderungen der sozialisierte Mensch internalisiert hat[5]. Demgegenüber bezeichnet das „I" die ursprüngliche Individualität mit ihren Ansprüchen an Autonomie, die in der schöpferischen Interpretation der übernommenen Rollen (role-making oder Ich-Leistung) zum Ausdruck kommen. Das „I" und das „me" sind zwei sich oft widerstreitende Instanzen, die in Summe die Identität eines Menschen ausmachen.

Definition:
Identität bezeichnet das Bild (die Vorstellung), das (die) ein Individuum von sich selbst hat, oder ist die Antwort auf die Frage „Wer bin ich?"

Identität steht zur Gesellschaft in einer dialektischen Beziehung – der Dialektik zwischen individuellem Dasein und gesellschaftlicher Wirklichkeit. Indem die Umwelt auf den Menschen einwirkt, trägt sie zu dessen Identitätsbildung bei; gleichzeitig führt menschliches Handeln zu Resultaten, die Spuren in der

---

4 So sagt etwa ein Kind: „Fritzi war heute besonders schlimm!", indem es zugleich emotionell die Trauer oder Empörung der Mutter über die von ihm angerichtete Bescherung übernimmt.

5 Der äquivalente Begriff für „me" lautet in der Freudschen Tiefenpsychologie „Über-Ich".

Umwelt hinterlassen. Das einzelne Mitglied der Gesellschaft externalisiert das eigene Sein in die Gesellschaft hinein, es entäußert sich seiner, und umgekehrt internalisiert es die objektive Wirklichkeit der Gesellschaft (Berger/Luckmann 2010, S. 139). In solcher Weise verändert sich die Gesellschaft durch kommunikativen Austausch ihrer Mitglieder, die zu Marionetten ihrer eigenen Kreationen werden. Kurz gesagt, das Individuum prägt die Gesellschaft, und die Gesellschaft prägt das Individuum. Das erfolgt durch Prozesse der Kommunikation: der unmittelbar wechselseitig orientierten, sozialen Handlung. Identität wird in Kommunikationsprozessen laufend erzeugt und gefestigt oder in Frage gestellt und abgeändert.

Die Kompetenz zum kommunikativen Handeln ist Voraussetzung dafür, dass der Mensch den Anforderungen der Gesellschaft gerecht werden kann. Hierfür muss er Basiskompetenzen wie sensorische, motorische, interaktive, intellektuelle und affektive Fähigkeiten und Fertigkeiten erwerben. Diese bilden sich zumeist in den ersten Lebensjahren heraus, wobei die körperliche Aktivität und Entwicklung einen wichtigen Stellenwert hat.

Stellt man den Zusammenhang von Körper und Gesellschaft her, so zeigt sich, dass der Umgang mit dem Körper nicht nur als etwas individuell Bestimmtes gesehen werden kann, sondern immer auch auf soziale und kulturelle Wertvorstellungen bezogen ist. Alle körper- und bewegungsbezogenen Erfahrungen sind sozial vorgespurt. So ist etwa „eine mit Erfolg sozialisierte Person unfähig, sexuell auf das ‚falsche' Objekt zu reagieren und übergibt sich vor Ekel, wenn man ihr ‚falsche' Nahrung vorsetzt" (Berger/Luckmann 2010, S. 193).

Wie das Sexualverhalten tragen auch andere *Techniken* oder *Gewohnheiten des Körpers* (Schlaf, Gang, Lauf, Tanz, Essen, Trinken etc.) den Stempel der Gesellschaft. Sie variieren von Gesellschaft zu Gesellschaft und ändern sich mit der gesellschaftlichen Entwicklung. Anschauliche Beispiele hiefür können bei Mauss in seinem Aufsatz über die soziokulturelle Konditionierung der Techniken des Körpers gefunden werden:

> „Früher lernte man tauchen, nachdem man schwimmen gelernt hatte. Und als man uns tauchen lehrte, lehrte man uns, die Augen zu schließen und sie dann im Wasser zu öffnen. Heute ist die Technik genau umgekehrt. [...] Außerdem hat unsere Generation [...] die Ablösung des Brustschwimmens und des Kopf-über-dem-Wasser-Haltens durch die verschiedenen Arten des crawl beobachtet. Zusätzlich hat man die Gewohnheit aufgegeben, Wasser zu schlucken und es wieder auszuspucken. Denn die Schwimmer zu meiner Zeit betrachteten sich als eine

Art Dampfschiff. [...] Die Stellung der Arme, der Hände während des Gehens, stellen eine soziale Eigenheit dar und sind nicht einfach ein Produkt irgendwelcher rein individueller, fast ausschließlich psychisch bedingter Handlungen und Mechanismen. Beispiel: Ich glaube, ein junges Mädchen erkennen zu können, das im Kloster erzogen wurde. Sie geht meistens mit geschlossenen Fäusten [...] Also gibt es ebenso eine Erziehung zum Gehen. [...] Es gibt Stellungen der Hand beim Essen, schickliche und unschickliche. So können sie mit Sicherheit annehmen, daß, wenn ein Kind am Tisch mit an den Körper gepreßten Ellbogen sitzt und – wenn es nicht ißt – die Hände auf den Knien liegen hat, es sich um einen Engländer handelt. Ein junger Franzose hat keine gute Haltung mehr: Er hat die Ellbogen abgespreizt; er stützt sie auf den Tisch und so weiter" (Mauss 1972, S. 92–93).

Mauss liefert in diesem Aufsatz auch eine am Lebenslauf des Menschen orientierte Beschreibung der Techniken des Körpers: beginnend mit den Techniken der Geburt und Geburtshilfe über die Techniken der Kindheit bis hin zu den Techniken der Adoleszenz und des Erwachsenenalters. Dabei erwähnt er unter anderem die Techniken des Schlafes:

„Die Vorstellung, daß das Sich-schlafen-Legen etwas Natürliches sei, ist vollkommen falsch. [...] Einfach ist nur, daß man zwischen Gesellschaften unterscheiden kann, die zum Schlafen nichts ‚als die harte Erde' haben und andere, die sich dazu eines Instruments bedienen. Die ‚Zivilisation unter dem 15. Breitengrad' wird unter anderem dadurch gekennzeichnet, daß sie zum Schlafen eine Stütze für den Hinterkopf gebraucht. Die Stütze ist häufig ein Totem, manchmal Skulpturen von hockenden Menschen oder von Totemtieren. – Es gibt Leute mit Matten und die Leute ohne Matten (Asien, Ozeanien, ein Teil von Amerika). – Es gibt Stämme, die sich ganz eng zusammengerückt im Kreis zum Schlafen legen, um ein Feuer herum oder sogar ohne ein Feuer. [...] Schließlich gibt es auch den Schlaf im Stehen. Die Massai können stehend schlafen" (ebd., S. 101–102).

Wie die Beispiele zeigen, ist Sozialisation immer auch in fundamentaler Weise Körpersozialisation. Der Einsatz des Körpers, der Aufbau komplexer Bewegungsfiguren und ihre Bewertung tragen den Stempel sozial vermittelter Lernvorgänge und sind in verschiedenen Kulturen und historischen Epochen sozial unterschiedlich ausgeprägt. Bereits 1930 hat Gaulhofer festgestellt:

„Die ‚Gesellschaft' eines jeden Zeitabschnittes hat eine Haltung, die sie für richtig, für vornehm, für schön hält. Solche Haltungen sind Gebärden. Sie sind nicht zweckbedingt, sondern Stilglied. Sie gehören ebenso zum Stil einer Zeit, wie die Kleidung, der Tanz, die Musik, die Dichtkunst, Malerei und die Baukunst" (Gaulhofer 1969, S. 10).

Analoges gilt für den Sport. Auch *Sport ist eine Technik des Körpers*, die durch gesellschaftliche Strukturen und Wertmuster geprägt ist und damit in starkem Maße auf Art und Inhalt der Sozialisation basiert. Wie komplex und tiefgreifend der Zusammenhang von Sozialisation und Sport ist, lässt sich anhand Zurcher/Meadows (1979) Hypothese über die Abhängigkeit einer Nationalsportart von der Familienstruktur darstellen. Die Autoren leiten ihre Hypothese von Einsichten der Freudschen Tiefenpsychologie her und interpretieren Nationalsportarten (Stierkampf in Mexiko, Baseball in den USA) als Möglichkeit, Feindseligkeiten und Aggressionen, die während der familiären Sozialisation entstehen, im Rahmen genau festgelegter Regeln und Rituale abbauen zu können:

Die mexikanische Familie ist, so wie die mexikanische Gesellschaft, autoritär und hierarchisch strukturiert. Die Sozialisation ist durch eine dominante Stellung des Vaters geprägt. Kinder werden häufig bestraft; Trunkenheit, Promiskuität und (böswilliges) Verlassen als Bestandteil des „machismo" gehören zum väterlichen Verhalten. In der Folge entwickelt sich bei Söhnen eine ambivalente Einstellung (passiv-aggressiv) gegenüber dem Vater und eine autoritäre Charakterstruktur, die etwa in der Terrorisierung jüngerer Geschwister zum Ausdruck kommt. Töchter scheinen eine durch und durch weibliche Gesellschaft gegenseitiger Protektion zu entwickeln und misstrauen aufgrund der Feindschaft gegenüber dem strafenden Vater allen Männern.

Die in diesem familiären Klima entstehende Aggression gegenüber einer negativen Vorstellung von Autorität könne, so Zurcher/Meadow, durch das sozial legitimierte und symbolische Ritual des Stierkampfes abgebaut werden. Der Stier mit seiner schamlosen Männlichkeit, seiner erschreckenden Kraft und der Macht, zu verstümmeln und zu töten, wird dabei als Symbol des Vaters interpretiert, der „matador", dessen Empfehlung vor allem Mut sein muss, vertritt den Sohn, und in der „corrida" wird der Sohn zum Sieger. Die größte Hochachtung für das Töten erlangt der „matador", wenn er diese Aufgabe im Stile passiver Aggressivität, die ein zentrales Element der Persönlichkeitsstruktur des Mexikaners ausmacht, erledigt. Dadurch würden Probleme, Leiden und Zwänge, die das Kind durch den Vater erfahren hat, ungestraft kompensiert. Die Zuschauer können sich mit dem Mut des „matadors" identifizieren, mit seiner Geschicklichkeit, mit seiner Kunst, und können auf ihn – im Falle eines schlechten Kampfes – die Vorwürfe von Feigheit und Kraftlosigkeit projizieren, die sie selbst im Kampf mit dem Vater einstecken mussten. Die Zuschauerinnen können ihre Aggressionen gegenüber beherrschenden Ehemännern, Vätern und Geliebten ausleben. Am liebsten würden sie wahrscheinlich den Stier und den „matador" zerstört sehen. Indem in der „corrida" die mexikanische Familiensituation durchgespielt würde, erfolge eine symbolische Vernichtung oder zumindest Beherrschung einer starren und verhassten Autoritätsfigur.

Familien in den USA sind demgegenüber, so Zurcher/Meadow weiter, in Richtung Demokratie und Gleichheit zwischen Eltern und Kindern orientiert. Gleichwohl treten auch hier in der Sozialisation Zwänge auf, die zu Konflikten führen. Autoritarismus von Menschen, die nicht autoritär sein sollen, oder unklare Rollenmodelle und Restriktionen im Rahmen der Sozialisation sind in der US-amerikanischen Familie der Nährboden für Autoritätsfeindlichkeit. Es entstünden Feindseligkeiten und Aggressionen, die nicht direkt gegenüber den Eltern geäußert werden könnten, da diese als Kameraden und Kumpel auftreten würden. Konflikte würden vielfach verdrängt, und Feindseligkeiten kämen sehr subtil zum Ausdruck. Da die US-amerikanische Gesellschaft abstrakt, universalistisch, materialistisch, unpersönlich und bürokratisch sei, könne erwartet werden, dass das legitime Ventil für Feindseligkeit entsprechend komplex, diffus und intellektualisiert sei und dass sich dieses Muster eben in der Nationalsportart wiederfinde.

Demgemäß erfolge im Baseballsport, der das Ideal der US-amerikanischen Gesellschaft repräsentiere, der Ausdruck von Feindseligkeit äußerst abstrakt. Aggressionen würden im Rahmen genau festgelegter Normen und Rituale kanalisiert und ausgelebt. Baseball dupliziere die Intellektualisierung der Konfliktsituation in der US-amerikanischen Familie und stelle eine kontrollierte Form dar, Feindseligkeiten gegenüber Autorität abzubauen.

Die Äußerung von Feindseligkeit im US-amerikanischen Baseball hat sich im Laufe der Zeit gewandelt. Der Schwerpunkt des Spiels verschob sich in Richtung eines diffusen, indirekten und verschleierten Ausdrucks von Aggression. Ebenso reflektiert die moderne „corrida" – als Folge des allmählichen Übergangs Mexikos von einer Feudalgesellschaft zu einer teilweise industrialisierten und urbanisierten Gesellschaft – einen intellektualisierten Umgang mit Feindseligkeit sowie eine Aufgabenspezialisierung. In diesem Sinne ist die Verschiebung der Betonung vom primitiven Töten des Stieres zur abstrakteren, ästhetischeren und akzeptableren Beherrschung mit Cape und „muleta" zu verstehen. Urbanisierung und Modernisierung bringen einen „Zivilisationsschub" und somit eine Ablehnung des direkten Auslebens von Feindseligkeit und Aggression, wie es im Stierkampf offenkundig ist, mit sich. So wurde in der spanischen Region Katalonien der Stierkampf überhaupt abgeschafft. Möglicherweise tritt an seine Stelle ein Mannschaftssport. Der Sieg über eine andere Mannschaft liegt sicher auf einer höheren Stufe emotionaler Abstraktion als die blutige Tötung eines Stieres. Hemingway (1961, S. 22, übersetzt) schreibt: „Wir sind bei Spielen nicht vom Tod, seiner Nähe und seiner Vermeidung fasziniert. Wir sind vom Sieg fasziniert, und wir ersetzen die Vermeidbarkeit des Todes durch die Vermeidbarkeit der Niederlage".

Die skizzierten Beispiele zeigen, wie in der institutionalisierten Form sozialen Verhaltens im Sport unterschiedliche Persönlichkeitsstrukturen zum Tragen kommen, die aus spezifischen, national verschiedenartigen Strukturgegebenheiten innerhalb der Familie und den damit verbundenen (patriarchalischen oder demokratischen) Erziehungsstilen und Institutionen resultieren.

Der Zusammenhang von Sozialisation und Sport lässt sich anhand weiterer Beispiele, nämlich der geschlechtsspezifischen und der schichtspezifischen Sozialisation, aufzeigen.

4.1 Geschlechtsrollen im Sport

Geschlechtsrollen sind gesellschaftliche Erwartungen bezüglich des Verhaltens von Frauen und Männern und ex definitione ein soziales und kein biologisches Phänomen.[6] Dementsprechend konnte die Ethnologie die Variabilität von Geschlechtsrollen – besonders im interkulturellen Vergleich – aufzeigen. Vor allem Margaret Mead hat anhand von ethnologischem Material zu belegen versucht, dass viele, wenn nicht gar alle männlichen und weiblichen Wesenszüge mit der eigentlichen Geschlechtlichkeit nur schwach verknüpft sind (1992, S. 10–11). Ihre Schilderung der kulturellen Tradition des Südseestammes der Tschambuli verweist auf eine Psychologie oder Metaphysik der Geschlechter, die der europäischen entgegengesetzt ist. Den Frauen werden dort Eigenschaften wie aktiv, sachorientiert, planend und herrisch zugeschrieben. Sie ziehen zum Fischen aus und ernähren die Familie. Ihre Männer dagegen bleiben im Dorf und widmen sich der Herstellung von Kostümen und Masken, der Malerei, dem Tanz und der Gestaltung von Festlichkeiten.

Jede Kultur hat eine für sie bezeichnende Auffassung von Geschlechtsrollen, auf die hin Neugeborene sozialisiert werden. Vielfach unbeabsichtigt und unbewusst werden geschlechtsdifferente Verhaltensweisen zunächst in den Eltern-Kind-Interaktionen sozial eingespurt. Noch nachdrücklicher als die Eltern-

---

6   Natürlich setzt der Organismus dem, was als Verhalten möglich ist, Grenzen. Die
    Geschlechtsrollen sind auch vor dem Hintergrund biologischer Faktoren zu sehen.

Kind-Interaktionen dürften sich die Interaktionen zwischen Gleichaltrigen auswirken, die geschlechtsspezifische Rollenbilder nachahmen, die u. a. in der Schule sowie in der beruflichen Ausbildung, im Fernsehen, in Zeitschriften, in der Werbung und im Konsumangebot vorherrschend sind (Bilden 2002; Hagemann-White 1984). Indem den Heranwachsenden geschlechtstypische Normen und Definitionen vorgeführt oder auferlegt werden, orientieren sie sich daran.

Als wesentliches Element der Geschlechtsidentität der Burschen dürfte sich ein instrumentelles Verhältnis zum eigenen Körper herausbilden, wobei kraftbetonter körperlicher Einsatz und Erfahrungen der Leistungs- und Belastungsfähigkeit des Körpers dominieren (Baur 1989, S. 210; Hagemann-White 1984, S. 97–98; Mrazek 1987, S. 92–95). Demgegenüber verzeichnen Mädchen spätestens mit Beginn der Pubeszenz verstärkt einen gefühlvollen, ästhetischen Umgang mit dem Körper, eine andere Qualität des instrumentellen Verhältnisses zum Körper als jene von Burschen. Mit der Annäherung an die Geschlechtsrollen der Erwachsenen wird der weibliche Körper zum Medium sexueller Attraktivität stilisiert und – wie im folgenden Zitat beschrieben – entgleitet mitunter der Selbstbestimmung der Mädchen:

> „Die über die Industrie noch verstärkten zahlreichen Anweisungen zur Erfüllung weiblicher Normen – Gestik, Mimik, Mode, Kosmetik, Diätplan – erhöhen die Verunsicherung und tragen zur Entwicklung des typischen ‚Defizit-Blicks‘ (hier zu dick, da zu dünn, Taille schmaler, Beine länger ...) dem eigenen Körper gegenüber bei, so daß körperliche Selbstsicherheit im Umgang mit anderen nur schwer entstehen kann" (Sachverständigenkommission 1984, S. 33).

Körperpflege, Körpergestaltung und modische Bekleidung werden zu wichtigen Alltagsangelegenheiten der Mädchen, wohingegen das sportliche Engagement während der Pubertät deutlich abnimmt (Bässler 2007, S. 6 und 10). Körperliche Leistungs- und Belastungserfahrungen stellen sich denn auch im geschlechtstypischen Muster der Mädchen nicht so häufig ein wie bei Burschen und sind eher selten ein tragendes Element der eigenen Geschlechtsidentität.

Der Ausprägungsgrad der Geschlechtsidentität entscheidet, welchen Aufforderungscharakter Sport für den Einzelnen besitzt. Es ist eine wesentliche Voraussetzung für das Interesse am Sport, dass dessen Werte, Ziele und Verhaltensmuster dem gesellschaftlich geprägten Handlungspotenzial und der geschlechtsspezifischen Identität entsprechen. So wie Sport in unserer Kultur vielfach betrieben wird, entspricht er eher dem Handlungspotenzial, sozialen Rollenbild und kulturellen Selbstverständnis des Mannes. Werte wie Leistungs- und Wettbewerbsorientierung, die in unserer Kultur zum Rollenbild des Mannes[7] und zu den Charakteristiken des Sports zählen, werden bereits in der primären Sozialisation vermittelt. Bereits im Alter von drei Jahren lassen sich – wie Sutter/Rützler (2010) in einer experimentellen Studie in Tirol zeigten – geschlechtsspezifische Unterschiede im Hinblick auf Wettbewerbsorientierung nachweisen[8] (der Prozentsatz wettbewerbsorientierter Buben liegt 20 Prozentpunkte über jenem der Mädchen). Was die sportspezifische Leistungsmotivation betrifft, ist festzuhalten: Spitzensportler stammen häufig aus Familien, in denen hohe Leistungsmotivation vorhanden ist und entsprechend anerzogen wird (Pfetsch 1975), wobei für die geringere weibliche Präsenz im Spitzensport im Wesentlichen die Geschlechtsdifferenzierung verantwortlich ist. Zwar ist diese weibliche Präsenz im Zuge der generellen Zunahme des Frauensports in den letzten Jahrzehnten deutlich gestiegen (Anders 2007, S. 10), aber nach wie vor besteht in der Sportwelt ein Primat der Männer. Dieses manifestiert sich etwa in einer generell geringeren sportlichen Betätigung der Frauen in 17 von 25 untersuchten EU-Ländern (Hartmann-Tews/Luetkens 2006, S. 303–304). Es setzt sich fort:

- bei der Ausbildung von Trainern (der Anteil der weiblichen Absolventen der Instruktorenausbildung in Wien betrug in den letzten Jahren ca. 25%; Diketmüller 2009, S. 92),
- bei Besetzung von Trainerstellen (Instruktorinnen sind viel stärker in der weniger prestigeträchtigen Kinder- und Jugendarbeit aktiv, weswegen das Feld des medialen Hochleistungssports mit seinen größeren Mitteln und Inszenierungsgelegenheiten weitgehend den Männern überlassen bleibt; ebd.);
- bei der Übernahme von Ehrenämtern in Sportorganisationen (der Großteil der Funktionäre und ein noch größerer Teil der führenden Funktionäre sind Männer, Tabelle 4.1).

Die reale gesellschaftliche Stellung der Geschlechter wird im Sport tendenziell reproduziert.

---

7   Umgekehrtes dürfte etwa für die matrilineare Stammesgesellschaft der Khasi in Indien gelten. Dort fanden Gneezy/Leonard/List (2009), dass Frauen eine stärkere Wettbewerbsorientierung aufweisen als Männer.

8   Sutter/Rützler lassen offen, ob Unterschiede in der Wettbewerbsorientierung zwischen Männern und Frauen nicht auch auf biologische Faktoren zurückzuführen seien (2010, S. 2).

Tabelle 4.1: Anteil der Frauen unter Funktionären in österreichischen Sportorganisationen

Funktionäre [Anzahl] oder Gremien [Mitgliederzahl]	Frauen in Prozent
Funktionäre in Sportvereinen	ca. 25
Vorstand des Österreichischen Olympischen Comitès (ÖOC) [13]	8
Präsidium der Bundessport-Organisation (BSO) [22]	9
Präsidenten von Sportfachverbänden [60]	5

Quelle: Berechnet nach Zahlen in Der Standard, 19.10.2011, S. 28. Funktionäre in Sportvereinen nach Weiß et al. 1999, S. 55.

Wenn jemand Sport betreibt, dann geschieht dies in der Regel in Übereinstimmung mit seiner Geschlechtsidentität, die durch kulturelle Werte- und Deutungssysteme wie Schönheits- und Schlankheitsideale, Scham- und Peinlichkeitsschwellen und Einstellungen zum Körperkontakt geprägt ist. Demgemäß gibt es eine Reihe von Sportarten, für die etwa die Betonung körperlicher Kraft oder der Einsatz physischer Fähigkeiten in unmittelbarem Kontakt mit dem Gegner charakteristisch sind und die deshalb hauptsächlich von Männern betrieben werden. Zu diesen „Männersportarten" zählen Ringen, Boxen, Gewichtheben und Hammerwerfen. Auf der anderen Seite gibt es Sportarten, in denen die ästhetische Präsentation und die Modellierung des Körpers im Mittelpunkt stehen und dementsprechend Frauen – im Vergleich zu ihren sonstigen Beteiligungen am Sport – überrepräsentiert sind. Solche typischen „Frauensportarten" sind etwa Gymnastik und Eislaufen. Einzelne „Frauen-" oder „Männersportarten" sind im Programm der Olympischen Spiele auch heute noch ausschließlich dem jeweiligen Geschlecht vorbehalten (Tabelle 4.2), obwohl in den letzten Jahrzehnten – im Zuge eines allgemeinen gesellschaftlichen Gleichstellungsprozesses der Frauen – etliche bis dahin den Männern vorbehaltene olympische Sportarten auch für Frauen geöffnet wurden (zuletzt Boxen und Skispringen).

Tabelle 4.2: Reine Männer- und Frauensportarten im Programm der Olympischen Spiele (Stand: 2012)

Sportarten, in welchen nur Männer zugelassen sind	Sportarten, in welchen nur Frauen zugelassen sind
Nordische Kombination	Rhythmische Gymnastik
Baseball*	Synchronschwimmen
	Softball*

* Olympische Sportart, aber nicht im Programm der Spiele 2012

Trotz dieser weitgehenden Öffnung sind in manchen Sportarten die Regelwerke für Männer und Frauen getrennt, wobei die Männerregelwerke höhere Anforderungen stellen: Männer betreiben Zehnkampf, Frauen Siebenkampf; Männer laufen 110 Meter Hürden, Frauen 100 Meter; die längste Strecke im Skilanglauf der Männer beträgt 50 Kilometer, jene der Frauen 30 Kilometer usw. (Gugutzer 2011, S. 42). Darüber hinaus gibt es Sportarten, deren Regelwerk Männern Körperpraktiken gestattet, die Frauen nicht erlaubt sind. Ein Beispiel ist das Eishockey, dessen Regelwerk den Männern den Bodycheck erlaubt, den Frauen hingegen verbietet (ebd.). Aber selbst wenn das Regelwerk für Männer und Frauen keine Unterschiede aufweist, ist mitunter eine geschlechtstypische Färbung durch die Akteure nicht zu übersehen. Die nicht ausschließlich funktionale, sondern auch erlebnis- und gefühlsbetonte Ausrichtung der Frau auf den eigenen Körper – also nicht so sehr das Körper-Haben, welches bei Männern dominant ist, sondern eher das Körper-Sein (Plessner 2003a) – lässt ein spezifisches Sportverständnis entstehen. Man kann deshalb auch von einer spezifisch weiblichen Sportkultur sprechen, die sich von jener der Männer u. a. in den Sportmotiven und in der Wahl der Orte, wo Sport betrieben wird, unterscheidet (Tabelle 4.3).

Tabelle 4.3:   Geschlechtsspezifische Sportpräferenzen

häufiger von Männern genannt	häufiger von Frauen genannt
Sportmotive – um mich mit anderen im Wettkampf zu messen – wegen der Selbstüberwindung für eine starke körperliche Leistung	**Sportmotive** – um einen schönen Körper zu erhalten
Sportorte – Sportverein – Natur	**Sportorte** – Private Sportanbieter (Fitness-Studios etc.) – Volkshochschulen – zu Hause

Quellen: Weiß et al. 2010, S. 64–65; Lamprecht/Stamm 2002, S. 97

Diese weibliche Sportkultur ist insbesondere auch in ihrer sozialen Schichtspezifik zu sehen: Es handelt sich nämlich überwiegend um ein Phänomen jener sozialen Schichten, die ein relativ egalitäres Geschlechterverhältnis praktizieren, sprich der oberen und mittleren sozialen Schichten. Hingegen schlägt sich in den unteren sozialen Schichten die dort immer noch anzutreffende rigide geschlechtsspezifische Arbeitsteilung und Rollenzuschreibung in einer weitgehenden Sportabstinenz von Frauen nieder.

4.2 Soziale Schichtung im Sport

Definition:
Soziale Schichtung beschreibt die wertmäßige, vertikale Gliederung einer Gesellschaft.

Die Ursachen von sozialer Schichtung liegen in der Macht, in der sozialen Kontrolle, in der Leistung/Produktivität der Akteure, in der Organisation, in den Eigentumsverhältnissen (Eigentum an Produktionsmittel, Vermögen), in den Strukturen des Arbeitsmarktes, in den gesellschaftlichen Funktionserfordernissen und Arrangements von Gelegenheiten, in den individuellen und kollektiven Umverteilungsaktionen, in sozialen Vorurteilen und in natürlichen Unterschieden (Begabungen etc.) (Amann 1996, S. 49–73; Hradil 2006, S. 208; Schulz 2008, S. 149). Je entwickelter und komplexer eine Gesellschaft in ihrer Gesamtheit ist, desto differenzierter ist die Ordnung der Werte, Normen, Positionen und sozialen Rollen und umso mehr soziale Schichten und Schichtabstufungen sind erkennbar.

Die soziale Schichtung einer Gesellschaft kann aufgezeigt werden a) nach objektiven Merkmalen wie Schulbildung, Berufszugehörigkeit, Einkommen und Vermögen oder b) nach subjektiven Faktoren wie Prestige. Am häufigsten wird zur Bestimmung der sozialen Schicht ein sogenanntes Punktgruppenverfahren verwendet, welches die Schulbildung, das Berufsmilieu und das Haushaltsnettoeinkommen der befragten Personen berücksichtigt.

Beispiel Schicht-Index von Fessel+GfK 2003:
Punktevergabe Berufsgruppen:

Freie Berufe (z. B. Ärzte, Anwälte)	80 Punkte
Inhaber, Geschäftsführer, Direktoren größerer Unternehmen	80 Punkte
Leitende Angestellte, höhere Beamte	70 Punkte
Inhaber kleinerer Firmen, selbstständige Geschäftsleute, Handwerker	60 Punkte
Untergeordnete Angestellte und Beamte	50 Punkte
Facharbeiter, nicht selbstständige Handwerker	40 Punkte
Selbstständige Landwirte	30 Punkte
Sonstige Arbeiter (auch landwirtschaftliche)	20 Punkte

Für abgeschlossene Schulbildung werden je nach Höhe vergeben:

Hochschule/Universität	120 Punkte
Matura	100 Punkte
Pflichtschule mit Lehre	50 Punkte
Pflichtschule ohne Lehre	20 Punkte

Für Abstufungen des Haushaltsnettoeinkommens werden 14 bis 365 Punkte vergeben.

Die jeweils erreichten Punkte werden addiert. Die Summe ist ein quantitatives Maß für die soziale Schichtzugehörigkeit einer Person, wobei die sozialen Schichten aus den unterschiedlichen Summen der Punkte folgendermaßen definiert werden (Sozioökonomischer Status-Index):

Gesamtpunktwertebereich	Schichtbezeichnung
451–565	A-Schicht
329–450	B-Schicht
263–328	C_1-Schicht
209–262	C_2-Schicht
141–208	D-Schicht
54–140	E-Schicht

Definition:
Unter sozialer Schicht verstehen wir die Zusammenfassung von Menschen ähnlicher Statushöhe zu sozialen Kategorien.

Definition:
Unter dem Begriff Status verstehen wir die relative Ranghöhe einer Person in einer vertikalen Dimension sozialer Unterschiede.

Rangieren Individuen in den einzelnen Statusbereichen auf gleicher Ranghöhe (z.B. hoher Bildungsstatus, hoher Berufsstatus, hoher Einkommensstatus), spricht man von Statuskristallisation oder -konsistenz. Der Gegenbegriff lautet Statusinkonsistenz (Lenski 1954) oder Statusinkongruenz (Malewski 1967). Er wird verwendet für Fälle, in welchen die Ranghöhen in den einzelnen Statusbereichen weit auseinander liegen. Ein Beispiel für Personen mit einer hohen Statusinkonsistenz ist ein viel verdienender Spitzensportler, der über eine geringe Schulbildung verfügt. Ein anderes Beispiel liefert ein Dr. phil., der mangels anderer Möglichkeiten ein unbezahltes Praktikum macht oder als Taxifahrer arbeitet. Derartige Statusinkonsistenzen kommen insbesondere in mittleren Soziallagen vor und sind seit den 1970er Jahren infolge ökonomischer Krisen häufiger geworden (Schwietring 2011, S. 204–205). Trotz der sich dadurch ergebenden Probleme bei der Konstruktion des sozioökonomischen Status-Indexes, steht außer Frage, dass mit dem dreidimensionalen Schichtungsmodell und dem Punktgruppenverfahren die wesentlichen Komponenten der Schichtungsstruktur und der individuellen

Schichtzugehörigkeit erfasst werden, zumal sich die Wirkungen der drei Einzelfaktoren auch gegenseitig verstärken können. Gleichwohl verzichten manche Forscher auf die Verwendung des sozioökonomischen Status-Indexes und beschränken ihre Untersuchungen auf den Einzeleinfluss von Schulbildung oder Einkommen auf die Lebensgestaltung oder sie verstehen unter „sozialen Schichten" einfach nur Berufsgruppen (Hradil 2006, S. 211). Andere Forscher sprechen anstelle von „sozialen Schichten" von „sozialen Lagen", „sozialen Milieus", „Lebenslagen" oder „Lebensstilgruppen" (ebd., S. 222–223; Richter 2006, S. 12–13; Schwietring 2011, S. 205–209). Hinter letzterem Sprachgebrauch steht die Vorstellung von einer Gegenwartsgesellschaft, in welcher der materielle Mangel weitgehend reduziert worden ist. Die Folge dieser Reduktion wäre ein sozial entbundener Kulturstil. Nicht mehr (allein) die soziale Schichtzugehörigkeit, sondern individuelle Wahlentscheidungen und eigenständige Statusentwürfe würden das Verhalten der Gesellschaftsmitglieder bestimmen. Statt der sozialen Schichtspezifität seien Lebensstile als Charakteristika des modernen Lebens anzusehen.

Definition:
Unter Lebensstil versteht man typische Regelmäßigkeiten in der Gestaltung des täglichen Lebens, mit denen Individualität, Identität und zugleich soziale Zugehörigkeit zum Ausdruck kommen.

Die zahlreichen Lebensstile werden auf der Basis verschiedenster Wert-, Verhaltens- und Statusindikatoren zu Gruppen zusammengefasst. Zu den dabei verwendeten Indikatoren gehören Einstellungen zu Familie und Partnerschaft, zu Religion und Politik genauso wie Selbstbild, Tagesabläufe, Freizeitverhalten, Konsumverhalten, Finanzierungsstrategien, Wohnverhältnisse und die klassischen Schichtkriterien (Richter 2006, S. 13–14).

Definition:
Als Lebensstilgruppen werden Bevölkerungsgruppen bezeichnet, die ähnliche Lebensstile aufweisen. Zur Ermittlung dieser Gruppen werden Lebensstil-Typologien erstellt.

Ein Beispiel ist die Euro-Socio-Styles-Typologie. Diese zeigt u.a., dass die Lebensstilgruppen in Bezug auf die Bedeutung, welche der aktiven Sportausübung zugemessen wird, differieren. Sportaktivitäten stellen für die Stilgruppen „Cosy Tech World" und „Crafty World" eine wichtige stilistische Möglichkeit dar und der Anteil regelmäßig Sporttreibender ist in diesen

Gruppen annähernd doppelt so hoch wie in der Stilgruppe „Steady World" (Tabelle 4.4).

Tabelle 4.4:   Sportausübung nach Lebensstilgruppen in Österreich 2003

„Euro-Socio-Styles"	Sport betreiben (in %)	
	regelmäßig	regelmäßig + gelegentlich
„Cosy Tech World"	47	85
„Crafty World"	45	89
„New World"	39	85
„Magic World"	38	87
„Standing World"	35	79
„Authentic World"	33	82
„Secure World"	29	79
„Steady World"	24	76

Fragetext: Geben Sie bitte zu den nachfolgenden Tätigkeiten an, ob Sie sie regelmäßig oder gelegentlich in Ihrer Freizeit ausüben? 30 Freizeitaktivitäten, darunter „Sport betreiben".

n = 4000, repräsentativ für die österreichische Bevölkerung ab 15 J.

„Cosy Tech World" = Gehobene Mittelschicht, auf der Suche nach der Verbindung zwischen Altem und Neuem, nach Stabilität, Harmonie; „Crafty World" = Jüngere Personen, oft männlich, niedriger Bildungsstand, geltungsbedüftig, freizeitorientiert, erfolgsorientiert, technikaffin; „New World" = Jüngere Personen, urbane Oberschicht, liberal, weltoffen, gesellschaftskritisch, single, intellektuell, modern; „Magic World" = Jüngere Singles, oft weiblich, emotional, verträumt, opportunistisch, passiv, in der Hoffnung auf Wohlstand und Sicherheit; „Standing World" = Ältere, urbane Personen aus höheren Schichten, engagiert, traditionell, aber offen für Modernes und die Zukunft, zufrieden; „Authentic World" = Ab dem mittleren Alter, suchen Ausgewogenheit zwischen Familie und Beruf, Vernunft und Emotion; „Secure World" = Meist Paare mittleren Alters mit Kindern, in kleineren Städten, passiv und sicherheitsbedürftig, der „kleine Mann", der sich sozial benachteiligt fühlt; „Steady World" = Ältere Menschen, meist aus ländlicher Gegend, im Ruhestand, lokal und regional orientiert, misstrauisch gegenüber der Welt von heute.

Quelle: Fessel+GfK 2003

Große Unterschiede hinsichtlich der Häufigkeit der Sportausübung lassen sich aber nicht nur zwischen Lebensstilgruppen, sondern auch zwischen auf konventionelle Weise – also mittels sozioökonomischen Status-Indexes – ermittelten sozialen Schichten sowie zwischen Einkommensschichten, Bildungsschichten und Berufsgruppen feststellen: So ist der Anteil regelmäßig Sporttreibender unter leitenden Angestellten und Beamten in Österreich ca. fünfmal so hoch wie unter Landwirten (Tabelle 4.5), unter Personen mit Hochschulbildung und unter Angehörigen der beiden höchsten Einkommensklassen beinahe doppelt so hoch wie unter Personen ohne oder nur mit Volks- oder Hauptschulabschluss bzw. wie unter Angehörigen der niedrigsten Einkommensklasse (Tabellen 4.6 und 4.7).

Tabelle 4.5: Sportausübung nach Berufsgruppenzugehörigkeit in Österreich 2003

Berufsgruppen	Sport betreiben (in %)	
	regelmäßig	regelmäßig + gelegentlich
Leitende Angestellte/Beamte	48	90
Nichtleitende Angestellte/Beamte	38	87
Selbstständige/Freie Berufe	42	86
Facharbeiter	35	83
Un-/angelernte Arbeiter	28	79
Landwirte	10	81

Fragetext: Geben Sie bitte zu den nachfolgenden Tätigkeiten an, ob Sie sie regelmäßig oder gelegentlich in Ihrer Freizeit ausüben? 30 Freizeitaktivitäten, darunter „Sport betreiben".
n = 4000, repräsentativ für die österreichische Bevölkerung ab 15 J.

Quelle: Fessel+GfK 2003

Tabelle 4.6: Sportausübung nach Bildung in Österreich 2003

Bildung	Sport betreiben (in %)	
	regelmäßig	regelmäßig + gelegentlich
ohne/Volks-/Hauptschule	23	72
Berufsschule/BMS	30	79
AHS/BHS	36	82
Hochschule/Universität	40	85

Fragetext: Geben Sie bitte zu den nachfolgenden Tätigkeiten an, ob Sie sie regelmäßig oder gelegentlich in Ihrer Freizeit ausüben? 30 Freizeitaktivitäten, darunter „Sport betreiben".
n = 4000, repräsentativ für die österreichische Bevölkerung ab 15 J.

Quelle: Fessel+GfK 2003

Tabelle 4.7:   Sportausübung nach Einkommen in Österreich 2003

Haushaltsnettoeinkommen	Sport betreiben (in %)	
	regelmäßig	regelmäßig + gelegentlich
bis 900 €	23	69
901 – 1.200 €	22	68
1.201 – 1.500 €	24	77
1.501 – 1.800 €	28	77
1.801 – 2.400 €	34	81
2.401 – 3.000 €	39	84
3.001 – 3.600 €	41	90
über 3.600 €	41	86

Fragetext: Geben Sie bitte zu den nachfolgenden Tätigkeiten an, ob Sie sie regelmäßig oder gelegentlich in Ihrer Freizeit ausüben? 30 Freizeitaktivitäten, darunter „Sport betreiben".
n = 4000, repräsentativ für die österreichische Bevölkerung ab 15 J.

Quelle: Fessel+GfK 2003

Angehörige der oberen sozialen Schichten betreiben im Schnitt häufiger Sport als Angehörige der mittleren sozialen Schichten und diese wiederum häufiger als Angehörige der unteren sozialen Schichten (Tabelle 4.8).

Tabelle 4.8: Sportausübung nach sozialer Schichtzugehörigkeit in Österreich 2003

Soziale Schicht	Sport betreiben (in %)	
	regelmäßig	regelmäßig + gelegentlich
A-Schicht	42	88
B-Schicht	39	85
C_1-Schicht	34	80
C_2-Schicht	29	79
D-Schicht	21	72
E-Schicht	15	60

Fragetext: Geben Sie bitte zu den nachfolgenden Tätigkeiten an, ob Sie sie regelmäßig oder gelegentlich in Ihrer Freizeit ausüben? 30 Freizeitaktivitäten, darunter „Sport betreiben".
n = 4000, repräsentativ für die österreichische Bevölkerung ab 15 J.

Quelle: Fessel+GfK 2003

Es besteht also ein lineares Schichtgefälle im Hinblick auf die Frequenz der Sportausübung, welches auch in einer mit absteigender Schichthöhe geringer werdenden Identifikation mit der Aussage „Wenn ich keinen Sport betreibe, geht mir etwas ab", zum Ausdruck kommt (Tabelle 4.9). Die Identifikation mit dieser Aussage weist auf die Internalisierung eines Sportbedürfnisses und/oder auf einen hohen normativen Konsens über die Sinnhaftigkeit der Sportausübung hin.

Tabelle 4.9: Einstellung zur Sportausübung nach sozialer Schichtzugehörigkeit in Österreich 2003

Soziale Schicht	Identifikation mit der Aussage ... (in %)	
	„Wenn ich keinen Sport betreibe, geht mir etwas ab"	„Sport ist Mord"
A-Schicht	72	22
B-Schicht	68	25
C_1-Schicht	67	25
C_2-Schicht	61	32
D-Schicht	57	34
E-Schicht	54	33

Fragetext: Welche dieser Aussagen wäre eher typisch für Sie? „Wenn ich keinen Sport betreibe, geht mir etwas ab" oder „Sport ist Mord"?
n = 4000, repräsentativ für die österreichische Bevölkerung ab 15 J.

Quelle: Fessel+GfK 2003

Dass Angehörige der unteren sozialen Schichten weniger von der Sinnhaftigkeit der Sportausübung überzeugt sind und weniger häufig Sport betreiben als Angehörige der mittleren und oberen sozialen Schichten, wurde in zahlreichen anderen Untersuchungen bestätigt. So hat Hartmann-Tews (2006, S. 118–120) in einer länderübergreifenden Untersuchung zu den sozialstrukturellen Determinanten der Sportausübung festgestellt, dass in allen EU-Ländern Personen mit einem niedrigen Bildungsstatus weniger Sport betreiben als Personen mit einem höheren Bildungsstatus. Studer/Schlesinger/Engel (2011, S. 161) haben für die Schweiz ein analoges Ergebnis im Hinblick auf das Einkommen festgestellt. Voigt (1992, S. 166–167) hat 13 in Deutschland und Österreich durchgeführte Untersuchungen seit 1953/54, Weiß[9] darauf aufbauend 17 solche Untersuchungen zusammengestellt, in denen in allen Fällen ein signifikanter Zusammenhang zwischen sozialer Schichtzugehörigkeit – gemessen mittels einzelner Schichtmerkmale oder sozioökonomischem Status-Indexes – und sportlichem Engagement in besagter Richtung nachgewiesen wurde. Einzelne dieser Untersuchungen behandeln auch den Spitzensport und kommen zu dem Ergebnis, dass Spitzensportler tendenziell einem Elternhaus mit mittlerem oder hohem sozioökonomischen Status entstammen, ein Ergebnis,

---

9 Erste Auflage des vorliegenden Buches, 1999, S. 102–103.

welches in Österreich erst jüngst erneut bestätigt werden konnte (Mayrhofer/ Meyer/Pucher 2007). Generell sind die jüngsten Ergebnisse von Forschungen zur schichtspezifischen Abhängigkeit des Sportengagements aber nicht mehr ganz so eindeutig. So sprechen Haut (2011, S. 144) und Haut/Emrich (2011, S. 317) in soeben erschienenen Resümees rezenter Untersuchungen in der BRD und Schweiz nur mehr von einem „Übergewicht" bzw. sogar nur mehr „leichtem Übergewicht" empirischer Belege für die Annahme, dass Sportaktivität weiterhin in höheren sozialen Positionen begünstigt wird.

Außer den vielleicht nicht mehr ganz so ausgeprägten Unterschieden im Sportengagement der Angehörigen der einzelnen sozialen Schichten in rein quantitativer Hinsicht, bestehen große Unterschiede in der Art der Betätigung, so dass es – wie unten noch exemplifiziert werden wird – Sportarten gibt, die von bestimmten sozialen Schichten bevorzugt ausgeübt und zur Darstellung des Lebensstils verwendet werden. Es existiert somit eine Hierarchie der Sportarten nach der sozialen Schichtzugehörigkeit der Ausübenden bzw. der Eignung zur Darstellung sozialer Unterschiede und der „richtigen" Lebensart („Lebensstil-Sportarten", Rittner 1989, S. 375). Sucht man nach Erklärungen dafür und für den Zusammenhang von sozialer Schichtzugehörigkeit und Sportausübung überhaupt, so liegen einige auf der Hand: Je höher die soziale Schichtzugehörigkeit, umso besser die wirtschaftliche Lage und damit die Möglichkeiten, Kosten für die Sportausrüstung und -ausübung tragen zu können. Angehörige der oberen sozialen Schichten stammen eher aus sportaktiven Elternhäusern und haben somit eine günstigere familiäre Sport- und Bewegungssozialisation erfahren als Angehörige der unteren sozialen Schichten. Angehörige der oberen sozialen Schichten haben in der Regel eine längere Schulausbildung und damit eine intensivere schulsportliche Sozialisation erfahren als Angehörige der unteren sozialen Schichten. Schüler und Studenten sind in ihrer Zeitgestaltung freier und können deshalb leichter Sporteinheiten einlegen als die gleichaltrigen Lehrlinge oder jugendlichen Berufstätigen. Angehörige der unteren sozialen Schichten üben eher Berufe mit starker körperlicher Belastung aus, was zur Verringerung des sonstigen Bewegungsverhaltens führen kann. Darüber hinaus spielen Unterschiede im Gesundheitszustand und Unterschiede im physischen Habitus eine wichtige Rolle.

4.2.1 Physischer Habitus, somatische Kultur und soziale Distinktion

Bourdieu untersuchte in seinem Hauptwerk „Die feinen Unterschiede. Kritik der gesellschaftlichen Urteilskraft" (2003, zuerst frz. 1979) die soziale Ungleichheit der französischen Gesellschaft der 1960er Jahre und entwickelte dabei eine Theorie des sozialen Raumes. Man kann sich diesen Raum als Landkarte vorstellen, in der die verschiedenen sozialen Schichten – in Bourdieus Terminologie soziale Klassen – anhand ihrer sozioökonomischen Lage und Lebensstile aufgezeichnet sind. Soziale Klassen lassen sich nach Bourdieu auf der Basis von primär drei Arten von Kapital bestimmen, nämlich ökonomischem (Einkommen, Vermögen), kulturellem (Bildung, Titel etc.) und sozialem (Beziehungen, Netzwerke) Kapital. Das Volumen dieser Kapitalarten bestimmt die drei großen Klassen der französischen Gesellschaft: Herrschende Oberklasse (Großbürgertum), Mittelklasse (Kleinbürgertum) und untere Klasse (Arbeiter und Bauernschaft). Diese Klassen entwickeln aufgrund ihrer relativ ähnlichen Lebensbedingungen spezifische Formen des Habitus (Kapitel 2).

Der Habitus ist in Bourdieus Theorie die vermittelnde Kategorie zwischen sozialer Klassenzugehörigkeit und Praxis. Die Auswahl einer bestimmten Sportpraxis, also einer bestimmten Sportart, hängt demnach nicht allein vom ökonomischen und kulturellen Kapital ab, sondern mindestens genauso sehr vom Habitus und dabei vor allem von einer Dimension desselben, nämlich dem Verhältnis zum eigenen Körper. Eine Sportart wird mit umso größerer Wahrscheinlichkeit von Angehörigen einer sozialen Klasse gewählt, je mehr diese Sportart dem jeweiligen Verhältnis zum eigenen Körper gerecht wird.

> „Man muß sich jedenfalls nur bewußt bleiben, daß die klassenspezifische Verbreitung einer Sportart sowohl auf die unterschiedliche Wahrnehmung und Einschätzung der damit erhofften unmittelbaren wie künftigen Vorteile zurückgeht, als auch auf die unterschiedlich großen wirtschaftlichen, kulturellen und, wenn man so sagen darf, körperlichen Kosten (ungleiches gesundheitliches Risiko, ungleiche physische Anstrengungen, etc.), damit die unterschiedliche Verteilung der Sportarten auf die Klassen und Klassenfraktionen in großen Zügen verständlich wird. Es hat alles den Anschein, als hinge die Wahrscheinlichkeit, daß jemand einen bestimmten Sport betreibt – den vom ökonomischen (und kulturellen) Kapital sowie freier Zeit abgesteckten Rahmen einmal vorausgesetzt –, von der Wahrnehmung und Einschätzung der innerlichen wie äußerlichen Gewinne und Kosten einer jeden Sportart ab, letztlich also von den Dispositionen des Habitus und noch genauer vom Verhältnis zum eigenen Körper als eine Dimension des Habitus" (Bourdieu 2003, S. 338–339).

Dieses Verhältnis zum eigenen Körper prägt das Körperbewusstsein, also die Summe der Beziehungen zum Körper, d. h. nicht nur die Wahrnehmung von Körperäußerungen, sondern auch die instrumentellen Beziehungen wie sie in der Körperkontrolle und im Umgang mit dem Körper zum Ausdruck kommen. Das Körperbewusstsein und dessen Zusammenhang mit sozialer Klassenzugehörigkeit (Schichtzugehörigkeit) soll hier anhand des Gesundheitsverhaltens erläutert werden. Nicht nur, weil Sport und Gesundheit vielfältige Berührungspunkte haben, sondern weil Gesundheit

> „unter den Werten und Zielvorstellungen, an denen sich das Verhalten
> in unserer Gesellschaft orientiert, eine besondere Stellung ein[nimmt].
> Wenn auch in einer pluralistischen Gesellschaft über alle Themen und
> Probleme, auch über Zumutbarkeit und Tragbarkeit einer Beeinträchti
> gung durch andere, die verschiedenartigsten und einem ständigen Wan
> del unterworfenen Urteile und Bewertungen möglich und legitim sind:
> Über den Wert der Gesundheit als Norm besteht keine Uneinigkeit“
> (Heinemann 1994, S. 28).

Trotz der allgemeinen Anerkennung des Ideals der Gesundheit zeigt die gesundheits- und medizinsoziologische Forschung, dass es eine ganze Reihe von
gruppenspezifischen Differenzen in der Realisierung dieser Wertvorstellung
gibt. Es besteht eine grundsätzliche Diskrepanz zwischen dem gesundheitlichen
Risiko, das die Menschen eingehen, und den gesundheitsfördernden Mitteln,
die dagegen eingesetzt werden. Sowohl der Einsatz gesundheitsfördernder Mittel als auch die Höhe des gesundheitlichen Risikos sind nach sozialer
Schichtzugehörigkeit unterschiedlich. So ist etwa der Risikofaktor Übergewicht
unter Angehörigen der oberen Bildungsschichten in Österreich deutlich seltener anzutreffen als unter Angehörigen der unteren Bildungsschichten (IMAS
2003b). Was das durch Rauchen verursachte gesundheitliche Risiko betrifft,
ist festzustellen, dass etwa bei 15-jährigen Schülern hierzulande der Anteil
der Raucher unter AHS-Schülern geringer ist als unter BHS-Schülern und
unter diesen wiederum geringer als unter Schülern polytechnischer Schulen
(Pochobradsky/Habl/Schleicher 2002, S. 36). Die gesundheitlichen Risiken, die
Menschen eingehen, schlagen sich in Unterschieden in der Lebenserwartung
nieder: Bei 45-jährigen Männern in Österreich ist die fernere Lebenserwartung
von Hochschulabsolventen oder Absolventen höherer Schulen ca. viereinhalb Jahre höher als jene von bloßen Pflichtschulabsolventen (Statistik
Austria 2006). Betrachtet man Berufsgruppen, so weisen Angestellte eine geringere, Arbeiter hingegen eine höhere Mortalitätsrate auf als die anderen
Berufsgruppen (Pochobradsky/Habl/Schleicher 2002, S. 18). Einen noch stärkeren Einfluss als Berufsgruppenzugehörigkeit oder Bildung hat das Einkommen
auf das Risiko vorzeitiger Mortalität (Peter 2001, S. 32). Diese Schichtspezifik
der vorzeitigen Mortalität lässt sich in praktisch allen modernen Ländern feststellen (Hradil 2009, S. 39–40).

Obwohl also Angehörige der unteren sozialen Schichten eine höhere vorzeitige Mortalität und einen entsprechend schlechteren Gesundheitszustand aufweisen, besuchen sie ärztliche Praxen nicht öfter als die Angehörigen der anderen sozialen Schichten (Pochobradsky/Habl/Schleicher 2002, S. 14). Gesundenuntersuchungen – deren Inanspruchnahme die Wichtignahme von Gesundheit indiziert – werden von Angehörigen der unteren sozialen Schichten deutlich seltener in Anspruch genommen als von Angehörigen der oberen sozialen Schichten (ebd., S. 39).

Es scheinen auch große soziale Unterschiede in der Wahrnehmung von Krankheitsempfindungen zu bestehen, wie das Beispiel der sogenannten funktionellen Krankheiten zeigt. Darunter versteht man jene Krankheiten, bei denen die Kranken ein Leiden verspüren und dem Arzt Symptome präsentieren, obwohl mit den üblichen Untersuchungsmethoden noch kein organischer Schaden festgestellt werden kann. Diese funktionellen Beschwerden haben ihren Sitz häufig im Verdauungstrakt und äußern sich durch Symptome wie Magenschmerzen, Verdauungsschwächen und Gallenleiden. Ein Teil der Menschen mit diesen funktionellen Krankheiten ist in der Lage, die Botschaften des Körpers wahrzunehmen, d.h. Empfindungen als warnende Symptome zu identifizieren. Der Anteil der Kranken, die dazu imstande sind, ist unter Angehörigen der oberen sozialen Schichten höher (Boltanski 1976, S. 147). Es sind vor allem Angehörige dieser Schichten, die eine recht detaillierte Beschreibung ihres Krankheitszustandes geben können, während mit absteigender sozialer Schichthöhe eine treffende Beschreibung offenbar schwerer fällt, und damit der Dialog mit dem Arzt problematisch wird. Diese Probleme der Arzt-Patient-Kommunikation beruhen auf den schichtspezifischen Differenzen in der generellen Verbalisierungsfähigkeit, in den geistigen Gewohnheiten und Denkkategorien. So ist es Angehörigen der unteren Schichten schwerer möglich, ein unbekanntes körperliches Phänomen in ein vorhandenes Element kulturellen Wissens zu integrieren, d.h. die Interpretation gelingt nicht, es gibt kein Denkmuster oder keinen Begriff für die neue Erfahrung. Die reduzierte Interpretationsfähigkeit hat eine reduzierte Identifikationsfähigkeit von körperlichen Empfindungen zur Folge. Daher wird gewissen unklaren, nicht einordenbaren Empfindungen keine weitere Aufmerksamkeit geschenkt.

Es gibt also schichtspezifisch differente Intensitätsschwellen, jenseits derer eine Empfindung als anormal zu gelten hat oder bewusst gefühlt, akzeptiert und ausgedrückt wird. Diese Intensitätsschwellen können als Teil einer schichtspezifisch variierenden „somatischen" Kultur, also eines Kodexes der guten Sitten für den Umgang mit dem Körper aufgefasst werden.

> „Derartige ‚Anstandsregeln', die die konforme Art definieren, die alltäglichsten physischen Handlungen auszuführen, zu gehen, sich anzukleiden, sich zu ernähren, sich zu waschen, sich zu schminken und, für ei-

nige, zu arbeiten, die korrekte Art, in der physische Interaktionen mit anderen abzulaufen haben, die Distanz zu einem Partner, die man aufrechtzuerhalten hat, die Art, in der man ihn anzusehen, zu berühren hat, die Gesten, die auszuführen in seiner Gegenwart angemessen sind, und zwar abhängig von seinem Geschlecht, seinem Alter, davon, ob er ein Verwandter, ein Freund, ein Fremder ist, ob er derselben Sozialschicht angehört oder nicht, von Ort und Tageszeit, schließlich und vielleicht in besonderem Maß, die korrekte Art, von seinem Körper zu reden, von seinem äußeren Anblick und den physischen Empfindungen, setzen sich nie explizit und systematisch oder in Form von konkreten, formellen Befehlen durch, sondern artikulieren sich verbal nur negativ und indirekt durch das Zurückrufen zur Ordnung, durch Spott, Herablassung, Geringschätzung, Verachtung oder moralische Indignation. All diese Regeln bilden einen Kodex der guten Sitten für den Umgang mit dem Körper, der tief verinnerlicht und allen Mitgliedern einer bestimmten sozialen Gruppe gemeinsam ist" (Boltanski 1976, S. 154).

Dieser Kodex ist weitgehend unbewusst und nur durch die Beobachtung des Verhaltens von Angehörigen verschiedener sozialer Schichten (Klassen) im Vergleich zu analysieren.

> „Die Regeln, die das physische Betragen von Individuen lenken und die ihnen erlauben, in bereits erprobten ebenso wie in neuen Situationen, in die sie gestellt sein können, Verhaltensweisen zu übernehmen, die der somatischen Kultur ihrer Gruppe gemäß sind, besitzen einen ausreichend allgemeinen Charakter, um auf eine Unzahl besonderer Fälle anwendbar zu sein" (ebd., S. 155).

Mit diesem Satz nähern wir uns wieder dem Begriff des Habitus und, damit verbunden, dem Begriff des Geschmacks. Der Geschmack ist ein „System von Klassifikationsschemata, die nur höchst bruchstückhaft dem Bewußtsein zugänglich sind" (Bourdieu 2003, S. 283). Dieses System variiert nach sozialer Klassenzugehörigkeit (Schichtzugehörigkeit). Bourdieu spricht vom Klassengeschmack und nennt als sichtbarsten Ausdruck desselben den Körper:

> „… zunächst einmal in seinen scheinbar natürlichsten Momenten – seinen Dimensionen (Umfang, Größe, Gewicht, etc.) und Formen (rundlich oder vierschrötig, steif oder geschmeidig, aufrecht oder gebeugt, etc.), seinem sichtbaren Muskelaufbau, worin sich auf tausenderlei Art ein ganzes Verhältnis zum Körper niederschlägt, mit anderen Worten, eine ganz bestimmte, die tiefsitzenden Dispositionen und Einstellungen des Habitus offenbarende Weise, mit dem Körper umzugehen, ihn zu pflegen und zu ernähren. In der Tat erweist sich über kulinarische Vorlieben, die über die gesellschaftlichen Bedingungen, unter denen sie

entstanden sind, hinaus Bestand haben können (wie in anderen Bereichen Akzent oder Auftreten), und natürlich auch über den Gebrauch des Körpers im Arbeitsprozeß wie in der Freizeit die klassenspezifische Verteilung der körperlichen Eigenschaften" (ebd., S. 307).

Bourdieus Rede vom „Klassengeschmack" ist in einem leiblichen Sinne zu verstehen: „Geschmack ist die Natur gewordene, d. h. inkorporierte Kultur, Körper gewordene Klasse" (Gugutzer 2004, S. 71). Angehörigen der unteren sozialen Klassen schmecken bestimmte Nahrungsmittel nicht, die Angehörigen der oberen sozialen Klassen sehr wohl schmecken – und umgekehrt. Der Grund dafür liegt in der klassenspezifischen Sozialisation. Im Verlauf dieser Sozialisation wird nicht nur gelernt, wie der Esstisch zu decken ist und wie man sich bei Tisch verhält, sondern auch, welche Speisen man isst. Auf diese Weise wird jeweils ein ganz bestimmter Geschmackssinn entwickelt. Den Geschmack bezeichnet Bourdieu deshalb auch als das in Fleisch und Blut übergegangene Klassifikationsprinzip, welches das für den Körper Richtige auswählt und aufnimmt – der klassenspezifische Geschmack „weiß", was dem Körper gut tut (ebd.). Letzteres gilt natürlich auch dann, wenn es um die Auswahl der „richtigen" Sportarten geht.

Die von einer Sportart ausgebildeten Haltungen, Bewegungsweisen und Körperbilder sowie die spezifischen körperlichen Beziehungen, die zu Mitspielern und Gegnern eingegangen werden müssen, treffen mehr oder weniger den klassenspezifischen Geschmack, entsprechen also mehr oder weniger dem jeweiligen Habitus In Verbindung mit dem Habitus ist bei der Auswahl der Sportarten der Mechanismus der sozialen Distinktion (Absetzung) zu berücksichtigen. Distinktion wird eingesetzt zur bewussten sozialen Abgrenzung und im Kampf der sozialen Klassen und Klassenfraktionen um die Bestimmung des „legitimen Körpers" und des „legitimen Umgangs mit dem Körper" (Bourdieu 1986, S. 99). Wer darüber die Definitionsmacht gewinnt, bestimmt die „legitimen Sportarten". Diese versprechen den Ausübenden Distinktionsprofite, da die Ausübung mit Reputation verknüpft wird: Bestimmte Sportarten „verdanken einen Großteil des Interesses, das ihnen entgegengebracht wird, den Distinktionsprofiten, dem Gewinn an Auszeichnung und Reputation, die sie verschaffen" (ebd., S. 100). Die Distinktionsprofite beruhen auf der Markierung der betreffenden Sportart durch die sozialen Merkmale der Akteure (Bourdieu 1992, S. 202). Aufgrund dieser Markierung bilden sich Oppositionen zwischen exklusiven und populären Sportarten. Zu Letzteren gehören dann viele einst den oberen sozialen Schichten vorbehaltene Sportdisziplinen, die einen Prozess der Popularisierung durchlaufen haben. Popularisierung, also die Aneignung einer bislang von oberen sozialen Schichten betriebenen Sportart durch Angehörige breiterer Bevölkerungsschichten, bewirkt Distinktionsverluste, aber auch das Entstehen neuer Extravaganzen der Aktiven aus oberen sozialen Schichten, die auf diese Weise versuchen, die Distinktionsdistanz zu wahren oder wieder herzustellen. Ein historisches Beispiel für solche Versuche der Wahrung oder Wiederherstellung von Distinktionsdistanz ist die Entwicklung des im erklärten Gegensatz zum Professionalismus stehenden Amateurideals, welches ursprünglich nicht nur, aber eben auch der Exklusion von Angehörigen der Arbeiterklasse aus dem Wettkampfbetrieb diente[10]. Heute sind die massenwirksamen professionalisierten Sportarten

> „aufgrund ihrer ‚allgemeinen Verbreitung' in deren Augen [der Oberschicht – d. V.] nur noch eine Anhäufung alles dessen, was anstößig ist: angefangen von der sozialen Zusammensetzung ihres Publikums, worin sich die im Faktum der Verbreitung bereits enthaltene Vulgarisierung gleichsam noch einmal verdoppelt, bis hin zu den geforderten Werten und Tugenden ..." (Bourdieu 2003, S. 342).

4.2.2 Sportarten der unteren sozialen Schichten

Bourdieu (2003, S. 339) zufolge wertschätzen Angehörige der Arbeiterklasse starke und kräftige Körper. Sie haben deshalb eine Vorliebe für:
- Kraftsportarten wie Gewichtheben und Bodybuilding;
- Sportarten, die einen Ganzkörpereinsatz verlangen wie Motorradrennen fahren;
- Mannschaftssportarten mit hohem Körpereinsatz und gegnerischem Körperkontakt wie Fußball und Rugby;
- Sportarten, die kämpferischen Einsatz erfordern, wie Karate und Ringen;
- Sportarten, welche die Bereitschaft, Schläge einzustecken, und eine gewisse Schmerzunempfindlichkeit voraussetzen, wie Boxen.

Was die letztgenannte Sportart betrifft, ist festzuhalten, dass die Affinitäten der unteren sozialen Klassen (Schichten) zu dieser hinlänglich belegt sind, und vielfach sogar geglaubt wird, eine erfolgreiche Ausübung derselben sei einzig und allein Angehörigen dieser Klassen (Schichten) möglich:

> „In Boxerkreisen glauben viele, daß die unteren sozioökonomischen Schichten ‚die besten Kämpfe machen': Sie sagen, daß zuviel Erziehung einen Mann weich mache und daß deswegen Studenten keine guten

---

10 Mit „professional" wurden anfangs nicht nur Sportler bezeichnet, die durch Sport Geld verdienten, sondern auch die manuell Berufstätigen (Gillmeister 1990, S. 242). Das Amateurideal diente aber immer auch der Vermeidung oder Eindämmung von Doping, Ausschreitungen parteiischer Fans und anderer pathologischer Begleiterscheinungen des professionalisierten Sportbetriebes (Eisenberg 1999, S. 92).

Kämpfer seien. Diese kämpften begeistert auf dem Football-Platz und tapfer und gut in unseren Kriegen, aber ihr Beitrag in unseren Box-ringen ist unbedeutend. Der Ring ist als die Zuflucht der Unterprivile-gierten bezeichnet worden. Von den Unterdrückten seien unsere besten Kämpfer gekommen [...] Wenn der Gong ertönt, dann sollen die Kämp-fer kein Zurück mehr kennen, und ein Kämpfer mit Ausbildung sei ein Kämpfer, der nicht für sein Leben kämpfen müsse und das wisse [...] Nur für den hungrigen Kämpfer sei es ein anständiges Wagnis" (Wein-berg/Arond 1976, S. 254).

Das in der direkten körperlichen Auseinandersetzung von Boxer gegen Boxer liegende Gewaltmoment wird durch das optische Erlebnis von ramponierten Körpern, Taumeln und Stürzen sowie durch die Begleitung von Kampfgeschrei und Geheule symbolisch verstärkt. Beim Motorsport begleitet der infernali-sche Lärm der Motoren das Renngeschehen, zu dem gelegentlich auch tödli-che Unfälle gehören. Eine weitere charakteristische Facette der Sportarten der unteren sozialen Schichten ist der Männlichkeitskult und die damit verbunde-ne Standhaftigkeit bei alkoholischen Gelagen. In England zum Beispiel wurde beim Rugby ein intensiver Männlichkeitskult entwickelt. Verhaltensweisen wie die Verächtlichmachung von Frauen, Singen von obszönen Liedern, exzessi-ves Trinken, Betonung von Nacktheit und Gewalt, extremer Körperkontakt im Clinch sowie boshafte Beschädigung von Eigentum waren die Charakteristika dieser Subkultur:

„Z. B. schloß das Spiel auch eine allgemein übliche Mißachtung der ta-buierten Nacktheit ein. Innerhalb von Rugbyklub-Kreisen wurde der männliche ‚striptease' institutionalisiert; das Anstimmen des Liedes ‚The Zulu Warrior' bildete das traditionelle Signal für ein rituelles Entkleiden der Gruppenmitglieder. Es wurden Aufnahmezeremonien eingeführt, bei denen der Neuling oftmals gewaltsam entkleidet und sein Körper, besonders seine Genitalien, mit Schuhcreme und Vaseline eingerieben wurden. Exzessives Trinken wurde ebenfalls ein fester Bestandteil der Rugbyklub-Tradition. Wenn die Spieler betrunken waren, sangen sie obszöne Lieder, die Abneigung und Verunglimpfung von Frauen und Homosexuellen ausdrückten. Privateigentum wurde gestohlen oder bös-willig beschädigt. Der bemerkenswerteste Aspekt dieses Verhaltensmus-ters war jedoch die Tatsache, daß es vom Rest der Gesellschaft als für diese Gruppe normal beurteilt und gebilligt wurde. Das Verhalten der Rugbyspieler wurde weder als kriminell noch als abweichend angese-hen, sondern man neigte im Gegenteil dazu, es als Ausdruck einer ver-zeihlichen ‚fröhlichen Stimmung' zu entschuldigen" (Dunning/Sheard 1979, S. 262).

Neben Männlichkeitskult, Gewalt, Kraft und geringer Schonung des eigenen Körpers werden vor allem folgende Merkmale als Charakteristika der Sportarten der unteren sozialen Schichten angeführt:
- fehlender Naturbezug;
- die in diesen Sportarten erforderlichen Ausstattungen (z. B. Muskeln), Geräte (z. B. Motorräder) und Fertigkeiten (z. B. Fahrzeuglenken, also Umgang mit Maschinen) sind typische Komponenten der Lebens- und Arbeitswelt der unteren sozialen Schichten (Eitzen/Sage 2009, S. 279); typische Tätigkeiten im Arbeitsleben wie etwa Fahrzeuglenken oder Heben von Lasten werden im Sport in gewisser Weise wiederholt;
- geringer oder fehlender Bezug der Sportarten zur Schule (ebd.); so wird Motorsport im Rahmen des Schulsports gar nicht, Kampfsport kaum und Fußball nur in bescheidenem Maße gepflegt.

Das Fußballspiel – „in noblen Kreisen" als „Proletensport" apostrophiert (Girtler 2002, S. 365) – ist in Österreich nur mit Einschränkungen als typische Sportart der unteren sozialen Schichten anzusehen. Vielmehr ist es eine Sportart, die mit annähernd gleicher Häufigkeit in allen sozialen Schichten praktiziert wird und das Zuschauerinteresse am Spiel ist unter Angehörigen der mittleren und oberen sozialen Schichten sogar ausgeprägter als unter Angehörigen der unteren sozialen Schichten (Tabelle 4.10). In der Anfangszeit, als der Fußball als kulturelle Innovation von Großbritannien nach Österreich gekommen war, hatten Angehörige der oberen sozialen Schichten auch in der Ausübung dominiert. Sie waren die Frühadoptoren (early adopters) dieser kulturellen Innovation gewesen: „Offiziere, Ärzte, Lehrer, Studenten, Bürger, ja sogar Mitglieder des Allerhöchsten Kaiserhauses sind entweder aktiv beteiligt oder verfolgen mit wachsendem Interesse den Werdegang des Fußballs", so beschrieb eine Sportzeitschrift den schichtspezifischen Charakter des Fußballsports in Wien um 1900[11], also noch bevor Adoptoren aus Arbeiterkreisen dem Sport so richtig ihren Stempel aufdrückten. Denn seit den Tagen des 1. Wiener Arbeiterfußball-Clubs, der sich bereits vier Monate nach seiner Gründung 1898 in SC Rapid umbenannte, kamen auch Arbeiter zu diesem Spiel, das von denen, die es wie sie betrieben, neben Kraft, Härte und Ausdauer auch spontane Interaktion und Solidarität verlangte (John 1992, S. 77–78). Die Arbeiter verstanden das Spiel bald als das ihre und machten es zu einem wesentlichen Teil ihrer Kultur, einer Kultur, die in dieser Form – infolge des gesellschaftlichen Individualisierungsprozesses und damit Wegschmelzens von Klassenidentitäten während der letzten Jahrzehnte – mittlerweile nicht mehr besteht.

---

11 Sportnachrichten, 1.9.1905, S. 2.

Tabelle 4.10: Fußballsport aktiv und passiv nach sozialer Schichtzugehörigkeit in Österreich 2003

Soziale Schicht	Fußball spielen (in %)		fußballinteressiert (in %)
	regelmäßig	regelmäßig + gelegentlich	verfolgen Fernsehübertragungen oder gehen ins Stadion
A-Schicht	8	18	46
B-Schicht	5	16	36
C_1-Schicht	6	20	36
C_2-Schicht	6	21	38
D-Schicht	2	19	30
E-Schicht	8	18	30

Fragetext: Welche dieser Sportarten üben Sie regelmäßig (d.h. mindestens einmal pro Woche), gelegentlich oder nie aus? Gehen Sie bitte alle angeführten Sportarten einzeln durch und geben Sie bei jeder Sportart an, wie häufig Sie sie ausüben!? 23 Sportarten, darunter „Fußball".

Fragetext: Für welche dieser Sportarten interessieren Sie sich (d.h. Sie verfolgen sie z.B. im Fernsehen oder Sie gehen ins Stadion zu Spielen)? 23 Sportarten, darunter „Fußball".

n = 4000, repräsentativ für die österreichische Bevölkerung ab 15 J.

Quelle: Fessel+GfK 2003

4.2.3 Sportarten der oberen sozialen Schichten

Anders als beim Fußballspiel, bei dem das Empfinden der Würde der Person leicht verletzbar erscheint (z.B. wenn ein Spieler seinen Körper ins Getümmel des Matches werfen muss), bleibt dieses Würdeempfinden bei den körperkontrollierten Sportarten der oberen sozialen Schichten stets gewahrt (Bourdieu 2003, S. 347). Ein Beispiel für solche Sportarten, die in würdevoller Distanziertheit zu den Mitspielern oder Gegnern ausgeübt werden, ist der Golfsport. Der sportliche Austausch gewinnt hier das Aussehen eines höchst gesitteten gesellschaftlichen Verkehrs, aus dem jede handgreiflich-körperliche Auseinandersetzung von Mann zu Mann, jeder direkte körperliche Kontakt zwischen den Gegnern, jedes physische wie verbale Gewaltmoment und jeder anomische Gebrauch des Körpers (Schreie, unkontrollierte Bewegungen etc.) verbannt bleibt. Ruhig, geradezu gemächlich schreiten die Spieler dem geschlagenen Ball nach und den Platz ab; die im Spiel geforderten Bewegungen sind temperiert, der notwendige Kraft- und Energieaufwand ist begrenzt, weswegen diese Sportart auch bis ins hohe Alter betrieben werden kann. Golf kommt mit seinen weiträumigen Anlagen in der Natur den hohen Raumansprüchen und dem ausgeprägten Naturbewusstsein der Angehörigen der oberen sozialen

Schichten entgegen. Zudem trifft es insofern den Geschmack der Angehörigen dieser Schichten, als es zu Zeiten nach eigener Wahl, alleine oder mit frei gewählten Personen gespielt und ggf. mit beruflichen Kontakten verknüpft werden kann. So lassen sich während einer Golfpartie zwanglos geschäftliche Besprechungen führen. Gespielt wird in vornehmen Clubs, in welchen die vornehmen Leute unter ihresgleichen bleiben können und der Sport bisweilen nur einen „Vorwand für ausgewählte Treffen" zur „Akkumulation sozialen Kapitals" darstellt (Bourdieu 1986, S. 111). Dementsprechend ist in diesen Clubs – wie in anderen exklusiven Sportclubs auch – der Anteil nicht oder nicht mehr sportaktiver Mitglieder verhältnismäßig hoch. Dazu eine Dame, die aufgrund ihrer Tätigkeit einen guten Einblick in den Golfclub einer österreichischen Kleinstadt hat:

> „Der Club hat 227 Mitglieder. Von diesen habe ich höchstens 60 im letzten Jahr gesehen. Es gibt viele, die brav ihren Mitgliedsbeitrag zahlen, um wahrscheinlich stolz darauf verweisen zu können, bei einem Golfclub zu sein. Sie sind wegen des guten Tons dabei, weil es sich heute schickt, Mitglied eines Golfclubs zu sein. Die Clubmitgliedschaft bringt sicherlich in der kleinen Stadt, bei der der Golfplatz ist, einiges Ansehen. Aus der Stadt sind bei dem Club ein Architekt, ein Baumeister, Ärzte, Sparkassendirektoren, einige kommen aus Wien. Auch ein Graf T. ist dabei. Die Mitglieder hier tun so, als ob sie die nobleren Leute sind" (Girtler 2002, S. 358).

Die behauptete Noblesse wird in solchen Clubs durch Auslesemechanismen wie Pflege einer besonderen Atmosphäre in entsprechend ausgestatteten Clubheimen, Aufnahme Beitrittswilliger nur bei Vorliegen von „Referenzen" von Mitgliedern, hohe Aufnahmegebühren und Mitgliedsbeiträge, geltend gemacht. Hoch sind freilich nicht nur die Aufnahmegebühren und Mitgliedsbeiträge, sondern auch die sonstigen Kosten, so dass sich viele Menschen die Ausübung des Golfsports nicht leisten können. So sind etwa für Golfkleidung und Golfschläger stattliche Beträge zu zahlen.

Neben den Ausrüstungs- und Ausübungskosten stellen geografische Bedingungen einen wichtigen Faktor dar im Hinblick auf die Platzierung einzelner Sportarten in der Hierarchie der Sportarten nach der sozialen Schichtzugehörigkeit der Ausübenden. Während z. B. der Skisport in Belgien als besonders exklusiv angesehen wird (Scheerder et al. 2002, S. 237), gilt er in Österreich nicht zuletzt aufgrund dafür geeigneter landschaftlicher Gegebenheiten als „normal". Es handelt sich um die hiesige Nationalsportart und einen wichtigen Wirtschaftsfaktor, so dass seine massenhafte Verbreitung gezielt gefördert wird (z. B. Schulskikurse). Gleichwohl wird der Skisport auch hierzulande mehr von Angehörigen der oberen und mittleren sozialen Schichten betrieben als von Angehörigen der unteren sozialen Schichten (Tabelle 4.11).

Tabelle 4.11: Skisport aktiv und passiv nach sozialer Schichtzugehörigkeit in Österreich 2003

Soziale Schicht	Pistenskifahren (alpin) üben aus (in %)		skisportinteressiert (in %)
	regelmäßig	regelmäßig + gelegentlich	verfolgen Fernsehübertragungen oder gehen ins Stadion
A-Schicht	14	59	60
B-Schicht	12	58	57
C_1-Schicht	15	47	54
C_2-Schicht	9	49	54
D-Schicht	10	39	54
E-Schicht	5	18	32

Fragetext: Welche dieser Sportarten üben Sie regelmäßig (d. h. mindestens einmal pro Woche), gelegentlich oder nie aus? Gehen Sie bitte alle angeführten Sportarten einzeln durch und geben Sie bei jeder Sportart an, wie häufig Sie sie ausüben!? 23 Sportarten, darunter „Pistenskifahren (alpin)".

Fragetext: Für welche dieser Sportarten interessieren Sie sich (d. h. Sie verfolgen sie z. B. im Fernsehen oder Sie gehen ins Stadion zu Spielen)? 23 Sportarten, darunter „Pistenskifahren (alpin)".

n = 4000, repräsentativ für die österreichische Bevölkerung ab 15 J.

Quelle: Fessel+GfK 2003

Ein ähnlicher Zusammenhang mit sozialer Schichtzugehörigkeit ergibt sich für das traditionell hochgeschätzte Tennis, welches in Österreich in den 1970er und -80er Jahren eine boomende Entwicklung genommen hatte (Norden 2010b, S. 226). In diesem Zeitraum vervierfachte sich der Bevölkerungsanteil der Tennisspieler. Damit lief das vornehme Spiel – was den Verbreitungsgrad in der Bevölkerung betrifft – zeitweise sogar dem Massensport Fußball den Rang ab. Im Verlauf dieser Popularisierung entschärfte sich der Distinktionsvorteil des Tennis. Die Zahl der Spieler aus weniger privilegierten sozialen Schichten stieg zwar prozentuell nicht stärker, sondern bloß genauso stark an, wie jene der Spieler aus privilegierteren sozialen Schichten. Der Anstieg war aber wesentlich auf soziale Aufsteiger zurückzuführen (ebd., S. 234–235). Neben dem Zustrom von sozialen Aufsteigern dürften zum Distinktionsverlust auch die fortschreitende Professionalisierung und eine damit einhergehende, auf spektakuläre Präsentation ausgerichtete Entwicklung des Tennis beigetragen haben. So verstärkte der Professionalismus bei den Spielern Definitionen des Körpers, die nicht den Körperdefinitionen und dem Habitus der oberen sozialen Schichten, also jener Schichten entsprechen, aus denen das Tennis ursprünglich stammte: Kraft, Körpereinsatz und Härte. Begünstigt auch durch die Materialentwicklung (Graphite-Schläger, hochelastische Saiten) entwickelte sich das sogenannte „Powertennis". Damit einher ging die Entwicklung des Tennis zum Sportspektakel: Die distinguierte Ruhe auf den Tennisplätzen scheint endgültig dahin; wo früher erst nach erfolgtem Match Zeichen der Erregung durch Applaus zu vernehmen waren (analog zum Theater und Konzert), gibt es nunmehr Pfiffe und andere emotionale Regungen (Winkler 1995b, S. 270). Zu all diesen Entwicklungen versuchte die Tennis-Oberschicht Distinktionsdistanz zu wahren oder wieder herzustellen: Dies erfolgte etwa durch Vertiefung der Kluft zwischen einerseits den „sportlich versierten Prominenten", die von den VIP-Logen aus Wettkämpfe von Spitzenspielern verfolgen, um sich danach bei Partys und Gala-Dinners zu treffen, und andererseits den „auf den Status bloßer Konsumenten reduzierten Laien", denen ein Spektakel geboten wird. Weitere Distinktionsversuche inkludierten exklusive Turnierveranstaltungen (Prominenten-Tennisturniere), Aufnahmesperren in Prestigeclubs (die freilich längst schon wieder aufgehoben sind), zeitliche Segregation (Spielen zu Zeiten, zu denen andere nicht können), die Betonung der Spielweise (Spielen in „reiner" Form, also nicht in der „vulgären" Art mancher Profi-Spieler) und traditioneller Bekleidungsvorschriften (etwa beim „Wiener Park-Club" oder „CTP Pötzleinsdorf"[12]) im mittlerweile nicht mehr durchgängig „weißen Sport" (die Kleidung darf nun auch bunt, muss aber chic sein) (Norden 2010b, S. 235). Einzelne auf Exklusivität bedachte Mitglieder der Tennis-Oberschicht wanderten zum Golf ab.

Wie dem Tennis, welches in Österreich um die letzte Jahrhundertwende einen Interessensrückgang erlebte und seither stagniert, droht auch dem Golfsport ein Distinktionsverlust infolge zunehmender Verbreitung. Wenn weiterhin soziale Aufsteiger vermehrt die Golfplätze bevölkern, könnte sich die High Society etwa auf dem Polo-Platz zurückziehen (Richter 2006, S. 19). Polo, das Hockeyspiel zu Pferd, wird als „eine der letzten Bastionen der Aristokraten und Geldleute" im Sport erachtet (Girtler 2002, S. 364). Der Hinweis, dass es sich um „eine der letzten Bastionen" handelt, macht das Problem des „feinen" Menschen deutlich: Die Nachahmer aus weniger „feinen" gesellschaftlichen Kreisen. Im Falle des Polos scheint dieses Problem aber weniger gravierend zu sein. Zum einen bedarf es zur Ausübung dieses bezeichnenderweise auch „Sport der Könige" genannten Spiels eines besonderen reiterischen Könnens; zum anderen sind die Kosten der Ausübung derart hoch, dass sie für den „gewöhnlichen" feinen Mann nicht ohne Weiteres bestreitbar sind. So braucht jeder Spieler außer Reitausrüstung und statussymbolisierendem Schläger mindestens zwei, in der Regel aber vier Pferde, weil das Pferd nach jeder Spieleinheit

---

12 Cottage Tennis-Club Pötzleinsdorf.

gewechselt werden muss. Die Pferde stammen aus einer Spezialzüchtung und müssen entsprechend gepflegt und aufwendig zu den Turnieren transportiert werden. Angesichts des großen Aufwandes überrascht es nicht, dass das Polospiel in Österreich – wo die soziale Oberschicht verglichen etwa mit jener in den USA weniger reich ist – nur wenig betrieben wird. Es gibt lediglich einen Poloclub, nämlich in Ebreichsdorf (Niederösterreich), und bloß ca. 30 österreichische Spieler.

Polo, Tennis, Golf und Skilaufen sind traditionsreiche Sportarten. Wie verhält es sich mit der Beziehung der oberen sozialen Schichten zu neuen Sportarten? Diesbezüglich lautet eine These von Heinemann (2007, S. 245): Je neuer eine Sportart, umso höher die soziale Schichtzugehörigkeit jener Personen, die diese Sportart zunächst ausüben. Modifiziert in Richtung mittlerer sozialer Schichten wird diese These auch von anderen Forschern vertreten: So sieht Liebau (1989) vor allem die akademisch gebildeten sozialen Mittelschichten als Trendsetter einer neuen Sportkultur und ähnlich weist Winkler (1995b, S. 267) auf die Mittelschichtaffinität neuer Sportverständnisse und Sportarten hin. Baur (1989, S. 220) zufolge ist die moderne Fitness-Bewegung mit ihren präsentatorischen und gesundheitsorientierten Praktiken (z.B. Jogging, Aerobic, Training in modernen Fitness-Studios) in den mittleren sozialen Schichten verbreiteter als in den unteren sozialen Schichten. Dies stimmt auch mit Ergebnissen von Untersuchungen zur Akzeptanz gesundheitsorientierter Sportprogramme überein, aus denen hervorgeht, dass diese Programme genau jene nicht oder nur vereinzelt erreichen, für die es nach den vorliegenden Untersuchungsergebnissen zur Morbidität und frühzeitigen Mortalität am ehesten geboten wäre, nämlich Angehörige der unteren sozialen Schichten (Opper 1998). Und selbst dort, wo diese erreicht werden, sind die präventiven Wirkungen zudem auch noch geringer als bei Angehörigen der mittleren und oberen sozialen Schichten (Schlicht/Strauß 2003, S. 109). Gesundheitssport ist zum guten Teil ein Privileg der mittleren und oberen sozialen Schichten, die in besonderem Maße davon profitieren. Sie wissen eben, Privilegien zu nutzen. Dieses Wissen und der Zugang zu Sport und Bewegung generell (Tabelle 4.12) wird innerhalb familiärer Sozialisationsprozesse an die nächste Generation zu einem großen Teil sozial vererbt, weil die Eltern für ihre Kinder als Verhaltensmodelle fungieren, ihnen Gelegenheiten zur Bewegung bieten, Sportgeräte zur Verfügung stellen, die Kinder entsprechend unterstützen, anregen usf. Dementsprechend nehmen Kinder aus sozial privilegierten Familien, wo die Eltern selbst häufiger sportlich aktiv sind, eher an organisierten Sportangeboten teil als Kinder aus weniger privilegierten Familien (Schmiade/Mutz 2012).

Tabelle 4.12: Idealtypische Gegensätze schichtspezifischer Sportartpräferenzen

Obere Sozialschichten	Untere Sozialschichten
Sportarten mit gesundheitsdienlichem Körperbezug	Sportarten mit instrumentellem Körperbezug
Neue Sportarten	Traditionelle, volkstümliche Sportarten
Sportarten mit individueller Leistungskomponente	Sportarten mit kollektiver Leistungskomponente
Sportarten, in denen Ästhetik demonstriert werden kann	Sportarten, in denen Kraft und Schmerz-unempfindlichkeit demonstriert werden können
Sportarten ohne Körperkontakt	Sportarten mit Körperkontakt
Sportarten mit Naturbezug	Sportarten ohne Naturbezug

Quelle: Nagel 2003, S. 80, modifiziert und ergänzt.

5 Soziale Gruppe und Sport

Die Erforschung der sozialen Gruppe stellt eine wesentliche Aufgabe dar, zumal der Mensch kulturell notwendige Verhaltensweisen zum größten Teil als Mitglied einer Gruppe, nämlich einer Familie, Spielgruppe, Arbeitsgruppe, Freundesgruppe, Sportgruppe etc., übernimmt. Der gemeinsame Nenner dieser Gruppen ist die Interaktion, die für jedes Mitglied zu bestimmten Ergebnissen (outcomes) führt. Insofern beeinflusst die soziale Gruppe wesentlich den Lebensvollzug und die Lebensqualität des Einzelnen. Als häufigstes soziales Gebilde bildet die soziale Gruppe informelle Handlungszusammenhänge (z. B. Freundschaftsbeziehungen, Wohngemeinschaften) bis hin zu formalisierten Verhaltensweisen (z. B. Vereinsgründung) ab; sie stellt einen sozialen Mikrokosmos dar, in dem sich alle wesentlichen Erscheinungen (struktureller und prozessualer Art), die sich bei größeren Sozialgebilden zeigen, auffinden lassen, wenn auch in einer labileren Form (Reichardt 1981, S. 133). Dementsprechend wird die Gruppe als eine vermittelnde Instanz zwischen dem Individuum und sozialen Großgebilden gesehen. Der Einzelne tritt eben „seiner" Partei oder „seinem" Betrieb meist nicht unvermittelt gegenüber, sondern vermittelt durch eine Gruppe.

Eine soziale Gruppe entsteht, wenn aufgrund gleicher – sozial relevanter – Merkmale Gefühle der Zusammengehörigkeit entwickelt werden, die zur Aufnahme von sozialen Beziehungen untereinander und zur Ausbildung systematischer Muster der Interaktion führen können. Zu den wichtigsten Bedingungen für das Vorhandensein einer sozialen Gruppe gehören:
- ein gemeinsames Werte- und Normensystem;
- gemeinsame Motive, Ziele und Interessen;
- ein Geflecht aufeinander bezogener Rollen (Rollendifferenzial), das auf das Gruppenziel bezogen ist;
- Wir-Gefühl (Gruppensolidarität);
- gemeinsame Sprache, die gruppenspezifische Züge annehmen kann (Gruppensprache oder sogar -jargon).

Definition:
Unter sozialer Gruppe versteht man mehrere Personen, die zur Erreichung bestimmter Ziele kontinuierlich zusammenwirken.

Man unterscheidet mehrere Gruppenarten, die sich realiter überschneiden können:

1. *Kleingruppe*, wenn die Zahl der Mitglieder gering ist und somit Face-to-face-Beziehungen, also für alle Mitglieder noch überschaubare, persönliche, direkte Kontakte, möglich sind (bis ca. 25 Personen)[1]. Das Gros aller sozialen Gruppen im Alltag wie im Sport sind Kleingruppen.

2. *Großgruppe*, wenn direkte, gegenseitige Interaktion zwischen allen Mitgliedern aufgrund der Mitgliederanzahl nicht stattfinden kann (ab ca. 25 Personen). Es handelt sich hierbei z. B. um Symphonieorchester.

3. *Primärgruppe*, wenn emotionale Bindungen und Kontrollen hoch sind und die Gruppe weniger durch vorgegebene soziale Regeln als durch die persönlichen Eigenheiten, Spontaneität und Individualität der einzelnen Mitglieder getragen wird, wie dies zum Beispiel in der Familie und in altershomogenen Gruppen Jugendlicher (peer groups) der Fall ist.

4. *Sekundärgruppe*, wenn die Aktivitäten mehr an rationalen Zielsetzungen und kontraktuellen Konzepten orientiert sind. Die Bezeichnung „Sekundärgruppe" wird mitunter auch für soziale Großgebilde verwendet, die nicht mehr unter das oben dargestellte Gruppenkonzept subsumierbar sind.

5. *Formelle Gruppe*, wenn der Zusammenschluss durch Satzungen und Kompetenzordnungen begründet ist, die Mitgliederbeziehungen unpersönlich werden und die Organisation funktionsspezifisch, also auf fest umgrenzte Zwecke bezogen, erfolgt, wie in einem Forscherteam, aber grundsätzlich auch in einer Sportmannschaft.

6. *Informelle Gruppe*, wenn sich kleine, ungeplante, auf unmittelbare Face-to-face-Beziehungen basierende Gruppierungen meist als Binnenordnungen formeller Organisationen (z. B. eines Betriebes oder einer Verwaltung) spontan bilden. Diese Form der Gruppe findet man auch, wenn in einer Mannschaft oder einem Verein Freundschaftsbeziehungen, Cliquen, Interessensgruppierungen usw. entstehen.

7. *Totale Gruppe*, wenn Verhaltensansprüche der sozialen Normen alle Handlungsbereiche des Individuums umfassen und kaum individuelle

---

1   Die untere Grenze von Kleingruppen ist nach Simmel (1958, S. 40) bei mindestens drei Mitgliedern anzusetzen. Zweierbeziehungen oder Paare (Dyaden) sind als soziale Verflechtungen besonderer Art anzusehen, da sie sich in ihren Beziehungsqualitäten und -möglichkeiten von Dreierbeziehungen (Triaden) deutlich unterscheiden. In Bezug auf die Obergrenze definiert Homans (1978, S. 29) die Kleingruppe als „eine Reihe von Personen, die in einer bestimmten Zeitspanne häufig miteinander Umgang haben und deren Anzahl so gering ist, daß jede Person mit allen anderen Personen in Verbindung treten kann, und zwar nicht nur mittelbar über andere Menschen, sondern von Angesicht zu Angesicht". Die Anzahl der möglichen Zweierbeziehungen in einer Gruppe lässt sich mit der bekannten Formel n × (n-1)/2 berechnen; n = Anzahl der Gruppenmitglieder. Zum Beispiel ergeben sich für n = sieben 21 mögliche Zweierbeziehungen.

Handlungsspielräume und Möglichkeiten der Selbstentfaltung und -verwirklichung verbleiben, wofür Sekten, Gruppen in Gefängnissen, zum Teil in Internaten und im Profisport typisch sind.

Aus der Sicht des Einzelnen wird zwischen *Eigengruppe (Mitgliedschaftsgruppe, in-group)* und *Fremdgruppe (Nichtmitgliedschaftsgruppe, out-group)* unterschieden. *Fremdgruppen*, also Gruppen, denen ein Einzelner nicht angehört, können als *Bezugsgruppen* auf dessen Verhaltensweisen großen Einfluss ausüben. Bezugsgruppen sind Gruppen, die ein Einzelner zum Bezugsrahmen seines Handelns macht. Zum Beispiel vergleichen sich Individuen im Hinblick auf ihren sozialen Status mit einer höheren Statusgruppe und versuchen, deren Lebensstil zu imitieren.

Für den Lebensstil Jugendlicher sind *peer groups (Gleichaltrigengruppen)* von großer Bedeutung. Häufig schwindet in der Sozialisation der Einfluss der Eltern zugunsten dieser Gruppen. Zur Bildung von peer groups kann es schon im Kleinkindalter kommen, wobei diese Gruppen zunächst einfach strukturiert sind. So konnte Jacob L. Moreno (1892–1974) bei Tests mit Kleinkindern feststellen, dass mit zunehmendem Alter der Gruppenmitglieder ein Prozess von einfachen zu komplexen Gruppenstrukturen vor sich geht. Die Phase vom 4. bis zum 9. Lebensjahr gilt als Vorstufe der sozialen Reifung oder Gesellung. In der ersten Stufe der sozialen Reifung oder Gesellung (7./9. bis 13./14. Lebensjahr) werden bereits Gruppen gebildet, innerhalb derer Kinder Funktionen übernehmen. Ab dem 13./14. Lebensjahr kommt es zur zweiten Stufe der sozialen Reifung oder Gesellung; es bilden sich neuere und vielschichtigere Gruppenstrukturen. Charakteristisch dabei ist, dass die Strukturen der vorangegangenen Phase in der darauffolgenden, komplexeren enthalten sind (Moreno 1967).

Zur Messung von Gruppenstrukturen dient die *Soziometrie*, die von Moreno in der Zwischenkriegszeit entwickelt und als „the science of social measurement, an architectonically structured system of social measurements with sociometric tests as its base" definiert wurde (1960, S. 127). Im soziometrischen Test werden soziale Strukturen durch Messung der Anziehung und Ablehnung zwischen Mitgliedern einer Gruppe zu ermitteln versucht. So ließen sich in einer Schulklasse die Gruppendimensionen Beliebtheit und Tüchtigkeit etwa mittels der Frage nach dem Geburtstagsgast (Wer lädt wen zu einer Geburtstagsfeier ein?) bzw. durch die Frage nach dem gewünschten Mitglied in einer Arbeitsgemeinschaft erfassen. Die Darstellung kann in Form einer *Soziomatrix* (Tabelle 5.1), eines *Säulendiagramms* (Abbildung 5.1) oder eines *Soziogramms* (Abbildung 5.2) erfolgen.

Tabelle 5.1:   Soziomatrix

Aktive Wahl	Passive Wahl							Abgegebene negative Wahlen
Namen	Alfred	Bruno	Chris	Daniel	Edgar	Franz	Gregor	
Alfred		+	-		+		-	2
Bruno	+		+					0
Chris	+	+					-	1
Daniel	+		-		+		-	2
Edgar	+		-	+			-	2
Franz		+	+					0
Gregor	+		+		-			1
Erhaltene Wahlen	5	3	3	1	2	0	0	
Erhaltene Ablehnungen	0	0	3	0	1	0	4	

+ = Wahl   - = Ablehnung

Quelle: Wössner 1979, S. 146

Bei der Darstellung von Wahlentscheidungen wird als Grundtabelle die Soziomatrix verwendet (Tabelle 5.1). Schüler wurden gefragt, neben welchen Klassenkollegen sie gerne sitzen/nicht gerne sitzen würden. Sowohl in der Vertikalen als auch in der Horizontalen stehen die Namen aller Schüler der Klasse, am Anfang jeder Zeile steht der Wählende (aktive Wahl) und am Kopf jeder Spalte der, der gewählt wird (passive Wahl). Demnach steht Alfred im Mittelpunkt dieser kleinen Gruppe, in der Franz unbeachtet bleibt, Gregor ausgeschlossen und Chris' Stellung umstritten ist. Durch Addition der Spaltenwerte lassen sich Rangordnungen feststellen; ein anschauliches Bild über die gegenseitige Stellung der Schüler zueinander kann gewonnen werden, wenn man die Daten mit Hilfe einer reziproken Matrix darstellt, d. h., dass in Alfreds Zeile nicht nur steht, wen Alfred gewählt hat, sondern auch gleich von wem er gewählt wurde.

Abbildung 5.1: Säulendiagramm

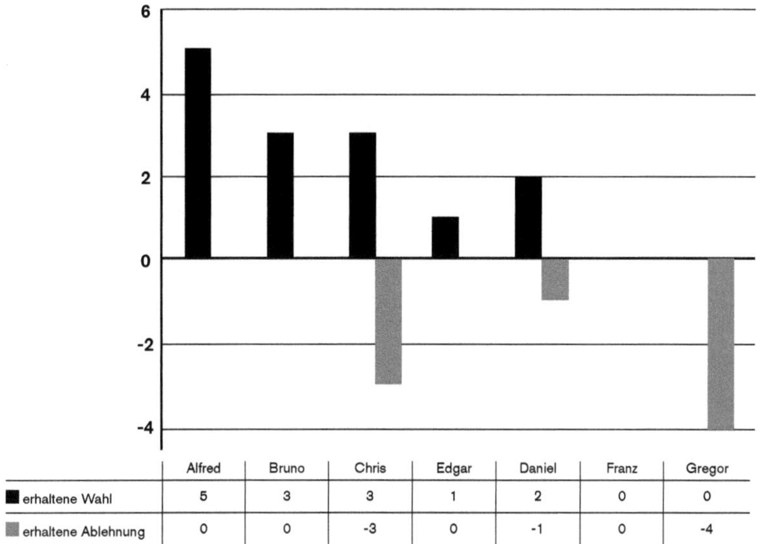

	Alfred	Bruno	Chris	Edgar	Daniel	Franz	Gregor
■ erhaltene Wahl	5	3	3	1	2	0	0
▬ erhaltene Ablehnung	0	0	-3	0	-1	0	-4

Quelle: Wössner 1979, S. 147

Die verschiedenen Rangordnungen lassen sich auch mit Hilfe von Säulen-
diagrammen darstellen. Von einer waagrechten Linie ausgehend trägt man für
jede erhaltene positive Stimme eine bestimmte Länge nach oben ein, während
man negative Stimmen von der Grundlinie nach unten abträgt.

Abbildung 5.2: Soziogramm

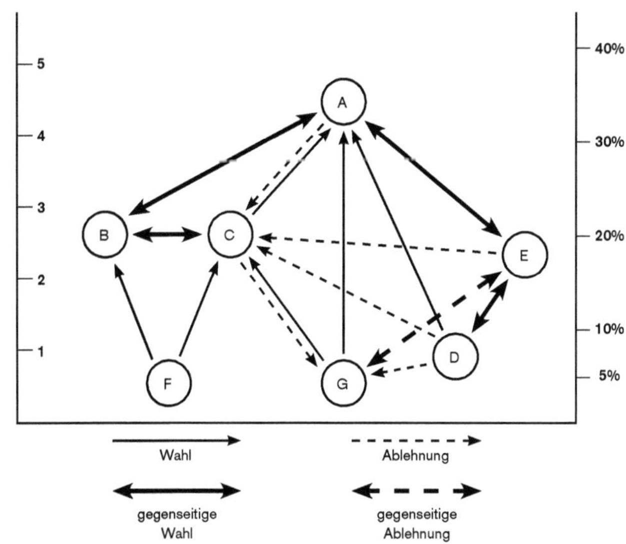

Quelle: Wössner 1979, S. 147

Im Soziogramm (Abbildung 5.1) wird auf der Ordinate die Zahl der positiven Wahlen aufgetragen. Eine Vergleichbarkeit verschieden starker Gruppen ist nur dann gewährleistet, wenn man auf der Ordinate anstelle der erhaltenen absoluten Stimmenzahlen relative Werte (in % der Gesamtstimmenzahl) angibt. Diese auf Moreno zurückgehende Darstellung des Soziogrammes verwendet Zeichen. Es haben sich hier vor allem zwei Varianten durchgesetzt, nämlich die Darstellung in einem Koordinatensystem und die Anordnung in konzentrischen Kreisen. Diese Art der Darstellung eignet sich jedoch nur für kleine Gruppen.

Neben diesen Darstellungsformen werden meist auch „komplexe Indizes" gebildet, um die charakteristischen Merkmale von Gruppen besser zu erfassen und verschiedene Gruppen miteinander vergleichen zu können (Mayntz/Holm/ Hübner 1978, S. 127–133). Als Beispiel für eine vergleichende Untersuchung sei jene von Hosny (1999) angeführt, der die soziometrischen Strukturen dreier Fußballmannschaften in Tirol, nämlich einer Profi-, einer Amateur- und einer Hobby-Mannschaft, miteinander verglichen hat.

5.1 Soziale Prozesse in Sportgruppen

Sport findet vornehmlich in einem Gruppenkontext statt. Die überwiegende Zahl der Sportgruppen wie Mannschaften, Vereinsgruppen, Trainingsgruppen und auch Schulklassen stellen Gruppen im oben definierten Sinn dar. Darüber hinaus spielen im Sport Bezugsgruppen wie Zuschauer, Massenmedien, Sportverbände, politische Gremien und Industrie eine wichtige Rolle, zumal sich aus den Wechselwirkungsverhältnissen dieser Gruppen bestimmte Figurationen ergeben. Der Begriff Figuration (Kapitel 2) beschreibt das sich wandelnde Muster, das Menschen miteinander bilden. So bilden Spieler einer Mannschaft eine Figuration, wie Elias/Dunning (1966) am Beispiel des Fußballspiels skizzieren. Demnach variiert das Spielniveau nicht bloß aufgrund bestimmter Eigenheiten einzelner Spieler, sondern auch wegen der Figuration der Spieler zueinander[2]. Anhand der Veränderung der Abseitsregel im Fußball demonstrieren Elias/ Dunning, wie aus einer Figuration, die durch Kontrollen und formelle Regeln stabilisiert war, eine flüssige Figuration der Spieler geschaffen wurde.

---

2   Nach Elias/Dunning (1966) liegt ein fundamentales Merkmal nicht nur von Fußball, sondern von praktisch allen Sportspielen darin, dass der Figuration der beteiligten Menschen eine Art von Gruppendynamik innewohnt, die durch kontrollierte Spannungen zwischen wenigstens zwei Subgruppen entsteht.

Sieht man von figurationstheoretischen Untersuchungen ab, so ist im Rahmen der Erforschung sozialer Prozesse in Sportgruppen bisher hauptsächlich die Frage nach der Leistungsfähigkeit von Sportmannschaften behandelt worden. Gruppentheoretische Erkenntnisse aus anderen Anwendungsfeldern des Sports wie etwa dem Schul-, Gesundheits- oder Freizeitsport sind eher spärlich. Zu den Hauptthemen der Forschung gehören die Fragen nach Gruppengröße und -aufgabe, der Gruppenzusammensetzung (Geschlecht, Alter, Fähigkeiten, Motivation der Mitglieder), der Gruppenstruktur (Rollenverteilung, interne Hierarchie) sowie dem Gruppenzusammenhalt (Kohäsion) einerseits und Gruppenleistung andererseits.

5.1.1 Gruppengröße und -aufgabe im Sport

In den achtziger Jahren des 19. Jahrhunderts führte der französische Agraringenieur Maximilian Ringelmann eine experimentelle Untersuchung zum Zusammenhang von Gruppengröße und Gruppenleistung durch. Er beobachtete Individuen sowie Gruppen von zwei, drei und acht Personen beim Tauziehen und stellte dabei fest: Obwohl die Gruppenleistung absolut größer wird, wenn mehr Personen an einem Tau ziehen, sinken die individuellen Beiträge der Gruppenmitglieder, je mehr Personen an einem Tau ziehen. Anders ausgedrückt: Die Gruppenleistung wird relativ schlechter, wenn die Zahl der Mitglieder steigt. Je größer die Gruppe, desto weniger schöpft sie ihr Leistungspotenzial aus (Tabelle 5.2). Dieser effizienzmindernde Effekt der Gruppengröße ist als Ringelmann-Effekt in die Literatur eingegangen (Kravitz/ Martin 1986).

Fast ein Jahrhundert nach dem Ringelmann-Versuch haben Ingham et al. (1974) diesen Versuch mit Gruppen von bis zu sechs Personen wiederholt. Sie fanden einen kontinuierlichen Rückgang der relativen Gruppenleistung (Leistung in Prozent der potenziellen Leistungsfähigkeit) in Zweier- und Dreier-Gruppen; in den größeren Gruppen pendelte sich die Gruppenleistung auf geringerem Niveau ein. Demnach gibt es keine lineare, sondern eine kurvilineare Abnahme der relativen Gruppenleistung mit steigender Gruppengröße (Studie I, Tabelle 5.2). Die Abnahme kann einerseits auf *Motivationsverlust,* andererseits auf *mangelnde Koordination* der Interaktionen und Handlungen der Gruppenmitglieder zurückgeführt werden. Mangelnde Koordination kommt umso stärker zum Tragen, je mehr eine Abstimmung zwischen den Mitgliedern einer Sportgruppe notwendig ist. Dies ist bei Ballspielmannschaften besonders offensichtlich. Eine hervorragende Koordination kann unter Umständen eine auf dem „Papier" als schlechter einzuschätzende Mannschaft in Vorteil bringen; auch sind z. B. bei Rückschlagspielen zwei gute Einzelspieler noch lange kein gutes Doppel. Die Verbesserung der Teamkoordination stellt dementsprechend ein wichtiges Ziel des Mannschaftstrainings dar.

Um Koordinations- und Motivationsverluste als Erklärungsfaktoren für die mit steigender Gruppengröße festgestellte Abnahme der relativen Gruppenleistung zu trennen, führten Ingham et al. (1974) ein weiteres Experiment, und zwar mit Pseudogruppen, durch. Den Versuchspersonen wurde lediglich suggeriert, dass sie in der Gruppe am Tau zogen, doch in Wirklichkeit waren sie alleine. Auf diese Weise konnte man den Koordinationsverlust als Erklärungsfaktor ausschließen. Dennoch zeigte sich erneut eine kurvilineare Abnahme der relativen Gruppenleistung mit steigender Gruppengröße (Studie II, Tabelle 5.2). Die Abnahme war jetzt ausschließlich auf Motivationsverluste der Gruppenmitglieder zurückzuführen.

Tabelle 5.2: Beziehung zwischen Gruppengröße und Gruppenleistung beim Tauziehen, Ringelmann (Experiment in den 1880er Jahren, publiziert 1913), Ingham et al. (1974)

Tatsächliche Gruppenleistung in Prozent der potenziellen Gruppenleistung (= Resultat idealer Kombination aller Einzelleistungen) bei Gruppen mit unterschiedlicher Mitgliederzahl

Mitgliederzahl	1	2	3	4	5	6	8
Ringelmann	100	93	85				49
Ingham (Studie I)	100	91	82	78	78	78	
Ingham (Studie II*)	100	90	85	86	84	85	

* Studie mit Pseudogruppen

Der infolge von Motivationsverlusten reduzierte individuelle Einsatz in einer Gruppe wurde von Latané/Williams/Harkins (1979) als „social loafing" (Soziales Faulenzen) bezeichnet. Dieses Phänomen wurde seither in zahlreichen Arbeiten untersucht (u. a. beim Schwimmen – Williams et al. 1989). Es tritt insbesondere dann auf, wenn Gruppenmitglieder glauben, dass ein Beobachter die individuellen Leistungen nicht identifizieren und bewerten kann, oder wenn die Akteure ihre Leistungen untereinander nicht bewerten können. Um soziales Faulenzen in Sportgruppen und -mannschaften zu vermeiden, sollte daher der individuelle Beitrag erkennbar gemacht und auch belohnt werden, wie u. a. Carron (1988) und Hardy (1990) betonen.

In größeren Gruppen ist nicht nur die Wahrscheinlichkeit des sozialen Faulenzens größer, sondern vermutlich auch die Zufriedenheit geringer. So berichten Carron/Brawley/Widmeyer (1990) von Fitness-Gruppen und Widmeyer (1990) von Volleyball-Freizeitgruppen, dass mit steigender Gruppengröße die subjektive Zufriedenheit der Gruppenmitglieder sinkt. Allerdings spielt in diesem Zusammenhang – neben den individuellen Besonderheiten und Präferenzen der Gruppenmitglieder – auch die Aufgabe, d. h. die Sportart oder die Art der Bewegungsaktivität eine wichtige Rolle (Steiner 1972).

Je nach Aufgabenstellung ergeben sich nach der von Steiner erstellten Aufgabentypologie (Tabelle 5.3) fünf verschiedene Aufgabentypen, die Thomas (1992, S. 163–166) folgendermaßen beschreibt:

Tabelle 5.3: Steiners Aufgabentypologie

Frage	Antwort	Aufgabentyp	Beispiele
In welchem Verhältnis stehen die Einzelleistungen der Individuen zum Gruppenprodukt?	Einzelleistungen werden addiert	Additiv	Briefe in Umschläge stecken, Schnee schaufeln
Wie oben	Gruppenprodukt ist der Durchschnitt der Einzelbeurteilungen	Kompensatorisch	Mittelwert der Einzelschätzungen der Anzahl der Bohnen in einer Dose, des Gewichts eines Objekts oder der Raumtemperatur
Wie oben	Gruppe wählt ein Produkt aus der Gesamtheit der Einzelbeurteilungen	Disjunktiv	Fragen nach Ja-Nein-Antworten, z. B. mathematische Probleme, Puzzles, Entscheidungen zw. mehreren Alternativen
Wie oben	Alle Gruppenmitglieder tragen zum Produkt bei	Konjunktiv	Gemeinsame Bergbesteigung, gemeinsam Essen, Marschieren (beim Militär)
Wie oben	Gruppe kann entscheiden, in welchem Verhältnis Einzelleistungen zum Gruppenprodukt stehen	Mit Ermessensspielraum	Entscheidung, zusammen Schnee schaufeln, Wahl der besten Antwort auf mathematisches Problem, den Anführer eine Frage beantworten lassen

Quelle: Thomas 1992, S. 163

1. *Additive Aufgaben:* Die Gruppenleistung ergibt sich aus der Summe der Einzelleistungen. Beispiele sind Mannschaftswettkämpfe im Bowling und Reiten.
2. *Kompensatorische Aufgaben:* Die Gruppenleistung besteht aus dem Durchschnitt der Einzelleistungen. Sie ist dann besonders hoch, wenn es gelingt, Fehler oder Schwächen einzelner Gruppenmitglieder auszugleichen.
3. *Disjunktive Aufgaben:* Bei disjunktiven Aufgaben ist die Gruppenleistung dann hoch, wenn ein kompetentes Gruppenmitglied vorhanden ist, welches die richtige Aufgabenlösung weiß und in der Lage ist oder von den anderen Gruppenmitgliedern dabei unterstützt wird, seinen Lösungsvorschlag in der Gruppe so zu präsentieren, dass er akzeptiert wird. Bei Aufgabenlösungen mit einem sogenannten „Heureka"- oder „Aha"-Effekt, also einer sofort einleuchtenden Lösung, ist es für das kompetente Gruppenmitglied leichter, seine Lösung durchzusetzen, als bei nicht sofort einleuchtenden Aufgabenlösungen.
4. *Konjunktive Aufgaben:* Im Unterschied zum disjunktiven Aufgabentyp, bei dem das kompetenteste Gruppenmitglied den größten Anteil an der Gruppenleistung hat, tragen beim konjunktiven Aufgabentyp alle Gruppenmitglieder zur Aufgabenlösung bei. Sind konjunktive Aufgaben nicht unterteilbar, dann entspricht das Gruppenergebnis der Leistung des schwächsten Gruppenmitgliedes. Zum Beispiel ist die Qualität einer Tanzgruppe, bei der alle Tänzer zur gleichen Zeit identische Bewegungen auszuführen haben, nur dann hoch, wenn alle Tänzer über eine gleich gute Bewegungsqualität verfügen. Durch einen schwächeren Tänzer wird das Gesamtbild aufeinander abgestimmter Bewegungen gestört; die Gruppenleistung ist dementsprechend geringer. Der leistungsschwächste Tänzer bestimmt also das Qualitätsniveau. Konjunktive Aufgaben sind aber in den meisten Fällen unterteilbar, so dass die Gesamtleistung der Gruppe deutlich besser sein kann als die des schwächsten Mitgliedes. Dies ist z. B. im Fußball, Handball und Basketball der Fall.
5. *Aufgaben mit Ermessensspielraum:* Die Gruppe hat die Möglichkeit, über die Art der Aufgabenerledigung und das Verhältnis von Einzel- und Gruppenleistung selbst zu entscheiden.

Die Analyse von Aufgabentypen und die Berücksichtigung von Individual- und Gruppenarbeit verweist auf eine große Problemvielfalt. Das Verhältnis von Gruppenleistung zu Einzelleistung lässt sich keineswegs eindeutig klären, da Gruppen in der Praxis selten das leisten, was sie unter optimalen inneren und äußeren Bedingungen leisten könnten.

Wie zahlreiche Untersuchungen gezeigt haben, hängt die Gruppenleistung wesentlich vom Typus der Aufgabe ab. In Sportgruppen liegt darüber hinaus eine durch die Regeln der Sportart strukturierte Kommunikation innerhalb einer Mannschaft und zwischen Mannschaften vor. Dabei üben auch die wettkämpfenden Mannschaften, die eine Intergruppen-Beziehung aufweisen, eine Form der Interaktion und wechselseitigen Beeinflussung aus, die sich als Prozess innerhalb einer (als übergreifend gedachten) Gruppe auffassen lässt. Lüschen (1970) hat diese Interaktion zwischen Wettkampfgegnern Assoziation genannt, die er von der Kooperation (innerhalb einer Mannschaft) abgrenzt.

5.1.2 Gruppenkohäsion im Sport

Das Phänomen der Gruppenkohäsion zählt zu den am häufigsten untersuchten Gruppenmerkmalen im Sportkontext.

> **Definition:**
> Unter Gruppenkohäsion (Gruppenzusammenhalt) versteht man den inneren Zusammenhalt einer Gruppe, das Miteinander-Verbundensein der Gruppenmitglieder.

Gruppenkohäsion äußert sich im Wunsch der Mitglieder einer Gruppe, mit anderen Mitgliedern in Kontakt zu sein sowie in der Bereitschaft, mit aller Anstrengung zur Erreichung der Gruppenziele beizutragen. Dementsprechend wird Kohäsion häufig unterteilt in Aufgabenkohäsion (in Zusammenhang mit den sportlichen Zielen) und Sozialkohäsion (beziehungsorientierte Kohäsion, also Entwicklung und Aufrechterhaltung harmonischer interpersoneller Beziehungen). Eine weitere Unterscheidung ist jene zwischen individueller und gemeinschaftlicher Perspektive. Die individuelle Sicht beschreibt, wie attraktiv die Gruppenmitgliedschaft für einen Einzelnen ist, während die gemeinschaftliche Perspektive die Wahrnehmung der Geschlossenheit der gesamten Gruppe abbildet. In beiden Perspektiven lassen sich wiederum die beziehungs- und aufgabenorientierten Aspekte voneinander unterscheiden. Somit kann Kohäsion als vierdimensionales Konstrukt aufgefasst werden:
- Geschlossenheit der gesamten Gruppe – aufgabenorientiert;
- Geschlossenheit der gesamten Gruppe – sozialorientiert;
- Individuelle Attraktivität der Gruppenmitgliedschaft – aufgabenorientiert;
- Individuelle Attraktivität der Gruppenmitgliedschaft – sozialorientiert (Wilhelm 2001, S. 56).

Zur Messung dieser Dimensionen und damit des gesamten Konstruktes wurde der „Group Environment Questionnaire" (GEQ) entwickelt. Er besteht aus vier Subskalen und insgesamt 18 Items[3]. Die Items lauten zum Beispiel:

- „Einige meiner besten Freunde sind in dieser Mannschaft" (Subskala Individuelle Attraktivität der Gruppenmitgliedschaft – sozialorientiert);
- „Die Mannschaft gibt mir nicht genügend Gelegenheit, meine persönliche Leistung zu verbessern" (Subskala Individuelle Attraktivität der Gruppenmitgliedschaft – aufgabenorientiert);
- „Auch außerhalb der Saison unternimmt die Mannschaft gerne etwas gemeinsam" (Subskala Geschlossenheit der gesamten Gruppe – sozialorientiert);
- „Die Verantwortung für verlorene oder schlechte Spiele übernimmt die Mannschaft als Ganzes" (Subskala Geschlossenheit der gesamten Gruppe – aufgabenorientiert).

Der GEQ ist derzeit das am meisten genützte Instrument zur Erfassung der Gruppenkohäsion im Sport (Lau/Stoll 2007, S. 156–157). Als solches hat er den „Sport Cohesiveness Questionnaire" (SCQ) abgelöst, der zuvor in der Forschung dominiert hatte (Meding 1989, S. 255). Der SCQ strebte eine Integration verschiedener Messungen von Kohäsion an und enthält drei Kategorien von Items:

Die erste Kategorie misst die interpersonelle Attraktivität, da jeder Spieler jeden Mitspieler einzuschätzen hat, und zwar bezüglich:

- der Stärke der persönlichen Beziehung, die er zu ihm empfindet („interpersonal attraction");
- der Stärke des Einflusses, den er auf die Mannschaftsmitglieder und auf den Trainer hat („interpersonal influence").

Die zweite Kategorie misst die Attraktivität der Gruppenmitgliedschaft, da die Spieler ihre persönliche Bindung an die Mannschaft bewerten, indem sie vergleichend mit anderen Teams angeben,

- wie gern sie in ihrer Mannschaft spielen („enjoyment");
- wie stark sie sich zu ihrer Mannschaft hingezogen fühlen („sense of belonging");
- welchen Wert sie der Mitgliedschaft in dieser Mannschaft beimessen („value of membership").

Die dritte Kategorie misst die Attraktivität der Gruppe direkt, da die Spieler ihre Mannschaft im Ganzen bewerten, indem sie einschätzen:

---

3 Items sind Aussagen, denen die Befragten zustimmen oder die die Befragten ablehnen sollen.

– wie gut die Zusammenarbeit in der Mannschaft ist („teamwork");
– über welchen Grad an mannschaftlicher Geschlossenheit die Gruppe verfügt („closeness").

Das aus derartigen Items zusammengesetzte Instrument kann – ebenso wie der GEQ – sportartenübergreifend eingesetzt werden. Neben den Verfahren zur sportartenübergreifenden Kohäsionsdiagnostik gibt es noch einige Instrumente, die für den sportartspezifischen Einsatz entwickelt worden sind, zum Beispiel der Fragebogen zur Erfassung der Mannschaftskohäsion in Sportspielen (MAKO-02), der Kohäsionsfragebogen Basketball (KFB) oder das ebenfalls basketballspezifische Multidimensional Sport Cohesion Instrument (MSCI).

Welches Instrument auch immer eingesetzt wird, es sind hauptsächlich zwei zentrale Fragestellungen, die in den einschlägigen Forschungen behandelt werden:
1. Wovon ist die Gruppenkohäsion abhängig?
2. Lässt sich ein Zusammenhang zwischen Gruppenkohäsion und Erfolg (Leistung) nachweisen?

Im Folgenden soll versucht werden, die diesbezüglichen, zum Teil widersprüchlichen Ergebnisse der Sportforschung kurz zusammenzufassen.

Ad 1: *Abhängigkeiten von Gruppenkohäsion*
Die Entwicklung der Gruppenkohäsion ist u. a. von situativen Faktoren wie der Gruppengröße abhängig. Grob gesprochen kann gesagt werden: Je kleiner die Gruppen sind, desto größer ist in der Regel deren Gesamtkohäsion (Carron/Shapcott/Burke 2007, S. 120–121; Pulg 2008). Betrachtet man nur die Aufgabenkohäsion, dann lässt sich eine Erhöhung der Ausprägung derselben mit steigendem Wettkampfniveau feststellen, woraus auf eine höhere Bedeutsamkeit dieser Kohäsionsdimension für Spitzenmannschaften geschlossen werden kann (Lau/Stoll 2007, S. 158). Hingegen wird die Sozialkohäsion (beziehungsorientierte Kohäsion) als vom Wettkampfniveau unabhängig (ebd.) oder auf niedrigem Wettkampfniveau stärker ausgeprägt beschrieben (Carron/Shapcott/Burke 2007, S. 121). Keine Unterschiede in den beiden Kohäsionsdimensionen (Aufgaben- und Sozialkohäsion) konnten im Vergleich von Teams aus fünf verschiedenen Sportspielen festgestellt werden. Ebenso wurden zwischen Männer- und Frauenteams keine diesbezüglichen Unterschiede festgestellt, wenn die moderierende Wirkung anderer Teamunterschiede (z. B. im Leistungsniveau) kontrolliert wird (Lau/Stoll 2007, S. 158).

Ad 2: *Zusammenhang Gruppenkohäsion und Erfolg (Leistung)*
Zwar bestätigt die Mehrzahl der vorliegenden Untersuchungen die Erwartung, dass Mannschaften mit höherer Kohäsion auch erfolgreicher sind; trotzdem ist festzustellen, dass in einigen Studien kein oder sogar ein negativer Zusammenhang zwischen Kohäsion und Erfolg gefunden wurde (Weiß 2008, S. 156). Für diese Widersprüchlichkeit der Resultate lassen sich eine Reihe von Gründen anführen, u. a. dass sich die Studien bezüglich Konzeption und verwendeter Messinstrumente voneinander unterscheiden. Aber selbst wenn man, wie dies Meding 1989 (S. 255–256) getan hat, nur Studien in Betracht zieht, die mit dem gleichen Instrument – nämlich dem damals in der Forschung verbreiteten „Sport Cohesiveness Questionnaire" (SCQ) – durchgeführt wurden, verschwindet die Widersprüchlichkeit der Ergebnisse nicht zur Gänze. Immerhin zeigt sich dann aber in der überwiegenden Mehrzahl, nämlich in neun von elf dieser Studien, ein positiver Zusammenhang zwischen Kohäsion und Erfolg (Tabelle 5.4).

Tabelle 5.4:   Ergebnisse der mit dem SCQ durchgeführten Sportstudien

Autoren und Jahr der Veröffentlichung	Korrel. Zushg.	SCQ-Faktoren, die erfolgreiche von weniger erfolgreichen Teams trennen
Martens/Peterson 1971	+	Teamwork, Closeness, Value of Membership
Landers/Crum 1971	+	Teamwork, Closeness
Arnold/Straub 1972	+	Teamwork, Closeness
Melnick/Chemers 1974	0	
Landers/Lüschen 1974[1]	-	Interpersonal Attraction
Ball/Carron 1976 bzw. Carron/Ball 1977	+	Teamwork, Closeness, Enjoyment
Bird 1977[2]	+	Value of Membership, Interpersonal Attraction
Widmeyer/Martens 1978	+	Teamwork, Closeness, Value of Membership, Enjoyment, Sense of Belonging
Williams/Hacker 1982	+	Teamwork, Closeness, Value of Membership, Enjoyment
Ruder/Gill 1982[3]	+	Teamwork, Closeness
Landers/Wilkinson/ Hatfield/Barber 1982	+	Teamwork, Closeness, Interpersonal Attraction

1 Es wurden nur Interpersonal Attraction and Influence gemessen.
2 Es wurden nur Interpersonal Attraction and Value of Membership gemessen.
3 Interpersonal Attraction and Influence wurden nicht gemessen.

Quelle: Meding 1989, S. 256

Dabei wird auch deutlich, dass die Items „Teamwork" und „Closeness" (Item-Kategroie 3 des SCQ) am besten zwischen erfolgreichen und nicht erfolgreichen Sportmannschaften trennen. Demnach sind Mannschaften, die sich durch mannschaftliche Geschlossenheit und gutes „Teamwork" auszeichnen, erfolgreicher.

Zu einem, zumindest das „Teamwork" betreffend, gleichlautenden Befund kommen Lau/Stoll (2007, S. 159) in ihrem Überblick über Ergebnisse von Untersuchungen, die mit dem „Group Environment Questionnaire" (GEQ) oder mit zweidimensionalen, sprich Aufgaben- und Sozialkohäsion abbildenden Instrumenten durchgeführt wurden. Demzufolge sind Teams, in welchen die Aufgabenkohäsion stärker ausgeprägt ist als in anderen Teams ihrer Liga, tendenziell auch erfolgreicher. Die Sozialkohäsion wird als nicht wesentlich für den Erfolg erachtet.

Demgegenüber kommen Carron et al. (2002) in ihrer Meta-Analyse der Daten von 46 Sportstudien zu dem Ergebnis, dass Sozialkohäsion und Aufgabenkohäsion gleichermaßen wichtig für den Mannschaftserfolg sind. Insgesamt stellen die Autoren eine positive Korrelation zwischen Kohäsion und Erfolg in der Höhe von r = .655 fest. Die Korrelation ist bei Frauenteams stärker als bei Männerteams. Kein Unterschied in der Stärke der Korrelation zeigt sich hingegen, so Carron et al. (2002), wenn nach der Aufgabenstruktur der Mannschaften (interdependent oder independent) unterschieden wird. Damit widersprechen die Autoren den Ergebnissen anderer Untersuchungen, wonach Kohäsion vor allem dort positiv mit Mannschaftsleistung korreliert, wo es sich um Mannschaften mit einer *interdependenten Aufgabenstruktur* (z. B. Fußball oder Volleyballmannschaften) handelt, hingegen in Mannschaften mit einer *independenten Aufgabenstruktur*[4] (z. B. Rudermannschaften oder Staffeln) die Kohäsion nicht notwendig mit der Mannschaftsleistung in (positiven) Zusammenhang steht (Voigt 1992, S. 214).

Wenn nun – geachtet oder ungeachtet der Aufgabenstruktur der Mannschaften – ein Zusammenhang zwischen Kohäsion und Mannschaftsleistung festgestellt wird, bleibt die Frage nach der Kausalbeziehung: Beeinflusst die Kohäsion die

---

4 Independente Aufgabenstruktur liegt dann vor, wenn Mannschaftsmitglieder jeweils das Gleiche durchführen müssen und kaum voneinander abhängig sind. Sie agieren mehr oder weniger nebeneinander oder getrennt und es werden ihre Einzelleistungen zu einer Mannschaftsleistung addiert (Tabelle 5.3). Mannschaften mit einer solchen Aufgabenstruktur werden als koagierende Gruppen bezeichnet. Interdependente Aufgabenstruktur bedeutet, dass die Interaktion zwischen den Mannschaftsmitgliedern wesentlich für die Mannschaftsleistung ist. Mannschaften mit einer solchen Aufgabenstruktur werden interagierende Gruppen genannt.

Leistung oder umgekehrt der Erfolg die Kohäsion? Die Antwort auf diese Frage lautet „sowohl als auch", wobei viele Forscher annehmen, dass der Einfluss der Kohäsion auf die Leistung schwächer ist als der Effekt von vorherigen sportlichen Erfolgen auf die Kohäsion (Schlicht/Strauß 2003, S. 79; Lau/Stoll 2007, S. 159). Jedenfalls gehen heute die meisten Forscher von einem Wechselspiel von Kohäsion und Erfolg aus. Sie vermuten, dass Erfolge die Mannschaft zusammenbringen und eine höhere (aufgabenbezogene) Mannschaftskohäsion die Erfolgsaussichten verbessert.

Neben den Wirkungen auf den Mannschaftserfolg sind vereinzelt auch andere Effekte der Gruppenkohäsion untersucht worden, wobei sich überwiegend die positive Wirkung von Kohäsion zeigte. So sind in Freizeit- und Gesundheitssportgruppen mit hoher wahrgenommener Kohäsion die Mitglieder zufriedener und die Dropout-Raten geringer (Carron/Shapcott/Burke 2007, S. 124: Brawley 1990, S. 360). Insbesondere die Sozialkohäsion scheint die Zufriedenheit und das Wohlbefinden der Gruppenmitglieder zu fördern (Schlicht/Strauß, 2003, S. 81).

5.2 Soziale Erleichterung

Schließlich sei auf ein Phänomen hingewiesen, welches in der englischsprachigen sozialpsychologischen Literatur „social facilitation" (soziale Erleichterung) heißt.

> **Definition:**
> Mit sozialer Erleichterung ist die günstige Beeinflussung der Leistung in verschiedenen Aufgaben durch teilnehmende oder zuschauende Personen gemeint (co-action effect bzw. audience effect).

Untersuchungen dazu wurden bereits vor dem Ersten Weltkrieg durchgeführt, die erste von Norman Triplett 1898. Tripletts Ausgangspunkt waren drei verschiedene Rekorde, die im US-amerikanischen Radsport gemessen wurden, je nachdem ob man im Einzelstart ohne Schrittmacher fuhr, im Einzelstart mit Schrittmacher oder im gleichzeitigen Start mit Schrittmacher. Die besten Zeiten wurden dabei in demjenigen Wettkampf erzielt, in dem sowohl Schrittmacher als auch Mitkonkurrenten zur Stelle waren, während der Einzelstart ohne Schrittmacher die schlechtesten Rekorde brachte. Darauf aufbauend führte Triplett ein Experiment mit Schulkindern durch. Er stellte ihnen die Aufgabe, Angelschnüre so schnell wie möglich aufzurollen, und zwar zuerst alleine und dann im Beisein anderer. Unter letzterer Bedingung übertrafen 20 von 40

Versuchspersonen ihre eigene Alleingeschwindigkeit, zehn blieben hinter dieser zurück und bei den restlichen zehn zeigte sich kein Unterschied. Dies sprach, Triplett (1898) zufolge, für die Annahme, dass die körperliche Gegenwart von Konkurrenten latente Energien frei werden lässt, über die der einzelne Sportler ansonsten nicht verfüge.

In einer 1913 durchgeführten Studie untersuchte Walther Moede die Kraftleistungen von Schülern in Isolation, in Zuschaueranwesenheit („vor der Klasse"), im Zweikampf und im Gruppenwettkampf. Die besten Ergebnisse wurden im Gruppenwettkampf erzielt, die zweitbesten im Zweikampf und die drittbesten in Zuschaueranwesenheit (Moede 1920, S.155–190). Dass Kraftleistungen vor Zuschauern besser sind als ohne Zuschauer, hatte auch schon Ernst Meumann in einer Studie an Gewichthebern in den frühen 1900er Jahren festgestellt (Lavallee et al. 2004, S. 184; Kremer/Moran 2008, S. 180). In späteren und methodisch besser kontrollierten Untersuchungen wurde dieses Ergebnis bestätigt und auch bei Aufgaben, die vorwiegend konditionelle Anforderungen an Schnelligkeit und Ausdauer enthalten, wurden Leistungssteigerungen in Anwesenheit von Zuschauern nachgewiesen. Hingegen zeigten sich bei Aufgaben mit vorwiegend koordinativen Anforderungen (Gymnastik etc.) in Anwesenheit von Zuschauern häufig Leistungsminderungen („social inhibition", soziale Hemmung[5]) (Alfermann/ Stoll 2005, S. 247). Der Einfluss der Zuschaueranwesenheit auf die sportliche Leistung ist also nach Art der sportlichen Aufgabe unterschiedlich.

In weiteren Untersuchungen wurde nach der Schwierigkeit der Aufgabe, nach dem Fertigkeitsniveau der Sportler und nach der Bedeutung und den Bedingungen des Wettbewerbs differenziert oder es wurden spezifische Zuschauerbedingungen (Anzahl, Dichte, Art des Verhaltens etc.) und situative Bedingungen der Interaktion zwischen den Zuschauern und Sportlern (Größe und Art der Sportstätte, „Hexenkesselatmosphäre" u. a.) berücksichtigt. Als spezieller Faktor ist hier der „Heimvorteil" zu nennen, zu dem eine ganze Reihe von Untersuchungen vorliegt.

---

5 Die Beobachtung, dass Zuschauer bei der Lösung von Aufgaben mit vorwiegend koordinativen Anforderungen eher „stören", hatte am Beispiel des Schießsports auch der seinerzeitige österreichisch-ungarische Thronfolger Erzherzog Franz Ferdinand gemacht, und zwar bei sich selber. So schrieb er, der als hervorragender Schütze galt, anlässlich der Teilnahme an einem Sportfest in Malukpett (Indien) 1893 in sein Tagebuch: „Auch ich wurde aufgefordert, zu concurrieren, schoss aber, wie immer, wenn viele Zuseher anwesend sind, in welchem Fall mich die für den Kugelschützen so notwendige Ruhe der Nerven zu verlassen pflegt, nicht gut,..." (Höfer 2010, S. 68).

> **Definition:**
> Unter Heimvorteil versteht man die erhöhte Wahrscheinlichkeit, einen sportlichen Wettbewerb unter „heimischen" Bedingungen erfolgreich zu beenden.

Die Untersuchungen ergaben, dass der Heimvorteil in den verschiedensten Mannschaftssportarten, Ligen und Bewerben nachweisbar ist. So wurden etwa für alle im Rahmen von Kontinentalmeisterschaften im Fußball (EM, Africa-Cup, Asian Nations Cup usw.) bisher ausgetragenen Heimspiele 62% Siege der Gastgeber ermittelt (Unentschieden 19%, Auswärtssiege 19%) (Strauß/Welberg 2008, S. 67). Von allen Spielen der ersten deutschen Fußballbundesliga, die im Zeitraum 1963/64 bis 1994/95 stattfanden, wurden 53% von der Heimmannschaft gewonnen (Unentschieden 26%, Auswärtssiege 21%) (Strauß 2004, S. 210). Fraglich ist natürlich, welche Gründe zu diesem offensichtlich vorhandenen Heimvorteil führen. Dabei werden vor allem Reisefaktoren, die Vorbereitung auf das Spiel, die Vertrautheit mit der Spielstätte, die Identifikation mit dem Territorium, der Einfluss des Schiedsrichters, die Aggresivität und Erwartungsbildung der Spieler sowie der Einfluss der Zuschauer diskutiert. Letzterer wird gemeinhin als der entscheidende Faktor für den Heimvorteil angesehen, etwa wenn ein lautstarkes, die Heimmannschaft unterstützendes Publikum angenommen wird. Diese Annahme kann jedoch nicht durch empirische Ergebnisse gestützt werden. Es gibt – laut Strauß – keine Hinweise darauf, dass höhere Zuschauerzahlen vorteilhaft für die Heimmannschaft sind. Zum Beispiel waren bei den Spielen der deutschen Fußballbundesliga 1963–1998 bei Heimsiegen im Mittel sogar weniger und bei Heimniederlagen mehr Zuschauer anwesend als im Durchschnitt der vorherigen Spiele (Strauß 2004, S. 216). Auch konnte in bisher keiner Studie überzeugend gezeigt werden, dass unterstützendes Zuschauerverhalten wie Anfeuern vor der Aktion einen Einfluss auf die nachfolgende Leistung ausübt (ebd., S. 214).

Als Fazit kann lediglich festgehalten werden: Es gibt den Heimvorteil im Mannschaftssport, aber die Gründe sind nicht klar. Die Zuschauer und ihr Verhalten sind jedenfalls nicht der Grund. Eher kann angenommen werden, dass die Zuschauer bei besonders wichtigen und deshalb gut besuchten Spielen sozialen Druck ausüben, wodurch es zu unerwarteten Leistungseinbussen der Heimmannschaft kommen kann. Dieses Phänomen wird als „choking under pressure" (Leistungsverschlechterung unter Druck) bezeichnet (ebd., S. 215–218) und auf „eine Art neuraler Störimpuls", der in besonderen Drucksituationen auftreten kann, zurückgeführt (Syed 2010, S. 227).

6 Sport als soziale Institution

Kulturspezifisch und sozial durchformt erscheint Sport als Abbild der Gesellschaft. Seine konstitutiven Bestandteile können nicht nur Dinge über die Gesellschaftaussagen, die kaum ein anderes Symbolsystem zum Ausdruck bringt, sondern sie können auch eine Plattform bieten, die für die Mitglieder der Gesellschaft *soziale Anerkennung* ermöglicht, und zwar in vielfältigen Spielarten: Hier, in dieser Sportgruppe, will ich als Mitglied ernst genommen werden; hier, im Urteil über meine Bewährung in der Tennisrangliste, entscheidet sich, was ich von mir halte; hier, in der Anerkennung als guter Skiläufer, schneller Autorennfahrer oder fairer Fußballspieler, finde ich soziale Erfüllung etc. Die Aufgabenbewältigung im Sport gewährleistet hohe soziale Vergütung in Form von Prestige, Status usw. Sport ist in der Lage, Anerkennungsbedürfnisse zu erfüllen. Das soll in diesem Kapitel begründet werden.

6.1 Ein Paradigma der Anthropologie

Der Einstieg in die Thematik erfolgt über ein Paradigma der Anthropologie[1], weil Sport ein rein menschliches Verhalten ist. Zwar gibt es bei allen sozialen Tierarten Spiele, aber Sport mit Regeln, Schiedsrichtern und Zuschauern ist bei keiner Tierart bekannt. Sport markiert ein soziales Handlungsfeld, in dem sich der Mensch selbst darstellt. Daher sind Grundaussagen oder Grundannahmen über den Menschen zu treffen, um sein Handeln verstehbar zu machen. Im Rahmen der Darstellung eines anthropologischen Paradigmas sollen jene Konstanten thematisiert werden, die den Menschen spezifisch festlegen und somit auch sein sportliches Handeln bestimmen. Es soll gezeigt werden, dass die

---

1 Anthropologie ist die Lehre vom Wesen des Menschen, die auf eine umfassende Beschreibung und Bestimmung des Menschen abzielt (Portmann 1956, S. 129). Man unterscheidet morphologische, biologische, soziale etc. Anthropologie. Die nachstehenden Ausführungen verstehen sich hauptsächlich im Sinne der Philosophischen Anthropologie (Plessner 2003a), einer zwischen Philosophie, Biologie, Anthropologie und Soziologie angesiedelten Denkströmung, die sich in der ersten Hälfte des 20. Jahrhunderts entwickelt hat und der es darum ging, aus den biologischen Voraussetzungen der Gattung Mensch philosophische Deutungen zu gewinnen. Die philosophische Anthropologie bildet die Grundlage für die Theorie des symbolischen Interaktionismus, die im Folgenden für die Beschreibung der Sozialwelt des Sports verwendet wird.

menschliche Natur überhaupt nur in Form von anthropologischen Konstanten existiert, die kulturelle Schöpfungen des Menschen, wie das *Kulturphänomen Sport*, möglich machen und zugleich beschränken.

6.1.1 Weltoffenheit

Zunächst sei an eine Konstante der Anthropologie angeknüpft, die von Scheler unter dem Begriff „Weltoffenheit"[2] beschrieben wurde und nach der Systemtheorie auf das zentrale Thema der „Reduktion von Umweltkomplexität" (Luhmann 1975) hinausläuft.

Anders als Tiere, deren Verhaltensweisen angeboren, instinktgeleitet sind und durch Schlüsselreize ausgelöst werden, muss der Mensch Verhaltenssicherheit immer erst erwerben. Wie Portmann (1969, S. 86) schreibt: „Umweltgebunden und instinktgesichert – so können wir in vereinfachender Kürze das Verhalten des Tieres bezeichnen. Das des Menschen mag demgegenüber weltoffen und entscheidungsfrei genannt werden".

> **Definition:**
> **Weltoffenheit** beschreibt die Sonderstellung des Menschen in der Natur; er kann beliebig variable Antriebe und Strebungen entwickeln.

Als weltoffenes Wesen ist der Mensch allen anderen Lebewesen überlegen. Sprechen, Handeln und Gestalten als die für den „Prozeß der Zivilisation" (Elias 1997a; 1997b) verantwortlichen Verhaltensweisen bilden das Pendant zu seiner sogenannten „biologischen Unterprivilegiertheit" (Herder 1911). Weil der Mensch einen unterentwickelten Instinktapparat, keine Giftzähne und kein scharfes Gebiss, keinen schützenden Pelz sowie keine Klauen und Hörner hat, wurde er von Gehlen (1997, S. 20) – unter Verweis auf Johann Gottfried Herder (1744–1803) – als „Mängelwesen" bezeichnet.[3] Demnach ist

---

2 Im vorliegenden Kontext bezeichnet Weltoffenheit die Komplexität individueller Entfaltung oder die Vielfalt der Handlungsmöglichkeiten des Menschen. Vgl. dazu die Ausführungen Schelers (2005, S. 40–42). Anthropologische Implikationen der Weltoffenheit des Menschen haben hauptsächlich Plessner (2003c) und Gehlen (1997) diskutiert.

3 Allerdings erscheint die Charakterisierung des Menschen als „Mängelwesen" irreführend. Denn bereits Aristoteles hat erkundet, dass der Mensch das günstigste Verhältnis von Gehirnmasse zu Körpermasse hat oder dass die Länge seines Vorderarmes im Verhältnis zur Gesamtlänge des Armes vorteilhafter ist als bei den Affen, und dass es sich bei der menschlichen Hand um ein technisch immens brauchbares Organ handelt (Popitz 1989, S. 53).

der Mensch gerade nicht durch eine bestimmte biologische Ausstattung (körperliche Merkmale, festgelegte Verhaltensmuster) gekennzeichnet, sondern dadurch, dass ihm diese Ausstattung fehlt.

Weil dem Menschen diese Ausstattung fehlt, kann sein Verhalten keine bloße Reaktion sein. Weltoffen und „unter dem Formierungszwang des Antriebsüberschusses" (Gehlen 1997, S. 59) ist der Mensch auf Handeln und Selbstentscheidung angelegt. Dementsprechend definiert Gehlen den Menschen als handelndes Wesen (ebd., S. 23). Schöpferisch handelnd muss sich der Mensch seine Wirklichkeit, eine künstliche Lebenswelt, schaffen. Dabei erschließt sich dem Menschen ein weites Feld möglicher Handlungen, die erlernt und erprobt werden müssen.

Die Tragweite dieser Charakterisierung liegt darin, dass menschliche Gruppen und Gesellschaften im Grunde nur in ihren Handlungen bestehen; der Bezugsbereich ist die Welt[4], die als „chaotic complexity" (Rapoport/Horvath 1959) oder als „Weltkomplexität" (Luhmann 2005, S. 212) luxuriert und auf ein sinnhaft erlebbares Format reduziert werden muss.

Welt stellt in ihrer unendlichen Offenheit den Dispositionsbereich für auswählendes menschliches Handeln dar, wobei die Möglichkeiten eines jeden Individuums durch seinen Genotypus prädisponiert sind. Im Rahmen genetischer Programmierung und innerhalb der empirischen Matrix des gesellschaftlichen Zusammenspiels eröffnet die Weltoffenheit dem Menschen ein breites Spektrum unterschiedlich ausgeprägter Kulturelemente, Lebensmöglichkeiten, Motivationen und Verhaltensweisen. Im Erfahrungsbereich des Menschen liegt nicht nur das, was er als faktische, empirische Wirklichkeit betrachtet, sondern für den Menschen wird die Welt auch unter dem Gesichtspunkt der Komplexität möglicher Ereignisse und ihrer Kontingenz, d.h. ihrer Erscheinung als eine von vielen Möglichkeiten, erfahrbar. Wenn aus mehreren Möglichkeiten des Erlebens und Handelns eine bestimmte ausgewählt wird, so wird damit die Komplexität der Welt reduziert und zugleich als Möglichkeit des Andersseins erhalten. Typisch für den modernen Sport ist beispielsweise die Komplexitätsreduktion auf das Überbieten. Die wirkliche Welt des Sports ist freilich immer auch anders möglich, weil sie auf *künstlichen*, also *kulturellen* Selektionsmechanismen beruht.

---

4 „Welt, offene Welt, ist eine anthropologische Dimension und existiert als unausschöpfbarer Hintergrund für jede Art von artikulierter Wirklichkeit" (Plessner 2010, S. 10).

6.1.2 Exzentrizität

Was bedeutet nun die *Künstlichkeit* des Menschen konkret? Eine Annäherung an diese Frage erfolgt mithilfe einer weiteren anthropologischen Konstanten, die in Plessners Begriff der „exzentrischen Position des Menschen" (Plessner 2003a, S. 12) gegeben ist.

Exzentrizität bezieht sich auf das Verhältnis, in dem der Mensch zu sich (seinem körperlichen Dasein) steht. Diese Beziehung zwischen dem Selbst[5] und der Erfahrung des eigenen Körpers ist exzentrisch.

Der Mensch ist sein Körper und gleichzeitig hat er einen Körper, über den er verfügen kann. Indem er seinen Körper sowohl als Subjekt als auch als Objekt erleben kann oder – um es mit Merleau-Ponty (1966) auszudrücken – sein Körper zugleich sehend und sichtbar ist, ist der Mensch körperlich und geistig zugleich. Er erfährt sich selbst als Wesen, das mit seinem Körper nicht identisch ist, sondern dem vielmehr dieser sein Körper zur Verfügung steht. Sein Körper hat instrumentellen Charakter, weil er ihn als Mittel erfährt und über ihn verfügen kann. Mit dem Bewusstsein von sich und dem Wissen über sich, kann sich der Mensch selbst betrachten. Man spielt Tennis und sieht sich spielen, man spricht und hört sich sprechen etc.; man kann seinen Handlungen, Bewegungen und Gefühlen bis zu einem gewissen Grad gegenüberstehen, sich zu ihnen verhalten. Der Mensch beobachtet und bewertet das eigene Verhalten. Er steht in einem Verhältnis zu sich – er hat ein Selbstbewusstsein.

Dieses Selbstbewusstsein verweist auf die anderen, weil der Mensch mit dem Sinn für andere (die über die gleiche Kapazität verfügen) ausgestattet ist. Der Mensch kann sich in die Lage anderer versetzen und an Prozessen teilnehmen, die in anderen Menschen ablaufen. Er erfährt sich – nicht direkt, sondern indirekt – aus der Sicht anderer Mitglieder der gesellschaftlichen Gruppe, zu der er gehört. „Selbstdeutung und Selbsterfahrung gehen über andere und anderes. Der Weg nach Innen bedarf des Außenhalts" (Plessner 2003c, S. 62). Insofern kann das Verhalten eines Menschen nur in Verbindung mit dem Verhalten der

---

5　Im Anschluss an Cooley bezeichnen Berger/Luckmann das Selbst als „ein reflektiert-reflektierendes Gebilde, das die Einstellungen, die andere dem Individuum gegenüber haben und gehabt haben, spiegelt" (2009, S. 142). „Die gesellschaftlichen Vorgänge, die auch die Vollendung des Organismus bestimmen, produzieren das Selbst in seiner besonderen und kulturrelevanten Eigenart. Als Produkt der Gesellschaft beschränkt sich sein Charakter nicht auf die jeweilige Figur, als die sich der Einzelne, etwa als ‚Mann' im Sinne der jeweiligen Kultur, selbst identifiziert. Dazu kommt vielmehr die gesamte psychologische Ausstattung der betreffenden Vorstellung – ‚männliche' Gefühle und Einstellungen zum Beispiel, bis hin zu somatischen Reaktionen" (ebd., S. 53).

ganzen gesellschaftlichen Gruppe verstanden werden, in die er, ebenso wie die anderen Mitglieder, eingegliedert ist. „Daß ein jeder ist, aber sich nicht hat; genauer gesagt, sich nur im Umweg über andere und anderes als ein Jemand hat, gibt der menschlichen Existenz in Gruppen ihren institutionellen Charakter" (Plessner 2003c, S. 60). Das bedeutet, dass der Einzelne sich selbst und sein Verhalten vom Standpunkt all jener Gruppen sieht, denen er angehört oder anzugehören trachtet. Nach Mead (2008, zuerst engl. 1934) geschieht dies auf dem Wege der Rollenübernahme. Man schlüpft (mental) in die Rolle eines anderen, betrachtet sich aus dessen Perspektive und stellt sich dessen Reaktionen auf sich selbst vor.

Der vergesellschaftete Mensch kontrolliert seine eigene Reaktion durch die Identifikation mit den anderen. Dabei reagiert er so, wie vermeintlich die anderen reagieren oder reagieren würden. Innerhalb einer gesellschaftlichen Umwelt oder eines Erfahrungs- und Verhaltenskontextes nimmt der Einzelne die vermeintlichen Haltungen der anderen gegenüber sich selbst ein. Er kann Reaktionen aus seiner Umwelt, die Mead als Reaktionen des „verallgemeinerten Anderen"[6] begreift, gedanklich in das eigene Verhalten hereinnehmen und dieses daraufhin ausrichten.

Der Prozess der Antizipation der Reaktionen der anderen ist der zentrale Faktor bei der Entwicklung des Selbst (Mead 2008, S. 177–186). Das Selbst, das in kontinuierlichen Interaktionen mit anderen (zunächst mit „signifikanten Anderen" und später mit „verallgemeinerten Anderen") erworben wird, erlaubt dem Menschen, sich nicht nur in die Lage anderer zu versetzen, sondern auch mit sich selbst zu interagieren; er kann sich zu sich selbst verhalten:

> „Die Interaktion ist [...] sozialer Art – sie ist eine Kommunikationsform, in der die Person sich selbst als eine Person anspricht und darauf antwortet. Wir können eindeutig solch eine Interaktion in uns selbst wahrnehmen, da jeder von uns feststellen kann, daß er auf sich selbst ärgerlich ist oder daß er sich selbst zu seinen Aufgaben antreiben muß oder daß er sich selbst daran erinnert, dieses oder jenes zu tun, oder daß er zu sich selbst spricht, wenn er einen Handlungsplan entwirft" (Blumer 2007, S. 34).

---

6 Die Fähigkeit, sich zugleich aus der Perspektive mehrerer anderer betrachten zu können, heißt in der Terminologie Meads, die Rolle des „verallgemeinerten (generalisierten) Anderen" einnehmen zu können (2003, S. 295). Der „generalisierte Andere" ist das Abstraktum der Rollen und Einstellungen konkreter „signifikanter Anderer". Dieses Abstraktum kommt zustande, wenn sich der Einzelne nicht mit konkreten anderen, sondern mit einer Allgemeinheit der anderen, d.h. mit einer Gesellschaft oder gesellschaftlichen Gruppe, identifiziert (ebd.).

Somit lässt sich sagen: Weil der Mensch in der Lage ist, mit sich selbst zu kommunizieren[7] sowie in sich selbst Haltungen auszulösen, die er auch in anderen auslöst, kann er am Prozess teilnehmen, der aufgrund seines Verhaltens in anderen Personen abläuft, und so sein Handeln kontrollieren und justieren (zwischen eigenen und fremden Verhaltenserwartungen). Er befindet sich permanent in einer Dialektik zwischen Selbstidentifikation[8] und Identifikation durch andere. Das heißt, der Mensch ist andauernd damit beschäftigt, die Beziehung zwischen Verhaltenserwartungen von sich selbst und Verhaltenserwartungen, die andere an ihn stellen, zu analysieren, interpretieren und modifizieren.

Diese dialektische Erklärung menschlichen Handelns wird bei Mead als Resultante der Wechselwirkung zwischen dem „I" und dem „me" sichtbar: einerseits durch die Vergegenwärtigung und Erfüllung der eigenen körperlichen Bedürfnisse und Impulse im Horizont der eigenen Persönlichkeit (des eigenen Selbst); andererseits durch die angemessene Zufriedenstellung der Erwartungen der Umwelt (Mead 2008, S. 216–221). Dieser Mechanismus ermöglicht es dem Menschen, sich seiner selbst ansichtig zu werden, sich selbst zu betrachten und zu bewerten. „Mit dem Durchbruch zum Ich ist jedenfalls eine Positionsform etabliert, die ihrer eigenen Mitte ansichtig sein kann und muß und darum nicht mehr in sich ruht. Sie hat ihren Schwerpunkt außer sich, weshalb ich von exzentrischer Positionsform spreche" (Plessner 2003c, S. 119).

---

7   In der Kommunikationswissenschaft wird dieses Phänomen als „intrapersonale Kommunikation" bezeichnet (Barker/Wiseman 1966; Reimann 1968, S. 130).

8   Selbstidentifikation ist die subjektiv angeeignete Identität und wird in gesellschaftlichen Prozessen geformt, bewahrt, verändert und sogar neu geformt. „Identität ist also objektiv als Ort in einer bestimmten Welt gegeben, kann aber subjektiv nur zusammen mit dieser Welt erworben werden. Anders gesagt: Identifizierung und Identifikation finden vor Horizonten statt, die eine besondere soziale Welt umschließen. Das Kind lernt zu sein, wen man es heißt. Hinter jedem Namen steht ein ganzer Sprachbereich, der umgekehrt einen markierten gesellschaftlichen Ort durchscheinen lässt. Eine Identität zu bekommen heißt, einen bestimmten Platz in der Welt angewiesen erhalten. Indem sich das Kind diese Identität subjektiv aneignet (‚Ich bin John Smith'), eignet es sich die Welt an, auf die diese Identität verweist. Die subjektive Aneignung der eigenen Identität und die subjektive Aneignung der sozialen Welt sind nur verschiedene Aspekte ein und desselben Internalisierungsprozesses, der durch *dieselben* „signifikanten Anderen" vermittelt wird" (Berger/Luckmann 2010, S. 142–143).

Plessner spricht in diesem Zusammenhang auch von „vermittelter Unmittelbarkeit" oder „indirekter Direktheit".[9] Damit ist der Umstand angesprochen, dass Selbstdeutung und Selbsterfahrung nur in Wechselwirkung mit einer Umwelt möglich sind. Nur im Austausch mit dem, was wir nicht sind, leben wir. „Mitwelt ist die vom Menschen als Sphäre anderer Menschen erfaßte Form der eigenen Position. Man muß infolgedessen sagen, daß durch die exzentrische Positionsform die Mitwelt gebildet und zugleich ihre Realität gewährleistet wird" (Plessner 2003a, S. 375). Oder mit den Worten von Berger/Luckmann:

> „Die Selbstproduktion des Menschen ist notwendig und immer eine gesellschaftliche Tat. Zusammen produzieren die Menschen eine menschliche Welt mit der ganzen Fülle ihrer sozio-kulturellen und psychologischen Gebilde. [...] So unmöglich es dem Menschen ist, sich in völliger Vereinzelung zum Menschen zu entwickeln, so unmöglich ist es ihm auch, in der Vereinzelung eine menschliche Umwelt zu produzieren. [...] Das spezifisch Menschliche des Menschen und sein gesellschaftliches Sein sind untrennbar verschränkt. Homo sapiens ist immer und im gleichen Maßstab auch Homo socius" (2010, S. 54).

Diese Sozialität oder Mitweltlichkeit des Menschen wurzelt in seiner exzentrischen Positionalität, die ihn dazu nötigt, sich und seine Welt selbst zu konstruieren und mit Sinn zu belegen. Er muss sich seinen Wirkungsbereich handelnd bestimmen und erzeugen. Die Ausgangslage, „daß ein jeder ist aber sich nicht hat" (Plessner 2003c, S. 61), setzt den Menschen unter Handlungsdruck, und sein Körper dient ihm als Werkzeug.

Durch die Artikulations- und Handlungsformen des Körpers bekommen die Anlagen des Menschen eine Funktion, einen gerichteten Sinn. *„Nur das Verhalten erklärt den Körper*, nur die dem Menschen nach seiner Auffassung und Zielsetzung vorbehaltenen Arten des Verhaltens, Sprechens, Handelns, Gestaltens, Lachens und Weinens, machen den menschlichen Körper verständlich, vervollständigen seine Anatomie" (Plessner 2003b, S. 208). So kommt der

---

9 „Exzentrizität der Position läßt sich als eine Lage bestimmen, in welcher das Lebenssubjekt mit allem in indirekt-direkter Beziehung steht. Eine direkte Beziehung ist da gegeben, wo die Beziehungsglieder ohne Zwischenglieder miteinander verknüpft sind. Eine indirekte Beziehung ist da gegeben, wo die Beziehungsglieder durch Zwischenglieder verbunden sind. Eine indirekt-direkte Beziehung soll diejenige Form der Verknüpfung heißen, in welcher das vermittelnde Zwischenglied notwendig ist, um die Unmittelbarkeit der Verbindung herzustellen oder zu gewährleisten. Indirekte Direktheit oder vermittelte Unmittelbarkeit stellt demnach keine Sinnlosigkeit, keinen einfach an sich zugrunde gehenden Widerspruch dar, sondern einen Widerspruch, der sich selber auflöst, ohne dabei zu Null zu werden, einen Widerspruch, der sinnvoll bleibt, auch wenn ihm die analytische Logik nicht folgen kann" (Plessner 2003a, S. 399–400).

Mensch ständig in die Lage, seinen Körper als Mittel einzusetzen, um auf diese Weise sein Leben zu führen. Eingebettet in ein intersubjektives Milieu, schafft er sich laufend außerhalb seiner selbst liegende Konstrukte, mit und in denen er sich finden kann. Er muss Wirklichkeit konstruieren. Als weltoffenes und unabgeschlossenes Wesen muss sich der Mensch entäußern, Zeichen setzen, die über ihre sozial-öffentliche zur privaten Bedeutung werden. Weil er dabei seinen Körper als Mittel einsetzen kann, ist dieser das Basisinstrument im gesellschaftlichen Interaktionsprozess.

Plessner schreibt dazu:

> „Ein auf Instrumentalität angelegtes Wesen, das sich, d. h. seinen Körper, als Umhüllung und Werkzeug erfährt, muß auf Ergänzung, Korrektur dieser Situation bedacht sein, auf Ergänzung einer ihm angewachsenen Unvollständigkeit, die ein ungewollter Ausdruck eben seiner seltsamen Futteralsituation gegenüber dem eigenen Leib nun einmal ist. Deshalb schafft sich der Mensch künstliche Mittel, man darf ruhig sagen Prothesen, Ergänzungen zu Hand, Armen und Beinen, aber auch selbständige Ersatzgebilde, die ihre Verwandtschaft mit dem Körperbau nicht mehr ahnen lassen. Durch die Fähigkeit zur Vergegenständlichung entdeckt der Prothesenproteus die schlummernden Möglichkeiten, die im Rollen eines Steines, in der Biegung eines zu seiner Ausgangslage zurückstrebenden Rohres, der Tragfähigkeit des Wassers und tausend anderen Gelegenheiten ihm in den Griff kommen" (Plessner 2003c, S. 118).

In diesen Ausführungen zeigt sich die totale Instrumentalität des Menschen, der sich seines Körpers bedienen muss, weil er über diesen erst in der Vergegenständlichung oder Instrumentalisierung verfügt. Über Instrumente und Schemata erschließt der Mensch Wirklichkeit. Durch die Artikulations- und Handlungsformen des Körpers kommt es zu den typischen Weisen menschlichen Wirkens. Es kommt zu einer „extension of man"[10], die sich in Artefakten, in der Technik oder eben im Sport manifestiert: Die *Welt des Sports* als konkrete, in bedeutsamen Zeichen und sozialen Rollen hinterlegte, objektive Wirklichkeit (beispielsweise des 100-m-Laufes) wird so zum Instrument, mit dem der Sportler Lust, Freude, Ästhetik, Gesundheit, Bewegung, das Gefühl für den eigenen Körper und somit für sich selbst, vermittelt bekommt. Damit wird deutlich, dass es Repräsentations- und Kunstformen – *Extensionen* – des Menschen sind, mit denen und innerhalb derer er sich findet und verwirklicht. Die Intentionalität menschlichen Handelns beruht darauf, dass sich

---

10 So schon Cooley (1909). Nach Hall ist die gesamte menschliche Kultur ein komplexes System von Extensionen (1977, S. 40).

das Welt- und Situationserleben sowie das daraus resultierende Verhalten über Kultursymbole, d. h. über ein komplexes System von Extensionen, vollzieht. Der Mensch ist von Natur aus auf *Kultur* angelegt:

> „Weil dem Menschen durch seinen Existenztyp aufgezwungen ist, das Leben zu führen, welches er lebt, d. h. zu machen, was er ist – eben weil er nur ist, wenn er vollzieht –, braucht er ein Komplement nichtnatürlicher, nichtgewachsener Art. Darum ist er von Natur, aus Gründen seiner Existenzform *künstlich*. Als exzentrisches Wesen nicht im Gleichgewicht, ortlos, zeitlos im Nichts stehend, konstitutiv heimatlos muß er ‚etwas werden‘ und sich das Gleichgewicht – schaffen. [...] Der Mensch will heraus aus der unerträglichen Exzentrizität seines Wesens, er will die Hälftenhaftigkeit der eigenen Lebensform kompensieren, und das kann er nur mit Dingen erreichen, die schwer genug sind, um dem Gewicht seiner Existenz die Waage zu halten. Exzentrische Lebensform und Ergänzungsbedürftigkeit bilden ein und denselben Tatbestand. Bedürftigkeit darf hier nicht in einem subjektiven Sinne und psychologisch aufgefaßt werden. Sie ist allen Bedürfnissen, jedem Drang, jedem Trieb, jeder Tendenz, jedem Willen des Menschen vorgegeben. In dieser Bedürftigkeit oder Nacktheit liegt das Movens für alle spezifisch menschliche, d. h. auf Irreales gerichtete und mit künstlichen Mitteln arbeitende Tätigkeit, der letzte Grund für das *Werkzeug* und dasjenige, dem es dient: die *Kultur*“ (Plessner 2003a, S. 384–385).

Dieses Zitat zeigt, dass zwischen der Umwelt auf der einen Seite und dem menschlichen Verhalten auf der anderen kulturelle Zwischenglieder – Objektivationen (Entäußerungen/Vergegenständlichungen) oder Extensionen – treten, die entscheidende selektive Funktionen erfüllen und so das Welterleben und Handeln des Menschen steuern. Schöpferisch handelnd schafft sich der Mensch seine Wirklichkeit: eine künstliche Lebenswelt. Es kommt notwendigerweise zu einer kulturellen Überformung des biologisch-organisch bestimmten Verhaltens durch eine Dehnung der Funktionskreise (Storch 1949). Weltoffenheit verwirklicht sich in einer künstlich geschaffenen Umwelt. Plessner spricht von „natürlicher Künstlichkeit“ (2003a, S. 384) des Menschen. Daraus ergibt sich die anthropologische Einsicht, dass es bei der Conditio humana eine Natürlichkeit an sich nicht gibt; Natürlichkeit ist allemal Konstruktion.[11]

---

11 Sogar die Erfüllung der elementaren biologischen Bedürfnisse – wann und wie wir schlafen, essen, uns sexuell betätigen etc. – hängt, wie in Kapitel 4 ausgeführt wurde, von Normierungen ab. Zur Ausprägung und insbesondere zum Wandel scheinbar natürlicher, elementarer Verhaltensweisen im historischen Kontext siehe Elias (1997a; 1997b).

Sport ist daher nichts Naturgegebenes, sondern ein künstliches Produkt, eine *Extension des Menschen*. Er kann Natürlichkeit – als spezifische Qualität (z. B. Natürliches Turnen) – generieren, wiewohl er selbst künstlich ist. So wie alle Lebenswelten des Menschen durch die Überformung seiner natürlichen Welt entstehen, überlagert auch die Kulturwelt des Sports die Naturwelt. Als Produkt menschlichen Handelns ist die Realität des Sports das Resultat soziokultureller Prozesse. Die Strukturen und Prozesse des Sports sind kontingent, also kulturspezifisch und sozial durchformt. Die notwendige Grundeinsicht zum Verständnis des Sports besteht darin, dass er kein Naturprodukt – etwa im Sinne der das Sportverständnis tangierenden populären Natürlichkeitskonzepte –, sondern ein *Kulturprodukt* ist.

6.1.3 Streben nach Anerkennung

Neben den erörterten anthropologischen Konstanten – Weltoffenheit und Exzentrizität – soll eine weitere angeführt werden. Es handelt sich um das Streben des Menschen nach Anerkennung in seiner menschlichen Umgebung. Die Konstanten sind letztlich nur aus analytischen Gründen trennbar, weil sie im Grunde gleiche Sachverhalte beschreiben. Die Darlegung der Konstanten im Einzelnen dient allgemein dem besseren Verständnis von Gesellschaft und im Besonderen der Identifikation des Sports als soziales Phänomen.

Als „animal ambitiosum" (ehrsüchtiges Lebewesen, Girtler 2002, S. 11) strebt der Mensch nach Anerkennung und Beifall. Er stützt sich dabei auf diverse Fähigkeiten wie Sprachkompetenz, großes Erinnerungsvermögen, hervorragende Leistungen im Sport usw., auf Gebärden und Gewohnheiten, auf dieses oder jenes – aber immer auf etwas, durch das ein vorteilhafter Eindruck entsteht. Als Beispiel mag die Auffassung Cooleys dienen, der in folgendem Zitat die Phraseologie der Wissenschaft anprangert:

> „Probably a close and candid consideration of the matter would lead to the conclusion that everyone is something of an impostor, that we all pose more or less, under the impulse to produce a desired impression upon others. As social and imaginative beings we must set store by our appearance; and it is hardly possible to do so without in some degree adapting that appearance to the impression we wish to make. [...] If we never tried to seem a little better than we are, how could we improve or train ourselves from the outside inward'? And the same impulse to show the world a better or idealized aspect of ourselves finds an organized expression in the various professions and classes, each of which has to some extent a cant or pose, which its members assume unconsciously, for the most part, but which has the effect of a conspiracy to

work upon the credulity of the rest of the world. There is a cant not only of theology and of philanthropy, but also of law, medicine, teaching, even of science – perhaps especially of science, just now, since the more a particular kind of merit is recognized and admired, the more it is likely to be assumed by the unworthy" (Cooley 1902, S. 319–320).

Das Streben, bei seinen Mitmenschen einen auf verschiedene Art idealisierten Eindruck zu erwecken, ist auch für Goffman (2009) ein zentrales Thema. In seinem Werk „The Presentation of Self in Everyday Life" analysiert Goffman die vielfältigen Praktiken, Listen und Tricks, mit denen sich der Einzelne vor anderen Menschen möglichst vorteilhaft darzustellen versucht. Gleichsam wie ein Schauspieler, der durch seine Handlungen und Worte, durch Kleidung und Gestik von einer unsichtbaren Regie angewiesen einen bestimmten Eindruck erwecken will, „spielen wir alle Theater". Einzelne und Gruppen inszenieren im Alltag Situationen, um z. B. Geschäftspartner oder Arbeitskollegen von den eigenen, echten oder vorgetäuschten Fähigkeiten zu überzeugen. Für solche und ähnliche Zwecke wendet der Mensch beträchtliche Energie an „face work" auf, um ein günstiges Image[12] seiner Person aufrechtzuerhalten.

Der Mensch reflektiert laufend darüber, wie er in der Alltagswelt durch die anderen identifiziert wird. Indem er darum bemüht ist, sich in einem für ihn günstigen Licht darzustellen, besteht seine Intention darin, positive Reaktionen aus seiner Umwelt zu bekommen. Menschliches Verhalten zielt a priori auf Anerkennung ab:

> „Bereits das Kleinkind in seinem ersten Lächeln kommuniziert mit der Mutter im Bemühen um deren ‚Anerkennung', und aus der Liebeszuwendung der Mutter – oder einer anderen Bezugsperson – erwächst das elementare Sozialvertrauen, aus dem sich das Selbst-Bewußtsein biographisch entwickelt. Mangelt es an verläßlicher Zuwendung, so sind Entwicklungsschäden unvermeidlich, wie sie unter anderem der Hospitalismus von Heimkindern markiert. Zugleich verlangt die Schädigung des Selbst-Bewußtseins nach Kompensation, die sich als *Aggression* auswirkt; man versucht Beachtung wenigstens negativ zu erzwingen durch auffällig abweichendes Verhalten, und Anerkennung wird in der Gemeinschaft der Abweichenden gesucht, etwa in der Bande, in und vor

---

12 Goffman definiert Image „als den positiven sozialen Wert, den man für sich durch jene Verhaltensstrategie erwirbt, von der die anderen annehmen, man verfolge sie in einer bestimmten Interaktion. Image ist ein in Termini sozial anerkannter Eigenschaften umschriebenes Selbstbild – ein Bild, das die anderen übernehmen können. Jemand kann z. B. einen guten Eindruck von seinem Beruf oder seiner religiösen Einstellung vermitteln, indem er sich selbst gut darzustellen weiß" (1986, S. 10).

der man sich im Überfall auf die Tankstelle bewährt" (Krockow 1974b, S. 10–11).

Es gibt verschiedene Möglichkeiten, andere Menschen zu wünschenswerten Reaktionen zu veranlassen. Häufig versuchen Menschen, andere schlecht zu machen, um sich selbst in eine bessere Position zu manövrieren. Auch erbauen sich Menschen vielfach daran, dass andere einen Fauxpas begehen oder Rückschläge erleiden. Anscheinend neigt die menschliche Selbstverwirklichung gelegentlich dazu, diese Formen anzunehmen.

Die menschliche Selbstverwirklichung ist in Zusammenhang mit dem Menschen als exzentrisches Wesen zu sehen. Als solches befindet sich der Mensch nicht im Gleichgewicht und muss deshalb versuchen, sich Gleichgewicht zu schaffen. Die Beziehung zwischen Mensch und sozialer Welt ist mit anderen Worten ein Balanceakt: Die geistig und sozial beeinflussten Wünsche und die realisierten Möglichkeiten müssen andauernd ins Gleichgewicht gebracht oder darin gehalten werden. Dazu dienen Taten und Werke, in denen sich der Mensch verwirklicht.

> „So ist der Mensch das seltsame Wesen, das Entbehrungen und Anstrengungen, Opfer jeglicher Art auf sich nehmen kann und tatsächlich dauernd auf sich nimmt, ein unverbesserlicher ‚Idealist', der auf Berge steigt, Eiswüsten durchwandert, in den Weltraum fliegt, Gedichte schreibt, Opern, Operetten und Ideologien produziert, spielt – und sich bei alledem auch noch wohlfühlt, während er andererseits inmitten einer Überfülle von ‚Futter', dem biologisch Notwendigen, völlig verzweifeln kann" (Krockow 1974b, S. 11).

In dieser Aussage Krockows wird das Wesen des Menschen deutlich. „Menschliches Verhalten ist niemals nur Handeln ‚an sich', sondern immer zugleich für mich und für andere; es ist Selbst-Inszenierung, Darstellung – eben: ‚Präsentation', die auf *Erfolg* als Anerkennung zielt" (ebd.).

Die anthropologische Konstante, für die hier der Begriff Anerkennung gewählt wurde, ist nicht neu. Sie taucht in verschiedenen Varianten immer wieder auf; etwa bei Veblen (2007, zuerst engl. 1899) als Verlangen nach Prestige, bei Homans (1972) als Elementarform sozialen Verhaltens oder bei Mead, demzufolge der Einzelne glaube, dass er im Grunde besser sei als andere Menschen. Dieser Glaube verleihe ihm ein Überlegenheitsgefühl, das – wie im folgenden Zitat anklingt – in Gruppen eine entsprechende Verstärkung erfährt:

> „Das Überlegenheitsgefühl verstärkt sich, wenn es zu einer Identität gehört, die sich mit der Gruppe identifiziert. Es verstärkt sich in unserem

Patriotismus, wo wir einen Überlegenheitsanspruch legitimieren. [...] Es scheint völlig legitim zu sein, auf der Überlegenheit der eigenen Nation gegenüber einer anderen zu bestehen, das Verhalten anderer Nationen in den düstersten Farben zu schildern, um im Verhalten der Mitglieder unserer eigenen Nation bestimmte Werte herauszustellen. Das gleiche gilt für die Politik und die Religion, wo eine Partei oder Sekte den anderen vorgezogen wird. Diese Tendenz trat an die Stelle der exklusiven Formen des Nationalismus einer früheren Zeit, der der Religionskriege. Man gehörte einer Gruppe an, die anderen Gruppen überlegen war, und konnte sich bedenkenlos zur Geltung bringen, weil man Gott auf seiner Seite wußte" (Mead 2008, S. 251).

Ein weiterer Vorschlag findet sich bei Goldschmidt, der dieses Element als Trieb lokalisiert und mit „Bedürfnis nach positivem Affekt" benennt:

„Bedürfnis nach positivem Affekt heißt, daß jeder Mensch sich heftig nach einer Reaktion aus seiner menschlichen Umgebung heraus sehnt. Es könnte als Hunger, dem nach Nahrung nicht unähnlich – nur allgemeiner, angesehen werden. Unter verschiedenen Bedingungen kann es als ein Bedürfnis nach Kontakt, Anerkennung und Akzeptierung, nach Beifall, Achtung oder Überlegenheit zum Ausdruck kommen" (1972, S. 64).

Dieses Bedürfnis nach positivem Affekt überlagert die sozialen Wechselbeziehungen der Menschen. In den nachfolgenden Ausführungen Goldschmidts werden erneut die extremen Formen, die dieser menschliche Drang annehmen kann, und somit seine enorme Bedeutung im gesellschaftlichen Interaktionsprozess sichtbar.

„Bei der Untersuchung menschlichen Verhaltens erkennen wir, daß Menschen nicht nur universell in sozialen Systemen leben, das heißt gegenseitige Bezüge haben, sondern ebenso universell derart handeln, daß sie die Anerkennung ihrer Mitmenschen erhalten. Bei diesem Streben nach Anerkennung unterziehen sie sich willentlich und oftmals übereifrig physischen Qualen, psychischen Belastungen oder dem Tod" (ebd., S. 66).

Die beschriebenen Phänomene, die in der Alltagswelt immer wieder zu beobachten sind, sollen veranschaulichen, was es mit der Annahme der Existenz des menschlichen Bedürfnisses nach Anerkennung auf sich hat. Es handelt sich um ein Postulat, das nicht bewiesen ist und wahrscheinlich auch nicht bewiesen werden kann. Darauf verweist Goldschmidt auch, aber er führt einige Untersuchungen an, die diese Annahme zumindest stützen könnten.

Beispielsweise verweist er auf eine vergleichende Studie, die von René Spitz in zwei Kinderheimen durchgeführt wurde. In beiden Kinderheimen wurde den physischen Bedürfnissen der Babys entsprochen, jedoch nur in einem Kinderheim wurde für die Babys mit typisch elterlicher Pflege gesorgt. Im anderen Kinderheim wurde den Babys keine persönliche Zuwendung entgegengebracht; Sterblichkeit und schlechte gesundheitliche Verfassung waren in diesem Fall häufiger.

Spitz (1996, S. 289–295) hat diese pathologischen Folgen aufgrund mangelnder persönlicher Zuwendung während eines längeren Aufenthaltes in Krankenhäusern oder ähnlichen Anstalten als *Hospitalismus* bezeichnet. Der Mangel an affektiver Zuwendung führt insbesondere bei Kleinkindern zu schweren und teils irreversiblen organisch-biologischen, psychischen, geistigen und sozialen Schädigungen. In der lebensnotwendigen Hilfe und Betreuung, die Säuglinge aufgrund ihrer Pflegebedürftigkeit benötigen, kann eine biologische Garantie für erste Sozialkontakte gesehen werden.

In diesem Zusammenhang sei auf die Begriffe Soziabilität und Sozialität hingewiesen (Wössner 1979, S. 39).

Definition:
Soziabilität ist die Fähigkeit des Menschen, soziale Beziehungen aufzunehmen und zu erhalten.

Definition:
Sozialität ist die Angewiesenheit des Menschen auf soziale Anerkennung und Identitätsbestätigung.

Sozialität und Soziabilität bedingen einander, wobei Soziabilität ein Teil der Lösung des Problems Sozialität ist. Das Angewiesen- und zugleich Ausgerichtetsein auf andere Menschen dient grundsätzlich zur Erhaltung und Entfaltung der menschlichen Existenz. Das setzt eine Gesellschaft oder gesellschaftliche Gruppe voraus, deren Ausdruck der Mensch ist und der er dient. Um ihre maßgebende Anerkennung zu erringen, übernimmt er ihre Perspektiven und Kriterien und bemüht sich zu tun, was sie von ihm erwartet. Ob er dabei erfolgreich ist und die Anerkennungsbedürfnisse gestillt werden können, hängt von der Verfassung des jeweiligen sozialen Milieus ab. Oder anders formuliert: Das soziale Milieu kann einen dominanten Typus hervorbringen, der keine Anerkennungsmuster als soziales Selbst finden kann. Dies hat Durkheim (1997, zuerst franz. 1897) in einer klassischen Studie zum Selbstmord gezeigt. Anstatt den Selbstmord als isolierten Einzelvorgang, der jeweils eine Einzeluntersuchung verlangen würde, zu sehen, betrachtete Durkheim die Gesamtheit der Selbstmorde, die in einer Gesellschaft und in einem gegebenen Zeitraum begangen wurden. In systematischer empirischer Forschung stellte er fest, dass das Gesamtergebnis nicht einfach die Summe voneinander unabhängiger Einzelfälle darstellt, sondern eine neue Tatsache sui generis schafft, die von eminenter sozialer Bedeutung ist.

Durkheim verweist darauf, dass die Menschen durch die Industrialisierung gezwungen werden, ländliche Gemeinschaften zu verlassen und in Städten zu leben, wo sie in der Regel bessere wirtschaftliche Möglichkeiten vorfinden. Die Wanderung in durch Anonymität gekennzeichnete urbane Gebiete hat jedoch häufig eine Trennung von Familie und Freunden zur Folge.

Wenn sich Familie und Heimat auflösen, dann entstehen Defizite im sozialen Bereich. Damit geht der Sinn des Daseins verloren und der Einzelne hängt weniger an seinem Leben. In diesem Fall ist der Selbstmord kein persönlicher Akt, sondern ein Produkt von sozialen Kräften: Kollektivkräften. Die Handlungen des jeweils Betroffenen sind in Wirklichkeit Folge und verlängerte Wirkung eines sozialen Zustandes, der sich durch sie manifestiert.

> „Die Behauptung, daß jede menschliche Gesellschaft eine mehr oder weniger betonte Neigung zum Selbstmord hat, ist keine Metapher, sondern in der Natur der Dinge begründet. Jede soziale Gruppe hat tatsächlich einen Grad der Kollektivanfälligkeit für diesen Akt, der einen ihrer Charakterzüge bildet, und die individuellen Neigungen leiten sich davon ab, statt, wie oft angenommen, ihrerseits Ursache zu sein" (Durkheim 1997, S. 346).

Ausgehend von einer Affinität zwischen Individuum und sozialer Umgebung zeigte Durkheim, dass die Höhe des an den Selbstmord gezahlten Tributes von den Kollektivneigungen einer Gesellschaft abhängt. Das bedeutet, jede Gesellschaft trägt eine ihr eigene Neigung zum Selbstmord kollektiv in sich. Die Verfassung des jeweiligen sozialen Milieus beeinflusst die Selbstmordrate[13]. Die Bevölkerungsklassen liefern jenen Anteil am Selbstmord, der ihrem Zivilisationsgrad entspricht. Der wahre Selbstmord, der traurige Selbstmord, er-

---

13 Durkheims Thesen sind nicht unumstritten. So haben die durch die Anwendung statistischer Methoden auf die Analyse des Selbstmords aufgeworfenen Schwierigkeiten zu einer grundsätzlichen Infragestellung der Selbstmordforschung durch Douglas (1967) in den Vereinigten Staaten und durch Baechler (1981) in Frankreich geführt.

scheint nämlich erst mit der Zivilisation[14]. In Zentraleuropa ballte sich die Zivilisation in den Städten zusammen und parallel zu dieser Entwicklung stieg dort die Selbstmordrate an. Dieselbe Kausalität gilt auch für die Geschlechter. Die Frau ist am Zivilisationsgetriebe weniger beteiligt als der Mann, bei ihr ist daher die Suizidalitätsrate viermal geringer als beim Mann (ebd., S. 425).

Durkheim nahm an, dass ein geringes Maß an Solidarität und Integration[15] mit hohen Selbstmordraten in Zusammenhang stehe. Um diese Annahme zu überprüfen, verglich er die Selbstmordraten protestantischer Länder, Gemeinschaften und Provinzen mit jenen katholischer. Er erwartete höhere Selbstmordraten bei den Protestanten, weil der Protestantismus die Bande der Gemeinschaft zugunsten einer stärkeren individuellen Beziehung zu Gott in den Hintergrund rückt. Die Vergleichsergebnisse entsprachen seiner Annahme und Durkheim sah sich in seiner Interpretation bestätigt, wonach der Grund für die größere Selbstmordanfälligkeit des Protestantismus darin zu suchen sei, dass diese Konfession weniger stark integrierend wirke als die katholische.[16]

Weiters argumentierte Durkheim, dass verheiratete Menschen gruppenorientierter wären – tatkräftiger und nachhaltiger am Leben der Gruppe teilnehmen würden als unverheiratete –, Menschen mit Kindern sich stärker an Gruppen orientieren würden als Menschen ohne Kinder, Ungebildete mehr als Gebildete, Juden mehr als Nicht-Juden. Die Testergebnisse hinsichtlich der Selbstmordanfälligkeit dieser Gruppen bestätigen ebenfalls seine Theorie, wonach die Selbstmordanfälligkeit im umgekehrten Verhältnis zum Grad der Integration der sozialen Gruppen, denen der Einzelne angehört, stehe.

> „Der Einfluß der Gesellschaft hat in uns die Empfindungen von Sympathie und Solidarität wachgerufen, vermittels derer wir uns zum anderen hingezogen fühlen. [...] In der Tatsache selbst, daß die höheren Formen des menschlichen Tuns kollektiven Ursprungs sind, liegt die Begründung dafür, daß auch ihr Ziel ein kollektives ist. Da sie sich von der Gesellschaft herleiten, beziehen sie sich auch wiederum auf sie, oder

---

14 Der Selbstmord, den man in niedrig entwickelten Gesellschaften beobachten kann, hat einen anderen symptomatischen Wert und ist kein Akt der Hoffnungslosigkeit, sondern erfolgt aus dem Zwang der moralischen oder religiösen Vorschriften heraus.

15 Gekennzeichnet durch zunehmende individuelle Wahlmöglichkeiten (der Einzelne ist vornehmlich sich selbst und seinem Gewissen verantwortlich) und geringe Bindung an Gruppenstandards.

16 Allerdings könnte der Umstand, dass Katholiken weniger oft Selbstmord begehen als Protestanten auch auf andere Faktoren als Solidarität oder Integration zurückzuführen sein, z.B. auf die Tatsache, dass Selbstmord für den Katholiken die ärgste Sünde darstellt, weil es die einzige Sünde ist, die nicht mehr gebeichtet werden kann.

vielmehr sind sie die Gesellschaft selbst, verkörpert und individualisiert in jedem von uns. Um aber in unseren Augen Daseinsberechtigung zu haben, darf das Ziel, das sie haben, uns nicht gleichgültig sein. Infolgedessen können wir uns nur in dem Maße an die einen halten, wie wir uns an das andere, die Gesellschaft, halten. Im Gegenteil, je mehr wir uns von dieser losmachen, desto weniger hängt man an diesem Leben, dessen Ursprung und Ziel sie ist" (Durkheim 1997, S. 235–236).

Auf diese Theorie nehmen auch aktuellere Selbstmordstudien Bezug. So wird etwa das verschiedentlich festgestellte Ergebnis, wonach sportaktive Jugendliche – im Vergleich zu den sportinaktiven – seltener mit Selbstmordgedanken spielen, mit der Integration in Sportgruppen, -mannschaften etc. erklärt (Sabo et al. 2005; Taliaferro et al. 2011). Die in einer amerikanischen Untersuchung festgestellte unterdurchschnittliche Selbstmordrate der Bevölkerung vor und während sportlicher Großveranstaltungen wird auf die integrative Wirkung dieser Veranstaltungen zurückgeführt (Curtis/Loy/Karnilowicz 1986). In Zeiten solcher Veranstaltungen ist es leichter, mit anderen Menschen in Kontakt zu kommen (z. B. beim Public Viewing) und soziale Bestätigung (z. B. als Zuschauer, der sich auskennt) zu erhalten. Im Folgenden sollen die Überlegungen zum Sport als Ort sozialer Bestätigung weitergeführt und Erklärungshypothesen für seine Bedeutung als *soziales Phänomen*, für seine Bedeutung für *Zuschauer vor Ort* und *Zuschauer via Massenmedien* erarbeitet werden.

6.2 Soziale Anerkennung im Sport

Wie bereits festgestellt, bedarf der Mensch der Beachtung und Anerkennung durch die anderen. Auch der scheinbar Unabhängigste ist auf andere angewiesen und bedarf dieser anderen zur Bestätigung des eigenen Selbst. Die Bestätigung erfolgt in der Regel auf Basis des jeweiligen Werte- und Normensystems einer Gesellschaft. Da Sport dieses Werte- und Normensystem sowohl widerspiegelt als auch als „Eigenwelt" auf dieses System zurückwirkt, bietet sich in ihm eine Möglichkeit, Identitätsbestätigung und soziale Anerkennung zu erfahren. Anders gesagt formen sich im sportlichen Handeln, das auf soziale und kulturelle Wertvorstellungen bezogen ist, Handlungsmuster aus, die mit sozialer Akzeptanz verbunden sind. Als Ort sozialer Bestätigung bietet der Sport den Aktiven Chancen zur Selbstverwirklichung.

Im Aktivsport ist die Selbstproduktion des Menschen ein Balanceakt zwischen Körper-Sein und Körper-Haben, dessen anthropologische Voraussetzung in der oben erläuterten exzentrischen Positionalität des Menschen gründet. Die exzentrische Beziehung zwischen Körper-Sein und Körper-Haben, Identisch-Sein mit dem Körper und Über-ihn-verfügen-Können, hat im Sport Konsequenzen in Hinblick auf die Umweltrelationen des Menschen. Im Rahmen sportlicher Handlungen nimmt der Einzelne die Haltungen anderer Menschen ihm gegenüber ein und wird derart zum Objekt für sich selbst. Diese Rückbezüglichkeit oder die Fähigkeit zur inneren Repräsentation der Perspektiven anderer ermöglicht ihm die Beziehung zu anderen und zu sich selbst. Ein Sich-selbst-Wahrnehmen ist immer auch ein Sich-gewahr-Werden mit den Augen anderer (Kapitel 4). Indem der Sportler seine Handlung aus der Perspektive des Sich-Zuschauenden plant oder sich selbst als Teilnehmer an einer Interaktion vom anderen her sieht, wird er sich seiner selbst ansichtig und der Instrumentalität seines Körpers bewusst. Das Verhältnis, in dem er zu sich (seinem körperlichen Dasein) steht, ist das Movens für sportliches Handeln und verweist auf die Gesellschaftoder gesellschaftliche Gruppe, zu der er gehört.[17]

In einer Mannschaft zum Beispiel wird das Tun und Lassen des Einzelnen dadurch kontrolliert, dass er gleichzeitig um jedes andere Mitglied der Mannschaft Bescheid weiß und die Haltungen der anderen seine eigenen spezifischen Haltungen beeinflussen. Mead verdeutlicht dies anhand des kooperativen Wettkampfspiels, bei dem „das Kind die Haltung aller anderen Beteiligten in sich haben muß. Die vom Teilnehmer angenommenen Haltungen der Mitspieler organisieren sich zu einer bestimmten Einheit, und diese Organisation kontrolliert wieder die Reaktion des Einzelnen" (Mead 2008, S. 196). Im Akzeptieren und Befolgen-Können von Spielregeln schlägt sich die entwickelte Fähigkeit nieder, die Haltungen der am Spiel Beteiligten einnehmen zu können. Jedes kooperative Spiel fordert von den einzelnen Spielern die Fähigkeit, sich selbst vom Standpunkt mehrerer anderer Positionen aus zu sehen. Dies bezeichnet Mead als Fähigkeit, die Rolle des „verallgemeinerten (generalisierten) Anderen" einnehmen zu können:

> „So ist zum Beispiel bei einer gesellschaftlichen Gruppe wie einer Spielmannschaft eben dieses Team der verallgemeinerte Andere, insoweit es

---

17 Intraindividuelle Erfahrungsmöglichkeiten (Tiefschneeeerlebnis, mit dem Surfbrett „abheben" etc.), der Umstand also, dass sich der Akteur in seinen sportlichen Handlungen gemäß seiner individuellen Fantasie auch privat und ohne Kommunikationswert artikulieren kann, sind ebenso Teil der Faszination des Sports. Ferner sei hier ergänzt, dass das Spielmotiv nach wie vor das klassische Sinn- und Deutungsmotiv des Sports darstellt. Der Mensch treibt in erster Linie Sport oder spielt, weil es ihm Spaß macht. Etwa die Freude daran, dass man etwas kann, gehört zu den reinsten und wichtigsten Freuden überhaupt. Wir freuen uns, dass unser Körper gut funktioniert. Pawlow (1953) spricht von einer „muskularen Freude", und vor ihm hat Harvey (1910) darauf hingewiesen, dass es eine „stille Musik des Körpers" gibt. Ähnlich ist auch das sogenannte „flow-Erlebnis" (Csikszentmihalyi 2010) zu deuten. Solche und ähnliche Motive oder „Ich-Erlebnisse" haben aber im vorliegenden Kontext nur untergeordnete Bedeutung.

– als organisierter Prozeß oder gesellschaftliche Tätigkeit – in die Erfahrung jedes einzelnen Mitgliedes eintritt" (ebd., S. 196–197).

Nur im Hinblick auf den „verallgemeinerten Anderen", dessen Haltungen ihm gegenüber der Einzelne übernimmt, wird er sich seiner selbst als Objekt oder Individuum bewusst und kann sein Selbst entfalten. Ein Beispiel ist Meads Baseballspieler, der so spielt, wie es seine Mannschaftskameraden erwarten. Hier knüpft der Doppelaspekt des Selbst an, nämlich das Zusammenspiel von „I" und „me" (Kapitel 4). Durch das „me" wird der einzelne Spieler zum Mitglied einer Mannschaft. Durch das „I" gibt er zu erkennen, dass er versucht, eine eigene, einmalige Identität (z. B. als Pitcher) aufrechtzuerhalten. Dem „I" werden durch das „me" (die Erwartungen der anderen) einerseits Einschränkungen auferlegt (z. B. mannschaftsdienlich zu spielen), andererseits kann es sich nur über dieses „me" in seiner Besonderheit verständlich machen. Mead räumt ein, dass die Antwort des „I" Anpassung einschließe (2008, S. 218–219). Dadurch aber, dass das „I" stets auch ein neues Moment – die kreative Antwort des Spielers auf angenommene Erwartungen – in das Spiel hineinträgt, verändert es zugleich den gesamten Prozess, da sein Beitrag über *roletaking* ins „me" der anderen aufgenommen wird.

Der „verallgemeinerte Andere" braucht im Sport nicht notwendig eine Mannschaft zu sein, sondern zumeist handelt es sich dabei um die Haltungen anderer Individuen (Freunde, Bekannte usw.) oder der Gesellschaft als Ganzes. In seinem Selbstbewusstsein hat der Sportler Funktionen als Individuum, als Mitglied einer Sportmannschaft oder als Repräsentant seines Landes, da er die Verhaltenserwartungen der jeweiligen Gruppen- und/oder Gesellschaftsmitglieder verallgemeinert (generalisiert). Die anderen sind in seinem Denken und Handeln als „man" präsent: Er weiß, was man von ihm erwartet und misst sein sportliches Handeln an den (vermeintlichen) Erwartungen der anderen. Das ist möglich, weil er in Bezug auf seine sportliche Leistung die organisierten, gesellschaftlichen Haltungen oder die der jeweiligen gesellschaftlichen Gruppe oder Gemeinschaft einnimmt. Nur insoweit er die Haltungen der anderen einnimmt und seine sportliche Leistung im Hinblick darauf interpretiert, kann er sein Selbst bestätigen. Die Erreichung des Bewusstseins seiner selbst erfolgt insofern über die anderen, als er deren wirklichen oder auch nur vermeintlichen Verhaltenserwartungen Folge leistet und dafür Anerkennung erntet.[18] Dafür gibt es im Sport verschiedene Möglichkeiten, wie aus der folgenden Übersicht deutlich wird. Diese wurde in

---

18 Bereits James (1998, zuerst 1890) hat in seinem Konzept des „sozialen Selbst" das Ergebnis der Anerkennung oder Beurteilung, die ein Mensch von anderen erhält, gesehen.

Anlehnung an Popitz (1987), der die Anerkennungsbedürfnisse des Menschen im historischen Kontext in fünf „Typen sozialer Subjektivität"[19] kategorisiert hat, erstellt.

6.2.1 Anerkennung als Zugehöriger einer Gruppe

Der erste *Typus sozialer Subjektivität* betrifft das Bedürfnis, als Zugehöriger einer Gruppe anerkannt zu werden:

> „Anerkanntsein zielt hier auf ein Sein wie andere, ein Gleichsein als Mit-Gliedsein, als Mit-Drinsein. Die Erfahrung der Zugehörigkeit ist eine Grundform sozialer Erfahrung, die Gewißheit der Zugehörigkeit eine Grundform sozialer Selbstbestätigung. Alle Gesellschaften, die wir kennen, von den ersten nomadisierenden Horden bis zur industriellen Gesellschaft, ermöglichen diese Erfahrung. Sie bieten sie an, indem sie eine Vielzahl sozialer Einheiten bilden, die jeweils mit bestimmten Grenzziehungen nach außen Unterscheidungen zwischen ‚uns' und ‚den anderen' definieren. (Das zellenbildende Prinzip der Vergesellschaftung)" (Popitz 1987, S. 638).

Dieser Typus mit gering ausgeprägter Individualität wird sich im Sport am ehesten in Sportarten mit Massencharakter und Vereinsbasis finden lassen. Man denke z. B. an ein Mitglied eines Fußballvereins in einer kleinen Ortschaft. Das hohe Maß an sozialer Kontrolle wird durch eine allgegenwärtige Gruppenautorität erreicht, d. h. die Gruppe als Ganzes, also alle und jeder, bewirkt eine gemeinsame Stimmung des Vertrauens oder Misstrauens gegenüber dem Mitglied. Das Moment der Nähe und die Sicherung der Zugehörigkeit werden durch permanente symbolische Rituale erprobt. Die Kommunikation der Spieler auf dem Spielfeld und beim anschließenden Umtrunk hat ein Hauptziel: die Bestätigung der Zugehörigkeit. Jeder scherzhafte Zuruf, freundliches Hänseln bis zum gemeinsamen Gesang dienen dieser Sache. Aber auch viele andere Formen des heutigen Sports beruhen auf diesen sozialen Verhältnissen.

---

19 Mit diesem Begriff bezeichnet Popitz (1987, S. 637) die typische Verknüpfung des „Subjektiven" und des „Sozialen", also die Verknüpfung von Selbst-Anerkennung mit sozialer Anerkennung. Von daher macht er das Autoritätsphänomen einer Erklärung zugänglich: „Autoritative Macht übt aus, wer die Anerkennungsfixiertheit anderer bewusst zur Steuerung ihrer Einstellung und ihres Verhaltens ausnutzt" (ebd., S. 634). Zur Veranschaulichung skizziert Popitz anhand der geschichtlichen Sequenz der fünf Typen sozialer Subjektivität den Wandel von Autoritätsformen.

6.2.2 Anerkennung in einer zugeschriebenen Rolle

Beim zweiten *Typus sozialer Subjektivität* konzentriert sich das Anerkennungsstreben auf eine zugeschriebene Rolle.

> „Die Handlungsmuster zugeschriebener Rollen werden Merkmalen zugeordnet, die von Geburt an bestimmbar sind: Alter, Geschlecht, Abstammung und eventuell sozialer Rang. Entsprechend kann das Selbstwertgefühl von Geburt an auf diese Handlungsmuster hin sozialisiert werden" (Popitz 1987, S. 639).

Das Anerkennungsstreben dieses Typus ist spezifizierter. Nicht das bloße Gleichsein mit anderen Gruppenmitgliedern, sondern die besondere soziale Funktion oder Rolle ist maßgeblich. Daher müssen die Leistungen, durch die man sich bewähren will, genauer definiert sein. Im Sport bedeutet dies die besondere Betonung einer jeweiligen sozialen Komponente durch sportliche Aktivität: das Hervorkehren der Männlichkeit durch Ausübung von Kraftsportarten wie Gewichtheben und Ringen; der Ausdruck der Weiblichkeit durch Gymnastik; die Betonung der Jugendlichkeit durch Ausüben von Sportarten, die überwiegend von jungen Menschen ausgeübt werden, wie Slacklinen.

6.2.3 Anerkennung in einer erworbenen Rolle

Typus drei: Die *soziale Subjektivität* bezieht sich auf die Anerkennung in einer erworbenen Rolle.

> „Der Anerkennungsanspruch umfasst hier zwei Gruppen von Leistungen. Einmal, wie bei der zugeschriebenen Rolle, die Tüchtigkeit, einer Aufgabe gerecht zu werden (Rollenbewährung). Zusätzlich aber auch der Erfolg des Rollenerwerbs. Man hat etwas erreicht, ist etwas ‚geworden', was einem nicht in die Wiege gelegt wurde" (Popitz 1987, S. 639–640).

Dieser Typus beruht auf einer weiteren Spezifikation, da nicht nur die Rollenbewährung, also die Aufgabe, einer Rolle gerecht zu werden, gemeint ist, sondern auch der Erfolg des Rollenerwerbs.

Umgelegt auf den Sport, bietet dieser Typus die Grundvoraussetzung für den heutigen Profisport. Denn der Erfolg in der Rolle eines Sportlers kann nur durch Spitzenleistungen erzielt werden. Diese Rolle wird niemandem in die

Wiege gelegt, sondern sie kann nur aufgrund besonderer Fertigkeiten und Leistungen erworben werden.

6.2.4 Anerkennung in einer öffentlichen Rolle

Als vierter *Typus sozialer Subjektivität* wird das Bedürfnis verstanden, in einer öffentlichen Rolle anerkannt zu werden.

> „Überall, wo viele zusammenkommen und zum Zusehen und Zuhören bereit sind, bietet sich Raum für die Wirkung öffentlicher Rollen. Höfische und religiöse Feste, politische Versammlungen, Aufläufe auf dem Marktplatz, Gerichtsverhandlungen, Theater, Sport und Zirkus brauchen Darsteller, die etwas vorführen, was allgemein interessiert" (Popitz 1987, S. 641).

Die besondere Dimension sozialer Subjektivität besteht hier in der Betonung der öffentlichen Rolle. Das Publikum erwartet sichtbar dargestellte Leistung. Der Sport kann dieses Bedürfnis in hervorragender Weise befriedigen, sei es in Form von öffentlichen Wettkampfveranstaltungen oder in Form von Mediensport, vor allem in elektronischen Medien.

6.2.5 Anerkennung der persönlichen Identität

Der fünfte *Typus sozialer Subjektivität* artikuliert das Streben nach sozialer Anerkennung der eigenen Individualität. „Diese soziale Subjektivität [...] insistiert auf der sozialen Bestätigung einer Existenz im Singular. Das Anders-Sein, das Sein-wie-kein-Anderer soll gesellschaftliche Bestätigung erhalten" (Popitz 1987, S. 642).

Dieser Typus sucht seine soziale Anerkennung nicht im Gleichsein, sondern in Besonderem und wünscht die Anerkennung der eigenen Person als singuläre Existenz. Auf den Sport hat dies folgende Auswirkungen: Es wird versucht, Sport bewusst in Form von Individualsportarten wie Ski, Golf und Reiten auszuüben. Hier wird der Sport auch ohne Wettkampf- und Leistungsinteresse ausgeübt, im Vordergrund stehen eher das Naturerlebnis oder soziale Kontakte. Geeignete Möglichkeiten bieten u. a. der Alternativsport mit dem Wunsch, den Körper nicht zu Leistungen zu zwingen, sondern besondere leib-seelische Erfahrungen zu machen oder das Bodybuilding, wo die Muskelentwicklung eine Art Statussymbol darstellt und nicht zuletzt Extremsport oder außergewöhnliche sportliche Leistungen.

Die verschiedenartigen Aktivitätsdimensionen des Sports erweisen sich generell als wichtige Darstellungsfelder der eigenen Individualität und als Hochburgen von Rollen mit hohen Anerkennungswerten. Nicht zufällig ist der Sport eine Zufluchtstätte für unterprivilegierte Gesellschaftsmitglieder geworden. Er erweist sich für sie oft als die einzige Möglichkeit, in der Gesellschaft Bestätigung, Lob und Anerkennung zu erfahren. Das zeigt sich drastisch am Beispiel der Afroamerikaner in den USA, für die Sport nahezu die einzige Möglichkeit ist, der gesellschaftlichen Deprivation zu entfliehen. Im Sport können sie etwas zeigen, was ihnen Kultur und Gesellschaft Jahrhunderte lang zu zeigen versagt haben. Dementsprechend sind sie im Profisport überrepräsentiert,[20] wobei dieser Überrepräsentierung eine etwa gleich große Unterrepräsentierung in Positionen mit wirtschaftlicher Macht entspricht (Syed 2010, S. 315). „Das lässt vermuten, dass die sportlichen Erfolge der Afroamerikaner sich nicht auf die Genetik, sondern auf Chancenungleichheit zurückführen lassen, dass Schwarze also in den Profisport getrieben werden, weil sie in anderen Bereichen des Wirtschaftslebens auf unüberwindliche Schranken stoßen" (ebd., S. 315–316).

Wenn es keine Alternativen gibt, werden sich Personen, die wenig Zukunftshoffnungen haben, in Richtung Sport bewegen, selbst wenn der Sport nur eine unsichere Erfolgschance darstellt. Gesellschaftliche Ablehnung und das Gefühl von Fatalität sowie der individuelle und gesellschaftliche Nutzen, den der sportliche Erfolg einbringt, sind der Nährboden für optimale Motivation. Der hungrige Boxer ist keine Fiktion, sondern eine Tatsache: Er kämpft um Ansehen. In Boxerkreisen herrscht die Meinung, dass Angehörige der unteren sozioökonomischen Schichten die besten Kämpfe machen:

> „Der Ring ist [als, d. V.] die Zuflucht der Unterprivilegierten bezeichnet worden. Von den Unterdrückten seien unsere besten Kämpfer gekommen [...]. Wenn der Gong ertönt, dann sollen die Kämpfer kein Zurück mehr kennen, und ein Kämpfer mit Ausbildung sei ein Kämpfer, der nicht für sein Leben kämpfen müsse und das wisse [...]. Nur für den hungrigen Kämpfer sei es ein anständiges Wagnis" (Weinberg/Arond 1976, S. 254).

---

20 Das bedeutet aber nicht, dass es in den USA im Sport keine Rassenschranken gibt. In den Sportarten der „upper class", wie Polo, Yachting oder Trainieren von Rennpferden, sind Afroamerikaner de facto nicht vertreten. Aber auch in den populären Mannschaftssportarten wie American Football oder Baseball werden Afroamerikaner eher für wenig spielentscheidende und relativ unwichtige Positionen nominiert, so dass in der rassisch unterschiedlichen Besetzung von zentralen und weniger zentralen Positionen die soziale Segregation nach Rassen reproduziert wird. Die Diskriminierung der Afroamerikaner im US-Sport wird von nordamerikanischen Soziologen häufig thematisiert (Curry/Jiobu 1984, S. 87–114; Leonard 1984, S. 157–186; Eitzen/Sage 2009, S. 307–312).

Diese Berufskultur der Boxer manifestiert sich sehr eindrucksvoll anhand des Zustroms aus den Minderheiten in den USA. In früheren Zeiten waren es Iren, Italiener, Juden, dann Afroamerikaner und demnächst werden es die „Hispanics" sein, die in vermehrtem Ausmaß in diesen Sport drängen. Denn der Sport verdeckt gelegentlich die Tiefenstrukturen der Ungleichheit und wird – weil Fluchtweg aus der Unterdrückung und sozialen Diskriminierung – zum Gegenstand des Ehrgeizes und Kanal sozialen Aufstiegs. Zuschauer aus diskriminierten Minderheiten nehmen durch mitfühlende Partizipation an der Aufwärtsmobilität der Athleten aus diesen Minderheiten Anteil. Die erfolgreichen Vorbilder, die ebenso Ärzte, Rechtsanwälte oder Architekten sein könnten, lenken die Aufmerksamkeit etwa afroamerikanischer Jugendlicher auf die romantischen Vorstellungen, die die Welt der Sportstars begleiten. Die Rollenmodelle, auf denen afroamerikanische Jugendliche in den USA ihre Ambitionen begründen, sind die afroamerikanischen Sportidole, mit deren Erfolg sie sich identifizieren. Wenn es gilt, berufliche oder andere wichtige Entscheidungen zu treffen und sich zu orientieren, folgen sie denen, die es geschafft haben – und das sind unter Afroamerikanern in den USA eben die Sportler.

Ein anschauliches Beispiel liefert die Aussage eines Studenten, der gefragt wurde, wie er seine Rolle als Afroamerikaner sehe:

> „The role of being a Black male colors all my other roles. The reason I became interested in sport and then later education is due to my personal response to social racism. The desire to be accepted into the dominate social structure motivated me to adopt these roles. For many Blacks this is the traditional path to success" (Curry 1986, S. 72).

Sport erweist sich nicht nur für unterprivilegierte Gesellschaftsmitglieder, wie eben Nordamerikas Afroamerikaner, als hervorragende Gratifikationsinstanz, sondern erfüllt diese Rolle auch für viele andere Menschen in modernen Gesellschaften. Indem der Sport die Grundprinzipien der modernen Gesellschaft für sich in Anspruch nimmt, bietet er eine Darstellungsmöglichkeit oder einen Auslauf des in der Arbeit nicht untergebrachten Gestaltungsdranges:[21]

---

21 In kultursoziologischen Betrachtungen wurde der Sport immer wieder in einer ambivalenten Beziehung zur industriellen Arbeitswelt beschrieben (vgl. dazu Plessner 1956 und 1975; Krockow 1974a). Den Ausgangspunkt der Diskussion bilden die Komplementärfunktionen der Freizeit, die Habermas suspensiv und kompensatorisch genannt hat: „In einem Fall wird während der Freizeit ein Arbeitsverhalten geübt, das von der mit der Berufsarbeit verbundenen Fremdbestimmung, Abstraktheit und Unverhältnismäßigkeit suspendiert; die Quasi-Arbeit soll die Freiheit, die Anschaulichkeit und Ausgeglichenheit des Leistungsanspruches wiederbringen, die

„Gegenüber den körperlich entweder ungenügenden oder höchst einseitigen Belastungen einer in mechanische und monotone Teilfunktionen aufgespalteten industriellen Arbeit, die den ganzen Menschen unbefriedigt läßt, wenn nicht gar ihn deformiert; für das Bedürfnis ferner nach allgemeinverständlichem, symbolischem Leistungsvergleich in einer konkurrenzbestimmten, aber undurchsichtigen Erfolgsgesellschaft; für das Verlangen schließlich nach Spannung, Sensation, nach der Abfuhr aggressiver Tendenzen und nach Heldenverehrung in einer Zivilisation, die Dramatik und Abenteuer weitgehend hinwegrationalisiert hat – für alles dies scheint Sport Auswege, Ausgleich zu schaffen" (Krockow 1980, S. 11).

Diese These Krockows ist eine Weiterführung der Argumentation Helmuth Plessners (1956), die besagt, dass der Sport eine Ersatz- und Ausgleichsreaktion gegenüber den Frustrationen und Repressionen der Arbeits- und Berufswelt sei. Zwar ist die Argumentation Plessners durch Ergebnisse einer Befragung zum Sportverhalten von Industriebeschäftigten in Nordrhein-Westfalen widerlegt worden (Linde/Heinemann 1974), doch scheint die argumentative Weiterführung durch Krockow einige wichtige Züge des passiven Sports zu treffen. Zudem steht außer Frage, dass die rasante Ausbreitung des Sports mit der Industrialisierung, welche die traditionellen Strukturen der Gesellschaft gesprengt hat, in Zusammenhang steht.

Als Folge der Modernisierung gesellschaftlicher Strukturen und insbesondere der Entwicklung zur „Organisationsgesellschaft" (Coleman 1986) finden wir uns in einer unpersönlichen Risikogesellschaft wieder. Ohnmachtsgefühle des Einzelnen gegenüber Organisationen, soziale Entheimatung, Beziehungsarmut und Entsolidarisierung sind Stichworte zur Kennzeichnung der Probleme moderner Gesellschaften.

Zu diesen Problemen trägt jene strukturbedingte Entfremdung bei, die mit dem Auftreten der Massenmedien einhergeht. Die Erfahrungen aus zweiter

---

jene versagt. Man findet sich mit den Versagungen nicht ab, will sie auch nicht bloß kompensieren, sondern im genauen Sinne suspendieren: Die Freizeit verspricht eine Erfüllung, die echt ist und nichts von Ersatzbefriedigung an sich hat. Im anderen Falle wird während der Freizeit ein arbeitsfremdes Verhalten geübt, das die Arbeitsfolgen einer vorab psychisch erschöpfenden und nervös verschleißenden Tätigkeit kompensiert. Es soll recht eigentlich die Leere ausfüllen und die Abspannung wettmachen, die nichts mehr mit jener wohltuenden Ermüdung nach rechtschaffender Arbeit zu tun haben. Man findet sich mit den Versagungen ab und will Kompensation; man will abschalten, einen Strich ziehen zwischen dem ‚Dienst' und dem ‚Leben'" (Habermas 1975, S. 35–36). Siehe dazu die weiterführende Diskussion von Linde/Heinemann (1974, S. 9–27).

und dritter Hand – so die Klage – verdrängen die Möglichkeit, durch persönliche Erlebnisse zu einem erfüllten Begriff von Wirklichkeit zu gelangen. Die Massenkommunikation substituiere in zunehmendem Maße die ursprüngliche, unmittelbare Welterfahrung. Anstelle von eigenständigen, primären, aktiven und „authentischen" Erfahrungen würde der zunehmende Medienkonsum zu „Realitätsverwirrung" und „Realitätsverlust" (Schelsky 1979a, S. 394; 1979b, S. 308–311) führen. Wir würden eine „Einbuße an Welt" erleiden (Husserl 1984).

Nimmt man dieses moderne Pathos ernst und interpretiert in diesem Kontext den Sport, so ergibt sich Folgendes: Im Sport entfaltet sich eine Welt, die unmittelbare, primäre Erfahrungen ermöglicht. Sport ist eine Antwort auf die alles beherrschende Abstraktheit und Anonymität der modernen Gesellschaft. Er bietet Erfüllungsmöglichkeiten für Sehnsüchte in dieser Gesellschaft und manifestiert sich als Bereich kommunikativer Nutzung, in dem Identität aufgebaut und aufrechterhalten werden kann.

6.3 Aktion und Präsentation in der Gesellschaft und im Sport

Dieser Zusammenhang lässt sich anhand von Aktion und Präsentation darstellen.[22] Aktion und Präsentation oder Tun und Bewertung sind die Bestandteile menschlicher Leistung oder menschlichen Handelns per se; sie unterliegen dem Bedingungsgefüge der vermittelten Unmittelbarkeit, wie es als Paradigma der Anthropologie in diesem Kapitel dargestellt wurde.

Ob eine Leistung vorliegt, entscheidet die für den Handelnden relevante Bezugsgruppe.[23] Die Richtlinie dafür bildet das zugrunde liegende gesellschaftliche Wertsystem. Aus den Werten einer Gesellschaft leiten sich Normen/Standards ab: z.B. sportliche Leistungsstandards (Gewinn eines Wettkampfes), soziale Leistungsstandards (Fairness, Kameradschaft, Gruppensolidarität), oder ökonomische Leistungsstandards (das erzielte Einkommen). Eine Leistung existiert nur in Bezug auf solche Bewertungsstandards, aus denen der Beobachter bestimmte Merkmale, die als Leistungskriterien gelten, hervorhebt und aner-

---

22 Vgl. dazu die Analyse von Gebauer (1972), der in seinem Versuch, eine Philosophie der Leistung zu skizzieren, neben der „Aktion" die konstitutive Bedeutung der „Präsentation" herausgearbeitet hat. Zum Pro und insbesondere Contra von Gebauers Ausführungen vgl. Krockows (1974b) Beitrag, in dem dieser die Diskussion weitergeführt hat.
23 Den Ausgangspunkt für die weitere Darlegung liefert Parsons Definition von Leistung als „die bewerteten Ergebnisse aus dem Handeln von Individuen" (Parsons 1954, S. 75).

kennt (Gebauer 1972, S. 188). Gebauer spricht von objektivierten Kriterien, „die – nur scheinbar – eine Messung der ‚Leistung' ermöglichen; gemessen wird nicht die ‚Leistung' selbst, sondern die Kriterien für ‚Leistung'" (ebd., S. 186).

Diese objektivierten Kriterien sind äußerst unterschiedlich und variabel. Die Gesamtheit möglicher Leistungskriterien ist so vielfältig wie menschliches Verhalten überhaupt und stellt daher eine offene Menge dar. Je nach Situation und Handlungszusammenhang können neue Kriterien hinzukommen. Mit der Veränderung von Werten einer Gesellschaft ändern sich auch die Standards und damit die Kriterien für Leistung. Es können neu gebildete Kriterienkombinationen auftreten, die neuartige Leistungen konstituieren. Leistung ist daher kein einheitliches Phänomen, sondern steht im Kontext jeweiliger Gesellschaftsordnungen. Was als Leistung gilt, kann je nach Werten und sozialen Standards von Gesellschaft zu Gesellschaft, aber auch innerhalb einer Gesellschaft verschieden sein.

Das gesellschaftliche Werte- und Normensystem bildet die Basis für Aussagen über Leistungen, die subjektiv erlebt und objektiv anerkannt werden. Aus der Anerkennung der Leistung eines Individuums durch die anderen resultiert der Erfolg. Der Erfolg oder Misserfolg ist das Medium, in dem sich die Leistung widerspiegelt und verweist immer auf die gesellschaftliche Gruppe, in der das Individuum agiert.[24] Vielfach muss das Individuum die Kriterien seiner Leistung dramatisch aufführen, damit die Beobachter auf seine Leistung aufmerksam werden und diese anerkennen. Dabei kommt eine zweite Leistung ins Spiel: die Präsentationsleistung die im Herbeiführen der Anerkennung einer Aktion als Leistung besteht (Gebauer 1972, S. 189). Demzufolge muss das Individuum in der Lage sein, seine Aktionen entsprechend in Szene setzen zu können. Es muss über ein großes Repertoire an Ausdrucks- und Darstellungsformen verfügen.[25] Eine Leistung in der Gesellschaft resultiert mithin

> „aus einer Aktion, die bestimmte, sozial etablierte ‚Leistungskriterien' aufweist und aus ihrer Präsentation als einer Aktion, die den ‚Leistungsnormen' der Gesellschaft entspricht. Eine Aktion, die als ‚Leistung' sozial anerkannt ist, besteht, wie wir sagen wollen, aus einer ‚*Aktionsleistung*'und einer ‚*Präsentationsleistung*'" (Gebauer 1972, S. 189).

---

24 Weil die Leistungen des Einzelnen bewertet werden müssen, ist eine Leistungsgesellschaft notwendig eine Erfolgsgesellschaft.

25 Vielfach ist es sogar schwieriger, sich als vertrauenserweckenden Leistungsträger zu verkaufen, als die Aktionsleistung, die verkauft wird, zustande zu bringen. Diese Aussage bestätigt sich in der jüngsten Wirtschaftsgeschichte, wenn Spitzenmanager den Großteil ihrer Arbeitszeit für „face work" aufwenden müssen.

Als Bezeichnung für Präsentationsleistung schlägt Gebauer Goffmans Begriff „performance" (englischer Ausdruck für Leistungvor: „Eine ‚Darstellung' (*performance*) kann als die Gesamttätigkeit eines bestimmten Teilnehmers an einer bestimmten Situation definiert werden, die dazu dient, die anderen Teilnehmer in irgendeiner Weise zu beeinflussen" (Goffman 2009, S. 18). Das heißt, der Einzelne wird so handeln müssen, dass die anderen von ihm in bestimmter Weise beeindruckt werden. Goffman schreibt weiter:

> „Eine bestimmte Art von Person sein heißt also nicht nur, die geforderten Attribute zu besitzen, sondern auch, die Regeln für Verhalten und Erscheinung einzuhalten, die eine bestimmte soziale Gruppe mit diesen Attributen verbindet. [...] Ein Status, eine Stellung, eine soziale Position ist nicht etwas Materielles, das in Besitz genommen und zur Schau gestellt werden kann; es ist ein Modell kohärenten, ausgeschmückten und klar artikulierten Verhaltens. Ob es nun geschickt oder ungeschickt, bewußt oder unbewußt, trügerisch oder guten Glaubens dargestellt wird, auf jeden Fall ist es etwas, das gespielt und dargestellt werden, etwas, das realisiert werden muß" (ebd., S. 69–70).

Die Realisierung eines Verhaltensmodells verweist immer auf die Gesellschaft oder gesellschaftliche Gruppe, welcher der Einzelne angehört. Der Einzelne, der gesellschaftliche Anerkennung sucht, muss die Kriterien seiner Leistung transparent machen, er muss den Beobachter darauf aufmerksam machen. Erst die erfolgreiche Präsentationsleistung führt zur sozialen Annahme der Aktionsleistung und mithin zur Anerkennung. Die Anerkennung seitens der Gesellschaft wird als elementare Bestätigung der Leistungen des Einzelnen in sein Selbstbewusstsein zurückgespiegelt. „Eine ‚Leistung' wird konstituiert, wenn jemand eine Handlung in bestimmter Weise ausführt und ein Beobachter diese Art des Handlungsvollzugs als ‚Leistung ' bewertet" (Gebauer 1972, S. 185–186). Handeln und Bewertung sind also das Bedingungsgefüge, dem die menschliche Leistung und menschliches Verhalten schlechthin unterliegen. Die so konstituierte Leistung ist ein wichtiges, wenn nicht das wichtigste Zuweisungsprinzip in unserer Gesellschaft. Wer mehr hat, so sagt man, habe auch mehr geleistet. Damit werden die ungleiche Verteilung von Gütern und die unterschiedliche soziale Lage von Menschen in der Gesellschaft gerechtfertigt. Das Leistungsprinzip gilt als Regulativ für die Verteilung von Gütern und Positionen. In Wirklichkeit hat aber die Regel „durch Leistung zum Erfolg" nur beschränkt Gültigkeit. Wie kann man Leistungen von Forschern, Managern oder Künstlern überprüfen und mit Leistungen von Arbeitern, Bauern oder Athleten vergleichen? Aufgrund der Unmöglichkeit eines verbindlichen Maßstabes ist das Leistungsprinzip bloße Fiktion.[26] Die moderne Gesellschaft ist keine „Leistungsgesellschaft", sondern eine Erfolgsgesellschaft. Differenzierung und Arbeitsteilung machen Leistung undurchschaubar, erkennbar ist letztlich nur der Erfolg. Und konstitutiv für den Erfolg ist die erfolgreiche Präsentationsleistung, also die soziale Annahme und Anerkennung seitens der sozialen Umwelt.

Aus den Anerkennungserfahrungen resultiert das Selbstwertgefühl. Auf der Grundlage des Paradigmas der Anthropologie (Kapitel 6.1) gilt: Menschliches Verhalten erklärt sich in wesentlichen Teilen als Bemühen um Anerkennungserfahrung und Identitätsbestätigung. „Akteure suchen stabile und kohärente Identitäten zu schaffen und zu erhalten. Akteure ziehen es vor, daß ihre Identitäten mit positiven Affekten umgeben sind, d.h. sie ziehen es vor, von sich selbst gut zu denken" (Stryker 1976, S. 269). Der Einzelne wird daher jene Verhaltensweisen und Daseinsbereiche vorziehen, die seine Identität bestätigen.

Wegen der Reduzierung von Komplexität zu Eindeutigkeit und Transparenz, die in modernen Gesellschaften oft verborgen bleiben, erschließt sich der Sport als soziales Phänomen sui generis. Genau darin liegt der springende Punkt: in den Komplexität reduzierenden, kommunizierbaren Zeichen des Sports, die seine soziale Verständlichkeit begründen. Der Kontrast zu anderen gesellschaftlichen Teilbereichen, die zunehmend komplexer werden, ist offenkundig. Im Sport werden die wachsende Vieldeutigkeit des Handelns und der Zerfall von Tun und Bewertung, die mit der Auflösung traditionsbestimmter Lebensformen einhergehen und in der modernen Gesellschaft Entfremdung bewirken, zu einer Einheit gebracht. Krockow sieht in der künstlichen Komplexitätsreduktion auf eindeutige, kommunikative Zeichen nicht nur ein wesentliches Charakteristikum des Leistungs- und Wettkampfsports, sondern darin auch gleichzeitig seine Popularität und Faszinationskraft begründet: „Was den Leistungs- und Wettkampfsport auszeichnet, was er symbolisiert, ist die überschaubare, eindeutige, allgemein einsichtige Einheit von Aktion und Präsentation, eine Einheit, die es sonst fast nirgends mehr gibt" (Krockow 1974b, S. 15). Leistung wird im Sport auf quantifizierbare Dimensionen reduziert: Nur Tore, Sekunden, Zentimeter etc. zählen.

---

26 Beispielsweise kann der Erfolg eines Geschäftsmannes auf fragwürdigen Praktiken – vielleicht auf systematischer Steuerhinterziehung – beruhen, oder der Aufstieg eines Politikers mag auf totalen Opportunismus zurückzuführen sein (Krockow 1974b, S. 15).

Diese Komplexitätsreduktion auf eindeutige Zeichen bringt Aktion und Präsentation zum Verschmelzen und bestätigt die Identität des Sportlers. Erfolg als Anerkennung stellt sich unmittelbar ein, weil er im Sport nur durch die regelgeleitete Leistung erzielt wird, während Leistung in anderen Bereichen, sei es im Industriebetrieb, beim schulischen Lernen oder bei der wissenschaftlichen Arbeit, für viele Menschen undurchsichtig bleibt und oft nur von Experten gewürdigt werden kann. Demgegenüber sind sportliche Leistungen verständlich, und zwar nicht nur für eine kleine Minderheit, sondern für viele. Im Sport sind die Leistungsstandards sowohl den Sportlern als auch den Zuschauern bekannt, und das Ansehen der Sportler steigt und fällt damit, wie nahe sie diesen Standards kommen. Es lässt sich nur schwer verbergen, wo die Sportler im Verhältnis zu diesen Standards stehen, und falsche Angaben lassen sich nicht vortäuschen. Das bedeutet, dass ein erfolgreicher Sportler nicht notwendig auch ein Präsentationsexperte zu sein braucht. Der Unterschied zwischen einem Tor und einem Fehlpass oder zwischen Assen und Doppelfehlern lässt sich nicht verwischen, mag der eine oder andere Sportler noch so viel Mundwerk darauf verwenden. Auch ist eine Meinungsumfrage darüber, wer der beste Tennisspieler der Welt sei, sinnlos. Die Meinung der Öffentlichkeit ist diesbezüglich unerheblich. Die Nummer eins der Weltrangliste gibt die Antwort. Im Sport ist der Sieger der Sieger, und quasi automatisch wird ihm das entsprechende Prestige zuteil.

Vermittelte Unmittelbarkeit wird im Sport leicht gemacht, weil es zu einer wirklichen, das Selbstbewusstsein substanziell tragenden Verbindung zwischen Tun und Ansehen kommt.

> „Denn das Selbst-Bewußtsein kann eben nur in der Verschränkung von Aktion und Präsentation, von Handeln und Ansehen, gestiftet werden; einzig ihre vermittelte Unmittelbarkeit schafft Ichstärke, Identität, als tragfähige, sozial vermittelte Übereinstimmung des einzelnen mit sich" (Krockow 1974b, S. 12).

So erweist sich Sport als soziale Gratifikationsinstanz, weil der Einzelne in der Anerkennung seiner Rollen, die mit seinen sportlichen Handlungen in Zusammenhang stehen, soziale Erfüllung findet.

Natürlich ist dies ebenso in anderen gesellschaftlichen Bereichen möglich. Der Gewinn von Auszeichnung und Reputation ist nicht allein auf sportliches Handeln beschränkt. Sport ist nicht das einzige gesellschaftliche Subsystem, in dem jene Anerkennung, die Identität braucht, bereitgestellt wird. Indessen gibt es in modernen Gesellschaften kaum ein Sozialsystem, das für so viele Menschen – unabhängig von Geschlecht und Alter, von Bildungsstand und Einkommenshöhe – als System der Bestätigung durch andere zugänglich wäre.

Das kann im Spitzensport, wo Sportler im Zeitalter der Medien vielfach als außerordentliche Persönlichkeiten dargestellt werden, Auswirkungen haben und Identitätsprobleme bei den Athleten auslösen.[27] Das oftmals positiv überzeichnete Image eines Sportlers führt mitunter zu einem gestörten Selbstempfinden, weil es den Umgang mit anderen Menschen erschweren kann oder weil der Sportler durch ein Versagen gegenüber dem strahlenden Image tiefe emotionale Einbrüche erleben kann. Der für das Selbstwertgefühl (und den Identitätsaufbau) offensichtlich dringend benötigte Erfolg erzeugt eine gewisse Abhängigkeit, wie Abraham in Bezug auf die Rhythmische Sportgymnastik festhält:

> „Je mehr Erfolge die Gymnastinnen in ihrer Laufbahn dann auf nationaler oder internationaler Ebene erringen, desto wichtiger werden für sie die erbrachten Leistungen – und desto abhängiger werden sie von den Leistungsanforderungen, die andere an sie stellen" (Abraham 1986, S. 409).

Dieses Beispiel aus der Rhythmischen Sportgymnastik wirft die Frage auf, warum die im Sport ausgelebte Individualität in anderen Lebensbereichen oft nicht realisiert werden kann. Die Antwort hängt mit der vermittelten Unmittelbarkeit zusammen, die im Sport durch das Zusammenfallen von Aktion und Präsentation gewährleistet ist. Dadurch wird die Person des Sportlers total vereinnahmt und seine Identität umfassend geprägt. Um beim Beispiel der Rhythmischen Sportgymnastik zu bleiben:

> „Die Aura graziler Eleganz und harmonischer Weiblichkeit, mit der die Sportgymnastik umgeben wird, erlaubt es den Aktiven, sich mit Attributen wie ‚Schönheit', ‚Anmut' und ‚Ästhetik' zu identifizieren und mit Hilfe dieser Symbole weiblicher Attraktivität ein Selbstbild zu konstituieren" (ebd., S. 398).

Dies ermöglicht die im Sport vollzogene „Reduktion von Komplexität", die Aktion und Präsentation vereinigt. Daraus resultiert das entscheidende Faktum, das den Sport als soziales Phänomen auszeichnet, nämlich, dass im

---

27 Dergestalt konnte Abraham (1986) an Hand von Tiefeninterviews „Identitätsprobleme in der Rhythmischen Sportgymnastik" feststellen. Die Bedingungen dieser Sportart hinterließen eine Reihe massiver Defizite in der Persönlichkeitsstruktur ehemaliger Gymnastinnen. Damit hat Abraham auf eine zentrale Problematik aufmerksam gemacht, die insbesondere im Spitzensport zum Tragen kommt und nicht unterschätzt werden darf, weil sie jeden Sportler unmittelbar angeht.

Sport die gesellschaftlichen Werte und Normen durch das Zusammenfallen von Aktion und Präsentation deutlicher als sonstwo sichtbar und erlebbar sind. Krockow bezeichnet Sport deshalb als die symbolische, konzentrierteste Darstellung der Grundprinzipien der Industriegesellschaft. „Der Sport bringt die Prinzipien der Industriegesellschaft weit besser zum Ausdruck als diese selbst" (Krockow 1974a, S. 96). Es sind dies Chancengleichheit, Konkurrenz, Allgemeinverständlichkeit der Leistungen, Objektivität, Exaktheit, Vergleichbarkeit, Messbarkeit, Zuweisung von Rangpositionen aufgrund von erbrachten Leistungen, Durchsichtigkeit der Leistungsdifferenzierung und vieles mehr, die der Sport besser verwirklicht als die moderne Gesellschaft es sonst tut. Dafür spricht etwa die Angst des nicht mehr leistungsfähigen Sportlers vor einer Massenidentität, die in einer Massenkultur untergeht: das gefürchtete Ende der Karriere. Nach Beendigung seiner Laufbahn verfügt der Sportler über keine Zeichen mehr als mögliche Identitätsaufhänger. In der grauen Realität des Alltags fehlen die eindeutigen Zeichen des Sports. Sie müssen durch Zeichen (Kooperation, Empathie etc.), die außerhalb des Sports zumeist viel schwieriger transparent darstellbar sind, ersetzt werden.

Die Verbindung von Aktion und Präsentation, von Tun und Ansehen, findet im Sport eine ideale Realisierungsmöglichkeit. In der vermittelten Unmittelbarkeit, die sportliches Handeln gewährleistet, liegt eine wesentliche Begründung für die oben beschriebene Dominanz der Afroamerikaner im US-Sport (Kapitel 6.1.3). Jahrhunderte lang im Schatten des gesellschaftlichen Fortschritts stehend kann diese Minderheit in sportlichen Leistungen Selbstständigkeit und eigenes Können erproben sowie Überlegenheit demonstrieren; die Afroamerikaner werden als nationale Repräsentanten im Sport akzeptiert und sozial angenommen. Die soziale Bestätigung ihrer Fähigkeiten lässt eine besondere Qualität des Selbstbewusstseins entstehen: die Reflexion auf ein durch besonderes Können ausgezeichnetes Selbst. Durch sportliche Leistungen sind sie imstande, Identitäten zu entwickeln und zu bestätigen.

Das gilt in besonderem Maße auch für Jugendliche. In der Adoleszenz, in der das Hauptproblem darin besteht, die eigene Identität zu entdecken und zu festigen, können sie im Sport ihren Körper testen, weil ihnen die Ergebnisse unmittelbar zugänglich, messbar und sichtbar sind. So bieten Wettkämpfe Jugendlichen eine Gelegenheit, ihre Überlegenheit über andere – insbesondere auch über Ältere – zu demonstrieren, um damit zu zeigen, was sie selbst wert sind. Sie erhalten Gewissheit über ihre Leistungen und jene Anerkennung, die Identität braucht. Es gibt viele Beispiele dafür, dass Jugendliche Selbstvertrauen, Sicherheit und inneres Gleichgewicht in ihren sportlichen Leistungen gefunden haben, weil diese dem Einzelnen die Entfaltung einer eigenen Identität, die Entwicklung individueller Eigenheiten und Selbstverwirklichung als neue Möglichkeit und sozialen Wert eröffneten. Beim Bemühen, sich die Überlegenheit ihres Körpers und damit ihres Selbst zu beweisen, kann es vorkommen, dass Heranwachsende, die über ihren Wert auf anderen Gebieten im Zweifel sind, in Versuchung geraten, sich auf gefährliche Wagnisse einzulassen: Sie rasen mit dem Auto oder gehen beim Snowboardfahren hohe Risiken ein.

Zusammengefasst lässt sich sagen: Die primäre und authentische Erfahrung, die im sportlichen Handeln gegeben ist, kann zu einer Bestätigung der Identität des Sportlers beitragen. Im Grunde geht es immer darum, die Bewunderung anderer zu erregen und auf diese Weise das eigene Selbstwertgefühl zu stärken.

6.4 Sport als soziales Phänomen

In den vorangegangenen Darlegungen wurde aufgezeigt, dass das Bedürfnis nach Anerkennung und positiver Identitätsbildung das menschliche Verhalten steuert. Dieses Bedürfnis kann im Sport deswegen realisiert werden, weil er die Bedingungen, Formen und Prozesse, die das soziale Leben in modernen Gesellschaften prägen, geradezu klassisch in sich trägt.

> „Verlieren und Gewinnen, Aufstehen und Liegenbleiben, Konkurrenz und Kooperation, Miteinander und Gegeneinander, Leiden und Glücklichsein, Können und Nichtkönnen, Siegen und Verlieren, Erniedrigung und Erhöhung, Hochmut und Fall, Alte mit Jungen, alle gegen einen und einer gegen alle, Gemeinschaft und Individualismus, Masse und Vereinzelung, Dramatik und Ästhetik, Heroisches und Gemeines, Großzügigkeit und Egoismus, Betrug und Fairneß, Kampf zwischen der Regel der Ritterlichkeit und dem Streben nach Leistung und Erfolg. Dies alles und vieles mehr gilt für den kleinen wie den großen Sport, für Beteiligte und Zuschauer" (Grupe 1987, S. 59–60).

Sport repräsentiert einen Bereich, in dem die Grundprinzipien der Gesellschaft zur Anwendung gelangen und soziale Bezüge entstehen. Über das System gesellschaftlicher Werte, die im Sport durch seine Verflochtenheit mit der Gesellschaft in Erscheinung treten, ermöglicht er den Aufbau und die Bestätigung von Identitäten und somit die ersehnte soziale Integration, d. h. Anerkennung von Leistungen, die für die bestehende Kultur von Bedeutung sind. Der Sportler kann Fähigkeiten einsetzen und

> „Eigenschaften zur Schau stellen, die in der sozialen Umwelt geschätzt werden, wie Geschicklichkeit, Kraft, Wissen, Intelligenz, Mut und Selbstbeherrschung. Extern relevante Attribute erhalten so inner-

halb des Milieus einer Begegnung offiziellen Ausdruck. Diese Attribute könnte man sich sogar innerhalb der Begegnung verdienen und dann später auch außerhalb beanspruchen" (Goffman 1973, S. 77).

Aber nicht nur, dass Werte und Verhaltensmuster, die im Sport angestrebt werden, dem gesellschaftlichen Handlungspotenzial entsprechen, sondern diese Werte und Verhaltensmuster sind darüber hinaus im Sport deutlicher als sonst wo sichtbar und erlebbar. Ihre Anwendung führt durch die allgemein einsichtige Einheit von Aktionund Präsentation, die sich in sportlichen Handlungen manifestiert, unmittelbar zum Erfolg. Hier liegt eine wesentliche Ursache dafür, warum sich der Sport als hervorragende Möglichkeit für soziale Bestätigung, Ansehen und Festigung des Selbstbewusstseins anbietet. Krockow weist darauf hin, dass beispielsweise Leistung, Erfolg, Kooperation und Wettbewerb im Sport besonders klar, eindeutig und verständlich zur Geltung gebracht werden können und ihn als Ideal oder Utopie der Gesellschaft erscheinen lassen. Die idealtypisch quantifizierbaren Maßeinheiten, die Technizität und Neutralität der Regelungen, die sportliches Handeln auf eindeutige Symbole reduzieren und über die sich der Sport in idealisierter Form als soziales Handeln erschließt, machen ihn zu einer *universellen Kommunikationsform*, die jeder versteht. Ähnlich spricht Asworth (1976) vom Sport als einem „symbolic dialogue", der in der modernen Gesellschaft die genauen Bedingungen dafür, wie ein Dialog geführt werden soll, in sich trägt.

7 Sport und Kommunikation

In diesem Kapitel wird Sport als besondere Kommunikationsform und damit als grundlegender sozialer Prozess beschrieben. Den Ausgangspunkt bildet der *Symbolische Interaktionismus*[1], der vom Menschen als handelndes Wesen ausgeht:

> „Man geht davon aus, dass menschliche Gruppen aus handelnden Personen bestehen. Dieses Handeln besteht aus zahlreichen Aktivitäten, die die Individuen in ihrem Leben ausüben, wenn sie mit anderen Individuen zusammentreffen, und wenn sie sich mit der Abfolge der Situationen, die ihnen entgegentreten, auseinandersetzen" (Blumer 2007, S. 28).

Menschliche Gruppen und Gesellschaften bestehen im Grunde nur in der Handlung; das setzt notwendigerweise Interaktion zwischen den Mitgliedern voraus. Dabei ist entscheidend, dass der Mensch nicht bloß in einer natürlichen Umwelt lebt, sondern sich vor allem eine künstliche, eine symbolische Umwelt (mit der er als soziales Wesen verbunden ist) schafft. Die Bedeutung von allem und jedem ist als „soziale Schöpfung" (Blumer 2007, S. 25) das Ergebnis mannigfaltiger Definitions- und Interpretationsprozesse, die zwischen Menschen ablaufen.

Das menschliche Zusammenleben ist, kurz gesagt, ein Prozess, in dem Objekte geschaffen, bestätigt, umgeformt und verworfen werden. Dazu bedarf es der Kommunikation, die in diesem Sinne als Prozess der „Bedeutungsvermittlung zwischen Lebewesen" (Maletzke 1978, S. 18) verstanden werden kann.

Der Anfang der Kommunikation ist die Übermittlung von Gesten. Unter einer Geste versteht Mead (2008, S. 81) jede Regung eines Organismus, die als

---

1 Nach Blumer (2007, S. 25) basiert das handlungstheoretische Verständnis des Symbolischen Interaktionismus auf drei Prämissen: 1. Menschen handeln Dingen gegenüber auf der Grundlage von Bedeutungen, die diese Dinge für sie besitzen – wobei unter Dingen alles, was der Mensch wahrzunehmen in der Lage ist, zu verstehen ist (physikalische Objekte genauso wie Personen, Ideen usw.); 2. die Bedeutung von Dingen wird aus der sozialen Interaktion zwischen Menschen abgeleitet; 3. diese Bedeutungen können sich in einem interpretativen Prozess im Laufe der Jahre aufgrund konkreter Erfahrung und Auseinandersetzung mit den Dingen ändern.

Reiz auf andere Lebewesen wirkt: Bewegung (= motorische Geste), Gesichtsausdruck (= mimische Geste) oder Laut (= vokale Geste). Nach Mead stellt die Geste die Anfangsstufe jeglichen Sozialverhaltens dar. Zum Beispiel wird der Säugling mit einer überaus großen Sensibilität für mimische Gesten geboren und reagiert etwa auf einen Gesichtsausdruck früher als auf die meisten anderen Reize. Die Geste wird später zum Symbol und ermöglicht damit symbolisch vermittelte Interaktion, also Humankommunikation.

Als „animal symbolicum" (Cassirer 1990) ist der Mensch in der Lage, auf Symbole (Zeichen)[2] und die damit vermittelten Bedeutungen nicht bloß zu reagieren, wie es bei Tieren angenommen wird, sondern diese Bedeutungen auch zu verstehen.[3] Damit besitzt der Mensch auch die Fähigkeit, einem Zeichen bestimmte Gedanken, Anschauungen, Vorstellungen und Bedeutungen zuzuordnen. Durch diese Bedeutungszuordnung ist es möglich, „eine Haltung gegenüber Gegenständen in absentia einzunehmen, welche als ‚denken an‘ oder ‚sich beziehen auf‘ bezeichnet wird" (Langer 1992, S. 39). So steht das sprachliche Symbol Fairness nicht für ein konkretes Objekt, sondern für eine Art oder Bedingung des Handelns, ein Gefühl usw., also für einen Wirklichkeitsbereich, der nur über Indikatoren (Ersatzgrößen) wahrgenommen werden kann. Ebenso symbolisiert die olympische Fahne nicht einen konkret wahrnehmbaren Gegenstand, sondern die olympische Idee: Dabei sein ist alles, eine Einstellung, eine Gesinnung etc.

Wenn nun Menschen kommunikativ handeln, dann wollen sie Bedeutungen miteinander teilen und verfolgen bestimmte Interessen. Das wesentliche Kriterium liegt in der Erreichung des Zieles: Verständigung. Man spricht von Kommunikation, wenn die kommunikativ Handelnden Verständigung erzielen. Zu diesem Zweck ist eine Vermittlungsinstanz, ein Medium, notwendig: Sprache, Mimik, Gestik etc. Erst mit Hilfe solcher Ausdrucksmittel können Bedeutungsinhalte Gestalt annehmen.

Schließlich verfügt jedes einzelne Medium über eine mehr oder weniger große Anzahl an Ausdrucksformen. „So ist es z. B. mit Hilfe des Mediums ‚Sprache"

---

2   Aliquid stat pro aliquo (etwas steht stellvertretend für etwas anderes) lautet die ursprüngliche Definition von „Zeichen", die bis in die mittelalterliche Scholastik zurückverfolgt werden kann (Pelz 1975, zit. n. Burkart 2002, S. 49). Symbole treten dann als Zeichen auf, wenn sie etwas (einen Gegenstand, einen Zustand, ein Ereignis etc.) repräsentieren. Sie rufen im Bewusstsein Anschauungen, Vorstellungen und Gedanken hervor, die normalerweise nur jener Gegenstand, jener Zustand von Dingen oder jenes Ereignis hervorruft (ebd.).

3   Nach Plessner (2003d, S. 407) kommen Tiere über den Kontakt mit Dingen nicht hinaus. Der Mensch hingegen kann die Bedeutung der Dinge gedanklich erfassen (siehe dazu grundlegend Mead 2008).

möglich, eine Vielzahl (eine potenziell unbegrenzte Anzahl) sprachlicher Zeichen zu entwickeln bzw. zu kombinieren und damit ganz verschiedenen Bedeutungsinhalten zum Ausdruck zu verhelfen" (Burkart 2002, S. 39).

Damit zeichnet sich der Symbolcharakter menschlicher Kommunikation ab. Verständigung (Kommunikation) kommt nur zustande, wenn im Bewusstsein der Kommunikationspartner ähnliche Bedeutungen aktualisiert werden. Das setzt einen Vorrat an Zeichen voraus, die für die jeweiligen Kommunikationspartner auf dieselben Objekte (Gegenstände, Zustände, Vorstellungen, Anschauungen, Ideen usw.) verweisen. Zeichen (Symbole), die das leisten, bezeichnet Mead als signifikante Symbole. Signifikante Symbole sind demnach Zeichen, die für die Kommunikationspartner den gleichen Sinn haben, sie lösen in dem das Symbol setzenden Individuum die gleichen Haltungen aus wie in dem darauf reagierenden Individuum (Mead 2008, S. 87).

Eine derartige – sich signifikanter Symbole bedienende – Kommunikation zeichnet sich dadurch aus, dass sie

> „nicht nur an andere, sondern auch an das Subjekt selbst gerichtet ist. [...] Wo man aber auf das reagiert, was man an einen anderen adressiert, und wo diese Reaktion Teil des eigenen Verhaltens wird, wo man nicht nur sich selbst hört, sondern sich selbst antwortet, zu sich selbst genauso wie zu einer anderen Person spricht, haben wir ein Verhalten, in dem der Einzelne sich selbst zum Objekt wird" (ebd., S. 181).

Dass die vermittelte Unmittelbarkeit oder die Übernahme der Rollen anderer für das Gewahrwerden des Selbst[4], der je spezifischen Identität, konstitutiv ist, wurde bereits im vorhergehenden Kapitel ausgeführt. Ferner wurde konstatiert, dass der Mensch als handelndes Wesen stets sozialer Erfahrungen – Interaktion (Kommunikation)[5] – bedarf, um seine Anerkennungsbedürfnisse zu stillen und auf diese Weise das eigene Selbstwertgefühl zu stärken. Kommunikation erweist sich daher als Conditio sine qua non für die Menschwerdung und für

---

4 Das Selbst besteht aus einem Satz unterschiedlicher Identitäten oder Rollen (Identitäten und Rollen sind dasselbe, einmal unter subjektiven Aspekten betrachtet und einmal aus der Sicht einer anderen Person oder anderer Personen). „Der Terminus Rolle bezeichnet ein Bündel aufeinander bezogener Bedeutungen und Werte, die das Verhalten eines einzelnen in gegebenem sozialem Rahmen bestimmen und leiten. Zu den üblichen Rollen gehören die des Vaters, Arztes, Kollegen, Freundes, Klubmitgliedes, Fußgängers. In jeder sozialen Beziehung, in die man eintritt, spielt man eine dieser Rollen. Man spielt daher im Laufe eines Tages wahrscheinlich viele Rollen, und das menschliche Verhalten setzt sich weitgehend aus Rollen-Spiel zusammen" (Rose 1973, S. 272).

5 Zu den divergierenden Auffassungen, ob Interaktion oder Kommunikation der weitere Begriff sei (vgl. Merten 1977, S. 62–66).

das Menschsein. Die Bildung von Identität und Selbstbewusstsein ist überhaupt erst durch Kommunikation mit anderen Menschen (im Rahmen von Rollenübernahme) möglich.

> **Definition:**
> Selbstbewusstsein ist das Einnehmen der vermeintlichen Haltungen, die wir in anderen auslösen.

Es bleibt festzuhalten, dass der kontinuierliche Erwerb eines Selbst als lebenslang andauernder Prozess soziale Beziehungen impliziert, d. h. kommunikative Begegnungen mit anderen Menschen. Der Gebrauch signifikanter Symbole und die gegenseitige Rollenübernahme im Rahmen interpersonaler Kommunikationsprozesse sind elementare Bedingungen für die Entwicklung des Selbst. Nur auf diesem Weg ist Identitätsbestätigung (und damit die Stärkung des Selbstbewusstseins) realisierbar. Eben weil Anerkennung und Identitätsbestätigung wichtige Grundbedürfnisse des Menschen sind, resultiert daraus eine konstante Intention zum kommunikativen Handeln: Kommunikation erschließt sich als sozialer Prozess par excellence. Der Mensch versucht, sich mit seinen kommunikativen Handlungen zu verwirklichen und seine Interessen zum Durchbruch zu bringen. Es existiert geradezu ein Zwang zur Kommunikation: „Der Mensch, so wie er bis heute geworden ist, und so wie er täglich neu wird, ist ohne die nur ihm eigene Fähigkeit zur symbolischen Kommunikation nicht denkbar" (Burkart 2002, S. 165).

> **Definition:**
> Kommunikation ist das Grundelement jeder sozialen Beziehung zwischen Menschen, bei der gegenseitig orientiertes Verhalten (durch Gestik, Mimik, Sprache u. a.) den Sinn der Verständigung hat.

Übertragen auf den Sport heißt das: Die soziale Komponente sportlichen Handelns erschließt sich als kommunikative Situation. Dabei erfährt sich der Einzelne als Sportler – nicht direkt, sondern indirekt – aus der besonderen Sicht der Sportgruppe (Sportverein) oder aus der verallgemeinerten Sicht der Gesellschaft (Nation), der er angehört. Er bringt seine eigene Erfahrung als Sportpersönlichkeit, seine Sportidentität, nicht nur direkt ins Spiel, nicht nur indem er für sich selbst zu einem Subjekt wird, sondern, indirekt, indem er für sich selbst zum Objekt wird, wobei er in Bezug auf einen sportlichen Erfahrungs- und Handlungskontext die Haltungen anderer Individuen gegenüber sich selbst einnimmt.

„Der kooperative Beitrag, den jeder leisten soll, wird in eine unpersönliche Rolle hinein standardisiert, etwa in die Rolle des Torwarts. Erfolgreiche Teilnahme an dem Spiel fordert von den einzelnen die Fähigkeit, sich selbst vom Standpunkt mehrerer anderer Positionen aus zu sehen" (Helle 2001, S. 79).

Oder wenn der Einzelne etwa als Mitglied einer Basketballmannschaft die Haltung der Mannschaft einnimmt, kann er eine Identität entwickeln und die, welche er entwickelt hat, bestätigt finden. Nach Mead ermöglicht die Logik des Wettkampfes eine Organisation der Identität:

„Es gilt ein bestimmtes Ziel zu erreichen; die Handlungen der einzelnen Personen sind alle im Hinblick auf dieses Ziel miteinander verbunden, so daß sie nicht miteinander in Konflikt geraten; in der Haltung des Mitspielers befindet man sich nicht im Konflikt mit sich selbst. Wenn man die Haltung des Werfers in sich hat, kann man auch mit dem Fangen des Balles reagieren. Beide Aktionen sind miteinander verbunden und fordern das Ziel des Spieles. Sie sind auf eine einheitliche, organische Weise miteinander verknüpft. Es besteht also eine definitive Einheit, die in der Organisation anderer Identitäten eingeführt wird, wenn wir das Stadium des Wettkampfes erreichen" (Mead 2008, S. 201).

Der gemeinsame Bezugspunkt zwischen Sport und Kommunikation liegt somit auf der Hand. Wenn der soziale Akteur sportlich handelt, ruft er bei sich selbst jene Bedeutungen (Haltungen, Einstellungen, Ideen etc.) wach, die er im Bewusstsein der anderen (mit denen er z. B. Handball spielt) hervorruft. Sich selbst anzuzeigen, wie eine andere Person handeln wird und dann seine Haltung danach auszurichten, ist die entscheidende Basis oder Voraussetzung für die Entstehung von Identität und Selbstbewusstsein.

Der Mechanismus läuft auch im Sport über signifikante Symbole. Denn Dimensionen von Geschwindigkeit, Schwere, Raum, Zeit, die in der Bewegung und im Können erlebt werden, objektivieren und reduzieren sich in Form signifikanter Symbole, die man als gemeinsame, mit anderen geteilte Bedeutungen und Werte betrachten kann. In diesem Sinne offenbart sich die komplexe und vielsinnige Wirklichkeit des Sports durch das Zusammenfallen von Aktion und Präsentation als sozial verständlich und eindeutig. Sie wird in den instrumentellen Werten von Toren, Sekunden, Metern, Kilogramm usw. wirksam.

„In contrast to modern society, a complex structure that demands increasing virtuosity in role-playing and in which there is in many areas little scope for creating an identity, the significant symbols of sport label and classify social values and norms very clearly and visibly"(Weiß 2001, S. 401).

Zunächst bildet und entwickelt der einzelne Sportler seine Symbole und deren Bedeutungsinhalte aus einem ganz persönlichen, subjektiven Erlebnis- und Erfahrungszusammenhang heraus. Die Symbolstruktur des Sports ist nichts Objektives. Alle am Wettkampfgeschehen Beteiligten, also Akteure, Schieds- oder Kampfrichter, Funktionäre und Zuschauer haben jeweils eigene Vorstellungen von dem, was mit Sport gemeint ist.

Für die soziale Dimension des Sports bleibt jedoch die Tatsache bestehen, dass die subjektive Erlebniswelt grundsätzlich Gemeinsamkeiten zu jener der Mitmenschen aufweist. „Praktisch lernt man alle Symbole, die man sich überhaupt aneignet, durch Kommunikation (Interaktion) mit anderen, und deshalb darf man die meisten Symbole als gemeinsame, mit anderen geteilte Bedeutungen und Werte betrachten" (Rose 1973, S. 268). Dementsprechend sind die körperlichen Handlungen im Spiel in umfassende Symbolsysteme eingeflochten:

> „Wenn ein Fußballspiel beginnt, werden aus einzelnen Personen Mannschaften, Torräume zu Gefahrenzonen, der Gegner zum Widersacher, die eigenen Handlungen zu Widerstand, der Ball mit seinen Bewegungen zu einem Wunschobjekt, der Torschuß zum Triumph über den Gegner [...] Alle Teilnehmer eines Spiels nehmen in diesem Sinne eine symbolische Deutung vor, und zwar in der Weise, daß bei allen ein in den wesentlichen Strukturen gleiches Symbolsystem aufgebaut wird. Jeder einzelne Spieler konstituiert ein Symbolsystem, aber dieses selbst ist öffentlich, gesellschaftlich, konventionell" (Gebauer 1983, S. 159–160).

Die sozialen Akteure treten im sportlichen Handeln symbolisch vermittelt zueinander in Beziehung; sie wollen Bedeutungen teilen. Auch im Sport gibt es so etwas wie einen Diskurs, der von den Akteuren in Übereinstimmung gebracht werden muss. Die Sportler verhalten sich sinnvoll zueinander, wenn sie sich gegenseitig in ihrer besonderen Identität, z. B. in einem Fußballspiel als Stürmer oder Verteidiger, anerkennen. Erst dann erhalten Handlungen Bedeutungen, und erst dann gibt es Motive, sie auszuführen. Bevor sich die Interaktionspartner über die möglichen Rollen, die sie in bestimmten Situationen übernehmen können, verständigt haben, ist ihnen kommunikatives und intentionales Handeln nicht möglich.

Daraus ergibt sich die Schlussfolgerung, dass sich die soziale Dimension des Sports durch signifikante Symbole (mit anderen geteilte Bedeutungen) erschließt. Dies vor allem deshalb, weil die Akteure im Sport mit ihren Aktionsleistungen in viel überzeugenderer Weise als in anderen gesellschaftlichen Bereichen eine Präsentationsleistung vollbringen. Durch die Verschmelzung von Aktion und Präsentation in der sportlichen Handlung kommen eindeutige und klare Symbole – signifikante Symbole – zum Ausdruck[6]. Das wesentliche Kriterium für Kommunikation ist: Verständigung zu erzielen und genau dafür stehen signifikante Symbole. Signifikante Symbole des Sports gewährleisten Verständigung und Identitätsbestätigung.

Die Bedeutung von Kommunikation liegt darin, dass der Homo socius nur über die kommunikative Begegnung mit anderen Menschen entsteht. Der Homo socius ist auch im Sport immer und im gleichen Maßstab ein Homo communicans. Sportliches Handeln (körperliche Aktivität) manifestiert sich in Form von signifikanten Symbolen und stellt eine ideale kommunikative Voraussetzungen für soziales Handeln dar. Sport ist Körperkommunikation. Der Körper (körperliche Handlungen oder Bewegungen) ist das Ausdrucks- bzw. Kommunikationsmedium. Sozialisation ist immer auch Körpersozialisation und damit werden die Symbole des Körpers automatisch gelernt und verstanden. Die Körpersprache des Sports ist eine verständliche Sprache. Angesichts der kommunikativen Defizite in modernen Gesellschaften, die mit strukturbedingter Entfremdung[7] einhergehen, entsteht im Sport ein einzigartiger Bereich kommunikativer Nutzung. Der Sport präsentiert sich als Kommunikationsform, die in der Lage ist, Identitätsbestätigung zu liefern bzw. Anerkennungsbedürfnisse zu erfüllen. Als soziale und kommunikative Gratifikationsinstanz hat er funktionale Bedeutung. In einer rezenten Untersuchung der Rolle des Sports im Leben junger, muslimischer Immigrantinnen in Norwegen kam dies deutlich zum Audruck (Walseth 2006, S. 461).

---

6 Auch im Sport gibt es so etwas wie Kommunikationsstörungen (Doping, Gewalt etc.). Im Sport wird die Ungerechtigkeit der Welt sichtbar.

7 Die Argumente von der strukturbedingten Entfremdung der Menschen in komplexen Gesellschaften sind nicht neu und tauchen immer wieder in verschiedenen Varianten auf: bei Lippmann (1922) als „unseen environment", das der Einzelne nicht durchschauen kann; bei Schumpeter (2005) als Einbuße des „Wirklichkeitssinnes"; bei Schelsky (1979a) als „Realitätsverwirrung" und „Realitätsverlust" durch die soziale Superstruktur der bürokratisierten Gesellschaft; bei Gehlen (1997) als „Verlust des Realitätssinnes" und „Weltfremdheit" und bei Böhme (2010) als „Taumel unserer Wahrnehmung".

8   Sportzuschauer

Die soziale Kommunizierbarkeit des Sports gilt für Aktive und Zuschauer gleichermaßen. Eigenschaften der Realität des Sports wie Anschaulichkeit, Exaktheit und Redlichkeit[1] sorgen für eine Transparenz, die weder in der Wirtschaft, noch in der Kunst oder Politik auch nur annähernd gegeben ist (Kapitel 6). Spitaler (2005) spricht von „authentischen" Sportlern im Gegensatz zu der „Inszenierung" von verdächtigen Politikern, Krockow von einer Einfachheit, Eindeutigkeit und Klarheit der Grundprinzipien des Sports, die er als Gegenstück zur ständig fortschreitenden Komplizierung des modernen Daseins beschreibt:

> „Der moderne Leistungssport stellt einen Extremfall künstlicher Komplexitätsreduktion dar. Im Regelwerk der jeweiligen Sportart gelingt es, die sonst übliche und mit der Auflösung traditionsbestimmter Lebensformen in der neuzeitlichen Zivilisationsentwicklung zunehmend belastende Vieldeutigkeit des menschlichen Handelns und seiner Bewertungen zur absoluten Eindeutigkeit zu bringen" (Krockow 1974c, S. 22).

Im Sport kann man sich an einfachen Dichotomien wie Tor oder Gegentor, Sieg oder Niederlage, Freund oder Feind orientieren. Diese Orientierungsmöglichkeit an einfachen Kategorien zählt zu den Voraussetzungen für die passive Beteiligung eines Massenpublikums. Jeder kann den Sport verstehen, jeder kann ihn kommentieren, jeder kann sich als „Experte" fühlen und jeder kann mit jedem über Sport kommunizieren. Die leichte Kommunizier- und Verstehbarkeit des Sports ist aber nur ein Faktor seiner Zuschauerattraktivität. Weitere wichtige Faktoren im Sport sind die Möglichkeiten zur sozialen Integration, zur Identifikation sowie zum Erleben von Spannung und Zeigen intensiver Gefühle.

Soziale Integration
Wenn man mit Stadionbesuchern spricht, wird neben dem bekundeten Interesse an der jeweiligen Sportart deutlich, dass es ihnen eigentlich um das

---

1   Die Redlichkeit im Sport hat ihre Grenzen, wie Ergebnisse von Untersuchungen zur Häufigkeit des Dopings im Spitzensport zeigen. So stellten etwa Pitsch/Maats/Emrich (2009) unter Verwendung der Randomized Response Technique (RRT) fest, dass 10 bis 35% der deutschen Leistungssportler dopen.

Erleben von Gemeinschaft geht. Wann et al. (2001, S. 31–32) sprechen von „group affiliation" als zentralem Zuschauermotiv, „the desire to spend time with others". Dementsprechend kommen Zuschauer zumeist in Begleitung von Freunden oder Familienmitgliedern zu den Sportveranstaltungen (Stollenwerk 1996, S. 75–76; Haut 2006, S. 146–147). Schon die gemeinsame Anreise ist ein integratives Erlebnis:

> „Von überall her strömen die Leute zusammen; Busse und Bahnen füllen sich mit Gleichgesinnten. Fast hat es den Eindruck, als kenne am Spieltag die ganze Stadt nur ein Thema und ein Ziel: das Stadion" (Bausenwein 2006, S. 13).

Im Stadion angekommen fühlt man sich in eine „fokussierte Versammlung" eingebunden (focused gathering, Goffman 1961, S. 9–10). Mit „fokussierter Versammlung" ist ein soziales Gebilde gemeint, das weder stabil genug ist, um als Gruppe bezeichnet zu werden, noch unstrukturiert genug, um Masse zu heißen. Es handelt sich vielmehr um eine Menge von Personen, die durch das von ihnen mit produzierte Ereignis „völlig in Anspruch genommen werden" und über seinen Verlauf „miteinander in Beziehung stehen" (Geertz 1987, S. 218–219 zit. n. Alkemeyer 2006, S. 270). Die Beziehungen der Stadionbesucher untereinander sind durch eine „bindungslose Nähe" gekennzeichnet (Heyer 1998, S. 36). Man empfindet Gemeinschaft, ohne soziale Anteilnahme investieren zu müssen (ebd.). Dieses Gemeinschaftsgefühl, die Atmosphäre und Stimmung des Publikums sowie die eigene Einfügung in diese Stimmung stellen zentrale Erlebnismomente dar. Das Erlebnis findet nach der Veranstaltung in einer Feier oder einem Trosttrunk seinen Abschluss, je nachdem, ob die Mannschaft, der man anhängt, gewonnen oder verloren hat.

Identifikation

Mannschaften oder Sportler werden oft als Repräsentanten größerer sozialer Einheiten angesehen oder haben eigene Fangemeinden, deren Mitgliedern sie hervorragende Möglichkeiten zur Identifikation[2] bieten („representational sport", Guttmann 1986, S. 182). So identifizieren sich mehr als 85% der Sportzuschauer mehr oder weniger stark mit einem Sportler oder einer Mannschaft (Stollenwerk 1996, S. 82). Wenn sich Zuschauer identifizieren, sprechen sie über die betreffende Mannschaft als ob sie selbst zu dieser gehören würden. Sie sagen beispielsweise „Heute spielen wir" oder „Wir haben die … geschlagen". Dies nicht nur dann, wenn es sich bei der betreffenden Mannschaft

---

2 Die Identifikation ist der Psychoanalyse als früheste Äußerung einer Gefühlsbindung an eine andere Person bekannt (Freud 2005, S. 66). Das Individuum kann im Vorgang der Identifikation Antriebe als erfüllt erleben, deren reale Befriedigung ihm teils aus gesellschaftlichen, teils aus individuellen Gründen, versagt ist.

um ein regionales Team oder das Nationalteam handelt, sondern genauso oder mehr noch, wenn das bevorzugte Vereinsteam das Spiel bestreitet.[3] Das Team stellt dann, wie Wann et al. (2001, S. 4) schreiben, eine „Extension" des einzelnen Fans dar. Fans sind von bloßen „Konsumenten" oder „Kunden" zu unterscheiden, die lediglich der Unterhaltung bzw. nur der Freude an der technischen oder ästhetischen Qualität des Spiels wegen eine Veranstaltung besuchen. Schlicht und Strauß erläutern den Begriff „Fan" wie folgt:

> „Wenn von einem Fan die Rede ist, dann meinen wir jemanden, der einen Teil seines Selbstkonzeptes aus der Verbindung zu einer Sportmannschaft, einem Verein oder auch zu einem Sportler aufbaut. Fans richten ihre soziale Identität ganz oder wenigstens zum großen Teil nach den Anforderungen, welche die Gruppe, zu der sie sich zugehörig fühlen, vermeintlich stellt. Identifikation ist der Prozess, mit dem diese Verbindung aufgebaut, aufrechterhalten und natürlich auch gezeigt wird" (2003, S. 140).

Für Fans ist „ihr" Verein, „ihre" Mannschaft ein Stück ihrer Identität. Sie fiebern deshalb im Stadion mit den Aktiven ihrer Mannschaft mit. Diese Anteilnahme erlaubt ein Erlebnis, das den Charakter einer persönlichen Teilhabe hat. Der Fan, der den Schützen beim Torschuss beobachtet, fühlt das Gleiche wie der Torschütze (wenn dieser der bevorzugten Mannschaft angehört): Er spürt die gleiche Spannung, hält den Atem an, seine Beine zucken, als würde er selbst den Torschuss ausführen, und wenn schließlich das Tor gelingt, wird er genauso die Arme hochreißen und in Jubel ausbrechen. Das Miterleben kann bei Zuschauern bis in den physiologischen Bereich hinein die gleichen Aktivierungssymptome – „bioelektrische Aktivitäten" (Röthig 2003, S. 172) – auslösen wie bei Aktiven. Habermas (1975, S. 40) verweist auf eine amerikanische Untersuchung, in der gezeigt wurde, dass die Veränderung in der Blutzucker- und Adrenalinkonzentration des Blutes infolge starker körperlicher Anstrengung nicht etwa nur bei Footballspielern evident war, sondern im gleichen Maße auch bei den Zuschauern auftrat. Bei den Zuschauern dauerte der Rückgang auf die Normalwerte sogar länger als bei den Aktiven.

Indem der einzelne Fan das Spiel durch die Identifikation mit Aktiven „am eigenen Leib" erfährt und seine Anteilnahme am Erfolg oder Misserfolg „seiner" Mannschaft von vielen anderen Fans geteilt wird, ergibt sich eine ideale Situation für die Bestätigung seiner Identität. Die anderen Fans, die durch mit-

---

3 Nach Untersuchungen von Hognestad (2009) ist die Bindung an die Nationalmannschaft stärker von deren Erfolgen abhängig und daher oberflächlicher als die Bindung leidenschaftlicher Fans an die Vereinsmannschaft.

fühlende Partizipation in gleicher Weise in das Geschehen involviert sind, signalisieren Bestätigung und Anerkennung.

Über die Identifikation mit einer Mannschaft oder mit einem Idol kommt es zur wechselseitigen Identifikation der Fans. Jeder Fan weiß, dass er mit seinen Gefühlen nicht alleine ist, sondern dass diese Gefühle von anderen Fans geteilt werden, er also Teil einer „Gefühlsgemeinschaft" ist. In dieser „Gefühlsgemeinschaft" schaukeln sich die Gefühle der Fans gegenseitig auf. Es herrscht grenzenlose Freude, wenn die eigene Mannschaft oder das eigene Idol triumphiert. Das Idol ist

> „eine Sozialfigur, die Handlungsspuren auch stellvertretend für all jene hinterlässt, die weniger sichtbar und vielleicht auch weniger bedeutsam im Alltag agieren können oder müssen. Eben weil Sportidole Personen sind, die durch eigene Anstrengungen Erfolge erreicht haben und dem zuschauenden Publikum damit in einer sehr realen Weise Akte der Selbstermächtigung vorführen, werden sie von den Fans verehrt" (Bette 2010, S. 109).

Idole stellen Kristallisationspunkte der Sportbegeisterung oder generell der Emotionalität im Sport dar.

Spannung erleben und intensive Gefühle zeigen

Stadionbesucher können sich über den Sieg ihres Idols oder ihrer Mannschaft freuen, über eine Niederlage ärgern und an spannenden Momenten teilhaben. Sie können so – in einer Zeit und in einer Phase des Zivilisationsprozesses, in welcher Spannungen allgemein stärker kontrolliert werden und sich Gefühle der Langeweile breit machen – das Bedürfnis nach Aufregung ausleben („Quest for Excitement"-Theorem, Elias/Dunning 2003). Spontane Affekte, die in anderen gesellschaftlichen Bereichen eingedämmt werden, können im Stadion verbal und sogar körperlich ausgedrückt werden, und das, ohne Maßregelungen befürchten zu müssen. Alltägliche Normen sind hier – ähnlich wie beim alljährlichen Faschingstreiben – für eine Weile außer Kraft gesetzt (Heyer 1998, S. 37; Bausenwein 2006, S. 17–18). Deshalb bietet das Stadion einen Freiraum für exzessiven Gefühlsausdruck. Die Zuschauer dürfen sich hier umarmen und küssen, sie dürfen in die Luft springen, toben, singen, pfeifen, johlen, grölen, stöhnen, jammern, Buh rufen, schimpfen, fluchen, brüllen und schreien. „Wo im alltäglichen Leben kann man seinen Mund aufreißen und einen Schrei herauslassen, der so laut ist, wie man ihn nur schreien kann, und so ungehemmt, wie immer man das möchte. Sei es als Torschrei, da sowieso, oder auch als Wutschrei" (Theweleit 2008, S. 49). Seine Wut und seine Freude kann der einzelne Zuschauer nicht nur mit seinen Begleitern, sondern mit umherstehenden Fremden, mit denen er sich zum Teil auf „Tuchfühlung" befindet, teilen. Er kann diesen ihm eigentlich wildfremden Menschen gegenüber einfach auf der emotionalen Ebene handeln, ohne sich kompliziert erklären oder begreiflich machen zu müssen. Das Sportereignis per se bietet dazu die Möglichkeiten.

Die Sportereignisse selbst und mehr noch die Fanaktivitäten rund um diese herum werden von manchen Forschern als Ereignisse bzw. Praktiken quasi-religiösen Charakters gedeutet. Demnach erscheinen:
- Clubs, in denen Fans vielfach organisiert sind, als kirchliche Gemeinschaften;
- Spieltage als religiöse Feiertage, der Spielkalender mit seinen Höhepunkten zu bestimmten Zeiten des Jahreskreises als liturgischer Kalender;
- Vereinsfahnen und andere Fanartikel als Kultgeräte;
- das Anzünden von Räucher- oder Wunderkerzen als Kulthandlungen, der Rauch der Kerzen, Rauchbomben und bengalischen Feuer als Weihrauch;
- Kleidungsstücke mit Vereinsemblemen oder in Vereinsfarben als religiöse Kutten;
- Spieler als Priester, Ballbuben als Ministranten;
- Starspieler als Heilige, denen Anbetung entgegengebracht wird;
- Autogramme, Torwarthandschuhe, verschwitzte Trikots u. dgl. m. von Starspielern als Reliquien;
- Arrangements von solchen Reliquien sowie von Fotos, Erinnerungsstücken usw. in Fan-Wohnzimmern als Hausaltäre;
- die Vorstellung der Spieler, insbesondere der Starspieler, durch den Platzsprecher im Stadion als Allerheiligenlitanei;
- Interviews mit Spielern oder Trainern als Predigt;
- der Schiedsrichter als Papst, der unfehlbare Entscheidungen trifft;
- das Stadion als Tempel, Kathedrale oder Pfarrkirche (z. B. „Sankt Hanappi"), das Spielfeld als Altarraum, der nur von gewissen Akteuren betreten werden darf (der „heilige Rasen");
- die Anreise der Fans zum Spiel als Wallfahrt oder Prozession;
- die Fangesänge als kultische Gesänge;
- La-Ola-Wellen und Klatschrhythmen als tranceartige kollektive Ritualhandlungen;
- das gemeinsame Erleben im Stadion als Kommunion;
- der Sieg als Leben, die Niederlage als Tod;
- die rauschartige Befindlichkeit nach dem Sieg als Gottestrunkenheit („Gott Fußball");
- das Hochheben des Siegerpokals, damit die Fans ihn sehen können, als Zeigen der Monstranz oder des Kelchs;

– die Erzählungen von klassischen Spielen und großen Spielern als mythisches Gedenken (Hansen 2000; Martinez 2002, S. 30–31; Bauer 2006; Neuhold 2008, S. 23–24; Schediwy 2012, S. 22–24).

Vergegenwärtigt man sich, dass etwa in England Fußballvereine fanspezifische Gräber („Football Funerals") anbieten (Sharpe 2001, S. 9), dann scheint der Vergleich von Fangemeinschaften mit religiösen Gemeinschaften in der Tat nicht allzu weit hergeholt.

Die Bildung solcher Fangemeinschaften ist nicht zuletzt vor dem Hintergrund der Entwicklung moderner Gesellschaften zu sehen. Eine dieser Entwicklungen ist der Rückgang kirchlich-christlicher Religiosität, wodurch der Raum für Ersatzreligionen größer wird (Höllinger 2005). Eine weitere Entwicklung ist die Ausdifferenzierung moderner Gesellschaften in hochkomplexe Gebilde. Bewusstsein und Persönlichkeitsstruktur vieler Menschen können mit der Komplexität und Abstraktheit dieser Systeme nicht mehr mithalten, weshalb soziale Grunderwartungen unerfüllt bleiben. Hinzu kommt der Verlust traditioneller Gemeinschafts- und Gruppenbindungen (in der Familie usw.) zugunsten mehr gesellschaftsorientierter Muster. Das gefühlsmäßige Erleben einer sozialen Einheit kann immer seltener realisiert werden, da das „Säurebad der Konkurrenz" (Beck 1983, S. 47), in das alle sozialen Beziehungen getaucht werden, Gemeinsamkeiten auflöst und große soziale Unsicherheit entstehen lässt. In einer solchen Situation der Verunsicherung und Desintegration (Beck 2007) bieten Gemeinschaften wie eben jene der Fans Orientierung, ein Stück Sinn, ein Gefühl der Zugehörigkeit und Sicherheit. So heißt es etwa in der Hymne der Fans des Sportclubs Rapid Wien („Rapid-Hymne"):

„Rapid, Rapid, wir san a Einheit,
Rapid, Rapid, wir hoidn z'samm!
Egal was kommt im Lebn,
Rapid wird's immer gebn,
Mei Herz is stoiz a Greana z'sein!"[4]

---

4 Greana = Grüner. Die Vereinsfarben von Rapid sind grün-weiß.

Abbildung 8.1: Rapid ist eine Religion

Quelle: Thomas Strobl: „Rapid#2", Ölfarbe auf Leinwand, 170 x 240 cm, 2012;
© http://www.galerierammer.at

Als prominenter Fußballverein hat Rapid eine ganze Reihe von Fanclubs.
Einer davon sind die seit 1988 bestehenden „Ultras Rapid". Sie haben sich –
dem Vorbild der italienischen „Ultras" entsprechend – dem Kampf sowohl gegen die zunehmende Kommerzialisierung des Fußballs, als auch gegen die
„Repression" durch Polizei oder Ordnungsdienste verschrieben und verstehen
sich als Bewahrer oder (Wieder-)Hersteller einer emotionsgeladenen Stimmung
und Atmosphäre im Stadion.[5] Dazu werden vor den Spielen imposante
Inszenierungen, Choreographien (mit Bändern, Fahnen, Plakaten, Trommeln
etc.) und „Schlachtgesänge" einstudiert. Die „Schlachtgesänge" sind nach
Girtler (2008, S. 42) mit dem „Kriegsgeheul" von Indianerstämmen vergleichbar[6] und stellen im Prinzip Lobpreisungen der eigenen und Beschimpfungen
der gegnerischen Mannschaft dar. Sie dienen nicht nur dem „Support" der eigenen Mannschaft und der magischen Beschwörung des Sieges derselben,
sondern insbesondere auch der Beherrschung des Schallraumes. So freu-
en sich Fanclubmitglieder, wenn sie lautstärker sind als gegnerische Fanclubs

---

5   Sie kämpfen also für den „Gefühlsfußball", dem die Verdrängung durch den
    „Kommerzfußball" droht (Ballensiefen/Nieland 2008, S. 229).
6   Für den Vergleich von Fangruppen mit Indianerstämmen spricht u. a. auch die
    Gesichtsbemalung in Vereinsfarben.

oder wenn den gegnerischen Fanclubs keine guten Texte mehr einfallen oder sich diese still zurückziehen (ebd.). Die Auseinandersetzungen mit gegnerischen Fanclubs werden freilich nicht nur auf diese vergleichsweise harmlose Weise ausgetragen, sondern arten bisweilen auch in Gewalttätigkeiten aus. Als zum Beispiel im Herbst 2001 Salzburger Fans bengalisches Feuer[7] in den Kindersektor des Wiener Hanappi-Stadions warfen, rächten sich die „Ultras" beim Rückspiel, indem sie – wie sie stolz auf ihrer Homepage vermerken – Salzburger Fans durch deren Stadt jagten[8]. Auf der Homepage der „Ultras" werden aber nicht nur Aktionen wie diese herausgestrichen, sondern etwa auch die Veranstaltung einer Tombola, deren Reinerlös einer Sozialeinrichtung für Wiener Obdachlose zur Verfügung gestellt wurde. Es bestehen also Hilfsbereitschaft für Notleidende und Aggressionsbereitschaft nebeneinander.

8.1 Zur Aggression von Sportzuschauern

Das soziale Phänomen aggressiver Bereitschaften von Sportzuschauern ist eine der negativen Begleiterscheinungen des modernen Sports. Nicht nur die aktiven Sportler sorgen für spektakulären Gesprächsstoff, sondern eben auch bestimmte Gruppen unter den Sportfans. Am Rande des Fußballspiels entstand eine eigene Struktur, die zu einer jugendlichen Subkultur geraten ist und seitens der Öffentlichkeit als auffällig und normverletzend empfunden wird.[9] Das Rowdy- oder Rabaukentum sowie der Hooliganismus – so die vorurteilsbeladene Bezeichnung dieser Sportfans[10]– verweist auf die Aggressionsproblematik des passiven Sports.

In Anlehnung an Gabler lassen sich drei Formen von Sportzuschaueraggressionen unterscheiden: verbale, symbolische und körperliche. Zu den verbalen Aggressionen von Sportzuschauern zählen Auslachen, Auspfeifen und abfällige Bemerkungen, die eine persönliche Herabsetzung der Spieler der gegnerischen Mannschaft, der Gegnerfans und des Schiedsrichters inten-

---

7 Mittlerweile wurden Besitz und Verwendung sämtlicher pyrotechnischer Gegenstände und Feuerwerkskörper in und um Stadien in Österreich verboten (Pyrotechnikgesetz 2010).

8 Direttivo Ultras Rapid 2006: Geschichte der Ultras Rapid. Zugriff am 6. Juni 2012 unter http://www.ultrarapid.at/Geschichte.

9 Becker und Pilz beschreiben die Welt der Fans als „Spiegel der Lebenswelt und Lebensbedingungen, der Hoffnungen und Nöte junger Menschen in unserer Gesellschaft" (1988, S. 11). Vgl. dazu auch Bliesener (2006).

10 Mit Recht wendet sich Becker gegen die Stigmatisierung und Etikettierung von Fanverhalten durch Begriffe wie Vandalismus oder Rowdytum, weil damit eine Bevölkerungsgruppe aus dem Bereich der normalen Kultur ausgegliedert wird, ohne die Eigengesetzlichkeit dieser Subkultur zu beachten (1982, S. 77).

dieren. Symbolische Aggressionen von Sportzuschauern sind z. B. das Drohen mit der Faust, abfällige Gesten und Gebärden. Körperliche Aggressionen können ohne oder mit Hilfsmittel (Wurfgeschoße, Schlagringe, Messer etc.) erfolgen und richten sich meist gegen den Schiedsrichter, andere Sportzuschauer oder manchmal auch gegen Spieler der anderen Mannschaft, Passanten und Polizisten (Gabler 1987, S. 51–52).

> Definition:
> Unter **Aggression** im Sport wird die beabsichtigte physische und/oder psychische Schädigung einer Person durch eine andere Person verstanden.

Ursachen aggressiven Verhaltens

Vier theoretische Deutungen der Aggressionsgenese sollen kurz erläutert werden:
1. trieb- und instinkttheoretische Ansätze
2. die Frustrations-Aggressions-Hypothese
3. lerntheoretische Ansätze
4. das Identitätskonzept

Ad 1) Trieb- und instinkttheoretische Ansätze

Diese Ansätze gehen auf die vergleichende Verhaltensforschung nach Lorenz und die Psychoanalyse Freuds zurück. Freud hat sich bereits zu Beginn des vorigen Jahrhunderts mit der Frage nach den Ursachen aggressiven Verhaltens befasst. Die Konstruktion seiner Triebtheorie zielt auf den Antagonismus zwischen dem Todes- oder Destruktionstrieb Thanatos und dem Sexualtrieb Eros ab. Je nach vorhandener Triebmenge und -mischung resultiere mehr oder weniger aggressives oder liebevolles Verhalten. Der Todestrieb artikuliere sich – so Freud – in der aggressiven Auseinandersetzung mit der Umwelt. Ähnlich spricht Lorenz (1995, zuerst 1963) von einem Aggressionstrieb, der von Zeit zu Zeit nach Entladung in Form aggressiver Handlungen dränge. Die Kraft des Aggressionstriebs könne – ebenso wie jene des Todestriebs nach Freud – verringert werden, wenn der Mensch diese Energie in sozial annehmbaren Destruktionen auslebe. Dafür würden sich insbesondere sportliche Wettkämpfe zwischen Nationen eignen, da sie eine für die Gesellschaft ungefährliche Art des Abreagierens erlauben würden.

> „Eine im menschlichen Kulturleben entwickelte, ritualisierte Sonderform des Kampfes ist der Sport. Wie phylogenetisch entstandene Kommentkämpfe verhindert er sozietätsschädigende Wirkungen der Aggression und erhält gleichzeitig ihre arterhaltenden Leistungen unverändert aufrecht. [...] Außerdem wirkt der Sport segensreich, indem er wahrhaft begeisterten Wettstreit zwischen überindividuellen Gemeinschaften ermöglicht. Er öffnet nicht nur ein ausgezeichnetes Ventil für gestaute Aggression in der Form ihrer gröberen, mehr individuellen und egoistischen Verhaltensweisen, sondern gestattet ein volles Ausleben auch ihrer höher differenzierten kollektiven Sonderform" (Lorenz 1995, S. 303).

Sport habe demnach eine sublimierende, reinigende Kraft durch Katharsis[11]. In diesem Sinne müsste das Zuschauererleben sportlicher Wettkämpfe zu einer Katharsis führen. Empirische Belege dafür konnten jedoch bislang nicht vorgelegt werden. Die Vorstellung von der Katharsis-Funktion des Zuschauersports spielt deshalb in der heutigen wissenschaftlichen Diskussion nur mehr eine untergeordnete Rolle (Rulofs 2009, S. 183).

Ad 2) Frustrations-Aggressions-Hypothese

Die Frustrations-Aggressions-Hypothese besagt, dass das Erleben von Frustration[12] die Wahrscheinlichkeit aggressiven Verhaltens steigert (Dollard et al. 1939 und Dollard/Ford/Dammschneider 1970). In Bezug auf Zuschauerausschreitungen im Sport lassen sich zwei Interpretationen dieser Hypothese unterscheiden, und zwar je nachdem, ob die Deutungen eher von gesamtgesellschaftlichen, frustrierenden Bedingungen ausgehen (Langzeitmodell), oder ob eher frustrierende, sportimmanente Bedingungen ins Kalkül gezogen werden (Kurzzeitmodell). Bei der zweiten Variante könnten etwa ungerechte Schiedsrichterentscheidungen oder ein enttäuschendes Spiel Aggressionen auslösen. Auch könnte die erlebte Niederlage der bevorzugten Mannschaft eine konkrete, momentan frustrierende Umweltbedingung für Zuschaueraggressionen darstellen. Die dieser Mannschaft anhängenden Zuschauer müssten nach Beendigung des sportlichen Wettkampfes im Vergleich zu währenddessen oder davor aggressiver sein, mehr noch als neutrale Zuschauer oder diejenigen, deren bevorzugte Mannschaft gewonnen hat. Eine Messung

---

11 Katharsis (griech. „Reinigung") wird definiert als „Minderung der Bereitschaft zum aggressiven Handeln durch Aggressionsäußerungen gegen den Verursacher der Störung einer Zielreaktion. In trieb- und instinkttheoretischen Modellen dagegen waren kathartische Effekte durch Triebreduzierung bzw. Abbau oder Kanalisierung spontan entstandener, aggressiver Energien erklärt worden" (Peper 1981, S. 47–48).
12 Der Begriff Frustration wird als Zustand definiert, „der eintritt, wenn eine Zielreaktion eine Interferenz erleidet" (Dollard/Ford/Dammschneider 1970, S. 19), d.h. gestört wird, wobei die Verknüpfung der beiden Variablen Frustration und Aggression vornehmlich unter Reiz-Reaktions-Gesichtspunkten verstanden wird.

des Testosteron-Spiegels[13] ergab hingegen bei Fans, die eine Niederlage ihres Teams erlebt hatten, keine entsprechende Erhöhung der Werte[14] (Bernhardt et al. 1998). Auch hatte schon eine etwas zurückliegende Untersuchung dem Kurzzeitmodell der Frustrations-Aggressions-Hypothese widersprechende Ergebnisse erbracht (Goldstein/Arms 1971 zit. n. Pilz 1988, S. 160).

Das sehr einleuchtende, allerdings kaum überprüfbare Langzeitmodell – wonach frustrierende gesamtgesellschaftliche Bedingungen für aggressive Zuschauerreaktionen im Sport verantwortlich sind – wurde vor allem von Vinnai (1970), Hortleder (1974) und Plessner (1975) vertreten. Letzterer sieht insbesondere ein „von der industriellen Arbeitswelt gezüchtetes und zugleich an seiner Befriedigung verhindertes Bedürfnis nach Aggression" im Sport wirksam (ebd., S. 24).

Ad 3) Lerntheoretische Ansätze

Diese Ansätze begreifen aggressive Handlungen als Folge eines Lernprozesses, der insbesondere durch „Lernen am Modell" und „Lernen am Erfolg und Misserfolg" geprägt ist. Zu aggressiven Handlungen von Sportzuschauern komme es demzufolge durch Nachahmung: „Man ist aggressiv und gewalttätig, weil es andere auch sind" (Prenner 1972, S. 341) bzw. durch Verstärkung:

> „Der Prozeß der Sozialisation durch die Fangruppe ist u. a. auch ein Modellierungs- und Habitualisierungsprozeß für maskuline und aggressive Werte, Einstellungen und Verhaltensstile. Durch Bekräftigung, Bestrafung und Modellierung werden aggressive Verhaltensweisen gelernt, …" (Schulz 1986, S. 122)

Sowohl für das Lernen aggressiver Verhaltensweisen durch Verstärkung (Lernen am Erfolg), als auch für das Modell- und Beobachtungslernen von Aggression gibt es etliche empirische Belege. Zum Beispiel konnte gezeigt werden, dass die Bereitschaft der Zuschauer, aggressiv zu handeln, nach dem Erleben eines Fußballspiels im Mittel höher ist als vorher (Pilz 1982, S. 63; Schulz 1986, S. 149). Besonders deutlich fällt der Aggressivitätsanstieg bezeichnenderweise bei „harten" Spielen (solchen mit vielen und brutalen Fouls) aus. Die Spieler wirken dann als Modellpersonen für aggressives Verhalten, welches von den Zuschauern unter bestimmten Umständen imitiert wird. Die Imitation ist insbesondere bei jenen Gruppen unter den Sportzuschauern wahrscheinlich,

---

13 Das männliche Geschlechtshormon Testosteron steuert nicht nur das Sexualverhalten, sondern auch die Aggressivität.

14 Nur bei Fans der siegreichen Mannschaft konnten Bernhardt et al. (1998) einen entsprechenden Anstieg feststellen. Dieser „winner effect" konnte freilich in einer neueren Untersuchung nicht bestätigt werden (van der Meij et al. 2012).

die aufgrund ihres subkulturellen Normensystems aggressive Handlungen positiv bewerten und verstärken.

Ad 4) Identitätskonzept

Dieser Erklärungsversuch bezieht sich auf die soziokulturelle Bedingtheit der Aggression von Sportzuschauern und steht im Kontext des theoretischen Bezugsrahmens, der in Kapitel 6 entworfen wurde. Demnach ist der Mensch – zwecks Findung seiner Identität und Festigung seines Selbstbewusstseins – stets bemüht, soziale Bestätigung zu erfahren. Mangelt es an sozialer Zuwendung, so kommt es zu einer Schädigung des Selbstbewusstseins, die sich als Aggression auswirkt.[15]

Das aggressive Verhalten von Sportfans verweist auf ein solcherart geschädigtes Selbstbewusstsein, zumal es sich bei diesen Fans zumeist um Jugendliche handelt[16], die zu wenig Beachtung und kaum Anerkennung in der Familie, Nachbarschaft oder im Betrieb erfahren. So stammen – einer allerdings schon einige Zeit zurückliegenden Untersuchung von Horak/Reiter/Stocker (1985, S. 232) zufolge – die sozial auffälligen Fans in Österreich überwiegend aus den unteren sozialen Schichten[17]. Durchschnittlich sind 23 Prozent, bei manchen Fanclubs sogar über 40 Prozent arbeitslos (ebd.). Für manche Fans aus diesem oder ähnlich geartetem Milieu ist Gewalt[18] ein Mittel, um sich in Szene zu setzen und Status innerhalb der Fangruppe zu erwerben. Die Statushierarchie und der Karriereweg einzelner Fans in solchen Gruppen lässt sich nach Girtler (2008, S. 44) wie folgt beschreiben:

---

15 Dies steht im Einklang mit Erkenntnissen der Neurobiologie, denen zufolge der Mensch nicht nur auf die Zufügung körperlicher Schmerzen mit erhöhter Aggressionsbereitschaft reagiert, sondern auch auf soziale Ausgrenzung. Letztere wird vom menschlichen Gehirn wie körperlicher Schmerz wahrgenommen (Bauer 2011).

16 76% aller Fußball-Zuschauer, die 2008/09 wegen strafbarer Handlungen in Zusammenhang mit Spielen der Bundesliga in Österreich angezeigt wurden, sind unter 26 Jahre alt (BM.I 2009, S. 19).

17 Hingegen rekrutieren sich in der BRD sozial auffällige Fans „aus allen sozialen Schichten, unter ihnen befinden sich – keinesfalls überrepräsentiert – Arbeitslose, aber ebenso viele Abiturienten, Studenten, Menschen in guten beruflichen Positionen, die neben einer bürgerlichen Berufs- auch ihre sub- bzw. jungedkulturelle Hooliganidentität haben" (Pilz 2009, S. 190). Letztere Personen werden als „Yuppie-Hools" bezeichnet (Pilz 2012, S. 60).

18 Unter Gewalt seien Verhaltensweisen verstanden, die auf die Umwelt im Sinne einer Schädigung gerichtet sind (z. B. auch Vandalismus). Handelt es sich um rein auf die Schädigung anderer Menschen zielende Verhaltensweisen, soll von Aggression gesprochen werden.

1. Die Jungen – manchmal werden sie als „Greenies" bezeichnet. Zu dieser Gruppe gehören die jüngsten Besucher. Sie müssen von den älteren Fans lernen.
2. Die Raufer. Zu dieser Gruppe gehören die 12- bis 17-Jährigen. Sie kleiden sich in Vereinsfarben und ziehen gegen die Fans der gegnerischen Mannschaft in die „Schlacht".
3. Die Hooligans. War man eine Zeit lang ein Raufer und hat man sich als solcher einen guten Ruf erworben, so besteht die Chance, zu einem Hooligan aufzusteigen. Dazu muss man in den gewalttätigen Auseinandersetzungen einige „Heldentaten" vollbringen. „Besonders ‚ehrenhaft' ist eine Heldentat, wenn darüber in einer Zeitung berichtet wird" (ebd., S. 45).
4. Die Anführer. Sie haben den „Oberbefehl" bei Auseinandersetzungen inne und genießen vielfach den Ruf, gute Trinker zu sein.
5. Die alte Garde. Es handelt sich dabei um ältere Fans, die durch frühere „Heldentaten" zu Ruhm gelangt sind und mit Stolz auf eventuell erlittene Verletzungen hinweisen. Sie stehen jüngeren und ungestümen Fans in Konfliktsituationen bei, halten sich aber ansonsten eher zurück.

Die konfliktträchtige Abgrenzung zu Fans des Gegners, normalen Zuschauern, Polizisten und Bürgern bestimmt den eigenen Selbstwert. Aggressives Handeln dient in diesem Kontext der Steigerung des Selbstwertes. Einen Teil der Selbstbestätigung kann auch das Stadion, in dem die eigene Mannschaft spielt, vermitteln. Diesen Ort gilt es zu verteidigen. Wie Stämme ihr Territorium versuchen Fangruppen ihr Revier zu verteidigen oder jenes der Gegnerfans zu erobern (Girtler 2008, S. 43). Dabei entwickeln sich nicht nur symbolische Eroberungsrituale (z. B. durch den gegnerischen Fanblock laufen), sondern eben auch gewalttätige Auseinandersetzungen.

An solchen Gewalttätigkeiten beteiligt waren in den letzten fünf Jahren – laut eigenen Angaben – knapp 18% aller im Zuge einer Online-Befragung in Österreich befragten Fußball-Fans (Winter/Klob 2011, S. 128). Die von den befragten Fans am häufigsten genannten Auslöser von Gewalt sind Alkoholkonsum, Spielverlauf und zu starke Präsenz der Polizei (ebd., S. 125–126). Mitunter bedarf es aber gar keiner besonderen Auslöser, nämlich wenn Gewalt zum Selbstzweck wird. Die Fans nutzen dann das Umfeld von Fußballveranstaltungen als Bühne für ihre gewalttätigen Auftritte.

9 Sport und Massenkommunikation

Unter Massenkommunikation verstehen wir alle Formen von Kommunikation, bei der Aussagen öffentlich (also ohne begrenzte, personell definierte Empfängerschaft) durch technische Verbreitungsmittel (Medien), indirekt (also bei räumlicher oder zeitlicher oder raumzeitlicher Distanz zwischen den Kommunikationspartnern) und einseitig (also ohne Rollenwechsel zwischen Aussagenden und Aufnehmenden) an ein disperses Publikum (im Unterschied zu einem Präsenzpublikum) vermittelt werden (Maletzke 1978, S. 32).

Der Massenkommunikation kommt als zentraler Klammer zwischen Sport und Gesellschaft zunehmende Bedeutung bei. Sport fügt sich perfekt in den Algorithmus von Freizeit, Konsum und eben Massenkommunikation ein und verhilft seinerseits diesen Subsystemen zur Verwirklichung ihrer Ziele. Die gelungene Interaktion zwischen Sport und anderen Subsystemen ist zweifellos durch die erfolgreiche Katalysatorwirkung der Massenmedien bedingt. Denn durch die Vermittlung via Massenmedien wird das Sportgeschehen weit über den Kreis der unmittelbar beteiligten Aktiven und Zuschauer hinaus zur Konsumware für jeden, den Sport interessiert. Die Massenmedien ermöglichen die passive Anteilnahme eines Massenpublikums, die ein wesentliches Charakteristikum des modernen Sports ausmacht. Das Publikum, welches die Massenmedien dem Sport eröffnen, ist letztlich ein globales.

> **Definition:**
> **Massenmedien** oder **Massenkommunikationsmittel** dienen zur Verbreitung von Inhalten an ein Publikum. Zu den Massenmedien zählen: Flugblatt, Plakat, Presse, Buch, Hörfunk, Schallplatte, Kassette, CD, Film, Fernsehen, Infoscreen und Internet.

Der in den Massenmedien aufbereitete Sport ist ein Forschungsthema, auf dessen Bedeutung Lawrence Wenner 1998 mit seiner Monographie „MediaSport" aufmerksam gemacht hat. Seither wurden einige Forschungen vor allem zur Struktur des "Mediensports", kaum aber zu seiner Wirkung durchgeführt. In Bezug auf letztere Thematik muss daher in der folgenden Darstellung vorliegender Ergebnisse zum „Mediensport" auf Informationen aus anderen Bereichen der Massenkommunikationsforschung zurückgegriffen werden. Die

Darstellung orientiert sich an der klassischen Formel von Lasswell (Abbildung 9.1):

Abbildung 9.1: Lasswell-Formel (1927)

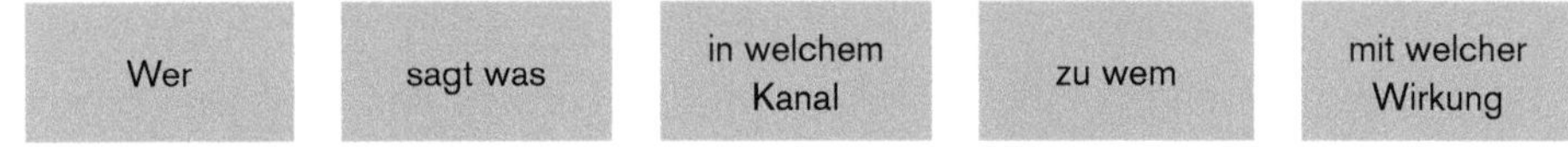

Quelle: Lasswell 1948, S. 117.

Dementsprechend spaltet sich die Massenkommunikationsforschung auf: (Abbildung 9.2).

Abbildung 9.2: Forschungsbereiche in der Massenkommunikationsforschung

9.1 Kommunikatorforschung

In diesem Bereich geht es um die Sozialfigur des Sportjournalisten, um dessen Rolle in Zusammenhang mit technischen und organisatorischen Bedingungen. Sportjournalisten sind Personen, die Nachrichten über Sportereignisse übermitteln, wobei sie eine Auswahl wichtiger Ereignisse und eine Auswahl ihrer Interpretation vornehmen. Die Auswahl führt aber zu Reduktion, und Reduktion bewirkt stets Täuschung über die Realität. Oder positiv gewendet: Reduktion von Wirklichkeit (im Sinne von Ereignishaftigkeit des Sports) ist die Grundvoraussetzung für die Transmission von Sport via Massenmedien.

Die Analyse der Auswahlvorgänge wird in der Kommunikatorforschung etwa seit den 1950er Jahren durchgeführt. Es wird vom Journalisten, der aus einer Vielfalt vorliegender Rohnachrichten auswählt, als „gate-keeper"[1] (Schleusenwärter) gesprochen. Dieser Begriff verweist darauf, dass es im Nachrichtenfluss offensichtlich Pforten und Schleusen gibt, an denen Personen ent-

---

1 Den Begriff „gate-keeper" prägte Lewin (1951) bei seiner Untersuchung der Selektionskriterien von Hausfrauen beim Einkauf. Ausgangspunkt der frühen gate-keeper-Studien war das Selektionsverhalten einzelner Redakteure, so z. B. des „Mr. Gates" in der klassischen Studie von White (1950).

scheiden, welche Informationen passieren dürfen und welche im Papierkorb landen. Einige Faktoren, die dabei eine Rolle spielen, sind in Tabelle 9.1 aufgelistet. Diese haben auch in den Sportredaktionen Einfluss darauf, welche Teile des Nachrichtenspektrums weitergeleitet werden.

Tabelle 9.1:   Bedingungen, welche die Auswahl von Nachrichten beeinflussen

a) Strukturelle Bedingungen	b) Redaktionelle Bedingungen	c) Personale Bedingungen
– Produktions-bedingungen	– Einstellungen, Werte, Ziele des Herausgebers	– Erfahrung der Journalisten
– vorgegebene(r) Raum, Zeit	– Analyseergebnisse über Rezipientenverhalten	– Wahrnehmungseigen-arten (Stereotyp-formen)
– vorgegebenes Layout	– politisches Klima der Redaktion	– Grad der Interessens-vielseitigkeit
– Zeitdruck (Aktualitäts-zwang)	– politische, publizisti-sche Position des Chef-redakteurs	– Selbstbild
– finanzielle Möglichkeiten	– Verkaufsstrategien	– Berufsbild
– Redaktionsausstattung		– Alltagswissen über den Sport
– Zahl der Mitarbeiter		

Quelle: Becker 1983, S. 32

Exemplarische Bemerkungen zu:

a) Strukturelle Bedingungen

Zeitdruck: Sportjournalisten müssen unter einem besonders großen Aktualitätszwang arbeiten. Oft müssen Texte bereits mit dem Ende eines sportlichen Wettkampfes in die Redaktionen geschickt werden. Sportjournalisten sind daher meist nicht in der Lage, einen Wettkampf zu beobachten, zu reflektieren und das Beobachtete niederzuschreiben. Vielmehr müssen sie den Wettkampfverlauf beobachten und zur selben Zeit schreiben oder ihr journalistisches Produkt live übertragen. Hierbei finden sie oft schlechte Arbeitsbedingungen vor (hoher Lärmpegel bei Wettkämpfen, mangelhafte technische Ausstattung der Stadien usw.) (Bertling/Bruns 2009).

b) Redaktionelle Bedingungen

Einfluss des Chefredakteurs: Für die österreichischen Sportjournalisten sind der Chefredakteur und redaktionelle Leitlinien die relevantesten Einflussgrößen. Aber auch den Kollegen, dem Publikum und dem Sportsystem wird relativ viel Einfluss zugeschrieben. Dem Verlag und der Politik wird wenig Einfluss beigemessen (Dimitriou/Sattlecker 2011, S. 168).

c) Personale Bedingungen

Erfahrung der Journalisten: Das Durchschnittsalter der Sportjournalisten in Österreich liegt je nach Erhebung bei knapp 41 (Kaltenbrunner 2007, S. 155) oder 43 Jahren (Dimitriou/Sattlecker 2011, S. 86) und entspricht in etwa jenem der Journalisten überhaupt (Kaltenbrunner 2007, S. 155).

Wahrnehmungseigenarten: Diese ergeben sich allein schon aufgrund des ungleichen Geschlechterverhältnisses in den Sportressorts. Zirka 90% der Sportjournalisten – gegenüber 58% der Journalisten überhaupt – in Österreich sind Männer (ebd., S. 19, S. 119–120; Dimitriou/Sattlecker 2011, S. 89). Damit weisen Sportressorts – verglichen mit den anderen Ressorts – den höchsten Männeranteil auf.

Grad der Interessensvielseitigkeit: Knapp über die Hälfte der österreichischen Sportjournalisten ist auch in anderen Ressorts beschäftigt (Dimitriou/Sattlecker 2011, S. 165). Selbstbild: Fast zwei Drittel der österreichischen Sportjournalisten charakterisieren sich selbst als Fachleute (ebd., S. 169).

Berufsbild: Sportjournalismus wird vielfach als Begabungsberuf gesehen. Hierzu die Aussage des Leiters der Sportredaktion der Tageszeitung „Die Presse": „Man kann Journalismus an der Universität systematisch lehren. Aber jemand, der das wirkliche journalistische Feeling nicht hat, wird es an der Universität nie kriegen" (Metzger zit. n. Schmickl 2006, S. 102–103). Knapp über die Hälfte der österreichischen Sportjournalisten hat eine Universität besucht, rund ein Drittel hat auch ein Studium abgeschlossen (Dimitriou/Sattlecker 2011, S. 92). Damit liegt die Akademisierungsquote der Sportressorts im Durchschnitt aller Ressorts.

Alltagswissen über Sport: Sportredakteure kommen häufig vom Leistungssport. Mehr als drei Viertel der österreichischen Sportjournalisten können auf eine Wettkampfkarriere zurückblicken (ebd., S. 108).

9.2 Inhaltsforschung

In diesem Forschungsbereich geht es um die Untersuchung der Inhalte und Darbietungsform der massenmedialen Sportberichterstattung. Mittels Inhaltsanalyse wird unter anderem festgestellt, inwieweit die Vielfalt der Erscheinungsformen des Sports in der Berichterstattung berücksichtigt wird, welche Stilmittel verwendet werden und ob über die Berichterstattung bestimmte Stereotype[2] vermittelt werden. Bei diesen Untersuchungen sind unterschiedli-

---

2 Stereotype sind Wahrnehmungen von Gruppen oder Kategorien von Personen (Geschlecht, Alter etc.), wobei bestimmte Merkmale besonders hervorgehoben werden, während andere zurücktreten.

che Zugangsweisen feststellbar. Zwei grundlegende theoretische Ansätze seien erwähnt: Die Abbildungstheorie und der konstruktivistische Theorieansatz.

Die Abbildungstheorie geht davon aus, dass die dargestellte Realität des Sports in den Medien ein Abbild der Wirklichkeit ist. Tatsachen wie Sportwettbewerbe seien eindeutig feststellbar und abbildbar. Die Medien seien ein Spiegel der sportlichen Ereignisse. Dagegen lässt sich sagen: Man würde die Eigenart der Sportberichterstattung der Medien verkennen, wollte man sie auf die reine Anzeigenfunktion reduzieren. Vielmehr sind es gerade Details, Hintergründe und Zusammenhänge, Dramatik und Sensation, die einer Sportinformation ihre Bedeutung und ihren Aussagegehalt verleihen. Darin gründet die eigentliche Vermittlungsfunktion der Sportberichterstattung.

Daher besagt der konstruktivistische Theorieansatz, dass die Medien selbst gestaltende Kräfte in der Gesellschaft seien. Sie hätten ein wirklichkeitsstiftendes Potenzial. Das von ihnen gezeichnete Bild des Sports, die „Mediensportwirklichkeit", sei als Ergebnis eines mehrstufigen Transformationsprozesses zu sehen. Bei diesem Prozess werde außermediale Realität nach spezifischen Logiken beobachtet, selektiert und inszeniert. Symptomatisch und prägend für den Sport sei dabei die Überlagerung einer journalistischen Vermittlungslogik durch die Logik einer möglichst publikumsgerechten und damit ökonomisch erfolgreichen Verwertung sportlicher Wettkämpfe (Marr 2009, S. 21). Letztere Logik erfordert, dem Bedürfnis des Publikums nach Spannung und Erregung möglichst entgegenzukommen. Entsprechend rankt sich die mediale Sportberichterstattung regelmäßig um Spannungshöhepunkte wie Abseitsentscheidungen, elfmeterverdächtige Fouls, Torchancen und Tore beim Fußball. Durch Akzentuierung solcher Teilaspekte des Sportgeschehens wird Dramatik gewährleistet.

Dramaturgisch besonders spannend und affektiv inszenierbar ist der Spitzensport, weshalb Mediensport im Wesentlichen als eine Auseinandersetzung mit dem Spitzensport anzusehen ist. Themenbereiche wie Schul- und Jugendsport, Breiten- und Freizeitsport, Sport und Gesundheit, Behindertensport, aber auch politische Hintergründe von Sportentwicklungen, diesbezügliche soziale Probleme oder wirtschaftliche Zusammenhänge bleiben weitgehend ausgespart. Das Interesse der Medien konzentriert sich in erster Linie auf spitzensportliche Großereignisse. Einige davon zählen zu jenen „Ereignissen von erheblicher gesellschaftlicher Bedeutung", bezüglich derer der öffentlich-rechtliche Fernsehsender in Österreich (ORF) – laut einer 2001 in Kraft getretenen Verordnung der Bundesregierung – zur umfassenden Information verpflichtet ist. Fernsehveranstalter, die ausschließliche Übertragungsrechte an solchen

Ereignissen erworben haben, müssen es dem öffentlich-rechtlichen Sender ermöglichen, diese Ereignisse zeitgleich und im vollen Umfang zu übertragen. Besagte Ereignisse sind in der Verordnung aufgelistet, wobei im Einzelnen – neben dem Neujahrskonzert der Wiener Philharmoniker und dem Wiener Opernball – genannt werden (Horak/Penz 2004, S. 161–162):
- Olympische Sommer- und Winterspiele;
- Fußballspiele der FIFA-Weltmeisterschaft (Herren), sofern an diesen Spielen die österreichische Nationalmannschaft teilnimmt, sowie das Eröffnungsspiel, die Halbfinalspiele und das Endspiel;
- Fußballspiele der Europameisterschaft (Herren), sofern an diesen Spielen die österreichische Nationalmannschaft teilnimmt, sowie das Eröffnungsspiel, die Halbfinalspiele und das Endspiel;
- Finalspiel des österreichischen Fußballpokals (Fußballcups);
- Alpine FIS-Ski-Weltmeisterschaften;
- Nordische FIS-Ski-Weltmeisterschaften.

Wie daraus erkennbar ist, sind es vor allem zwei Sportarten, die hierzulande als Hauptsportarten gelten, nämlich Skisport und Fußball (genau gesprochen der Männerfußball). Es handelt sich dabei um die Lieblingssportarten der Österreicher im Fernsehen (Research International 2006, S. 10), um Sportarten, die kommerziellen Erfolg versprechen und in der Kultur der österreichischen Gesellschaft fest verankert sind. Als solche stellen sie „klassische Mediensportarten" (Horky 2009, S. 305) in Österreich dar und dominieren über weite Strecken das Sportangebot im Hauptprogramm des ORF (Wendl 2009, S. 217). Im Spartenprogramm, welches der ORF seit 2006 unter dem Sendernamen ORF SPORT PLUS aufgrund des gesetzlichen Auftrages zur Information der Allgemeinheit über sportliche Fragen bietet, ist diese Dominanz freilich weit schwächer ausgeprägt (ebd., S. 188).

Eine Dominanz von Skisport und Fußball ist auch in der Sportberichterstattung der österreichischen Zeitungen feststellbar. Wie im Hauptprogramm des ORF wird auch in den Zeitungen die Vielfalt der österreichischen Sportarten tendenziell auf eine mediale Welt des Skisports und Männerfußballs reduziert. Die dabei bestehenden Unterschiede zwischen verschiedenen Zeitungen und insbesondere die Unterschiede in der Berichterstattung über einzelne ausgewählte Fußball- und Skisportereignisse sind Gegenstand inhaltsanalytischer Untersuchungen. Dazu zwei Beispiele:

Beispiel 1: Dimitriou/Mortsch (2007) analysierten die Berichterstattung der österreichischen Printmedien zur Ski-Weltmeisterschaft in Aare 2007 insbesondere hinsichtlich umfangmäßiger, inhaltlicher und stilistischer Differenzen zwischen verschiedenen Zeitungstypen. Es konnte unter anderem gezeigt werden, dass die Boulevardblätter „Kronen Zeitung" und „Österreich" gegenüber den Qualitätszeitungen in deutlich größerem Umfang über die Weltmeisterschaft berichteten. Während Qualitätszeitungen in ihrer Berichterstattung auch Entwicklungen auf internationalem Terrain berücksichtigten, orientierten sich die Boulevardblätter in ihrer Berichterstattung, sowohl in quantitativer als auch qualitativer Hinsicht, stark an den nationalen Rennläufern. Dabei ist Hyperbolik (Übertreibung, z. B. „Superstar" statt Star) als Stilmittel verbreitet. Als weiteres Stilmittel sticht die Verwendung von Pronomina („wir", „uns" etc.) sowie von Beinamen, Spitznamen oder Namenskreationen hervor. Dadurch oder durch Verwendung der Vornamen der Sportler vermitteln die Boulevardzeitungen dem Publikum das Gefühl einer Nahebeziehung und erleichtern so die Identifikation mit den Athleten.

Beispiel 2: Kneidinger (2010) führte eine Inhaltsanalyse der Zeitungsberichterstattung zur Fußball-Europameisterschaft 2008 durch. Dabei sollte gezeigt werden, wie in den beiden auflagenstärksten Boulevardzeitungen der Austragungsländer Österreich und Schweiz, nämlich „Kronen Zeitung" und „Blick", nationale Identität thematisiert, konstruiert und inszeniert wird. Ein Ergebnis war, dass in der österreichischen „Kronen Zeitung" die gegnerischen Nationen negativer dargestellt wurden als im Schweizer Boulevardblatt. Im Hinblick auf Umgang mit anderen Nationen und Kulturen zeigten die Ergebnisse insofern eine gewisse Offenheit, als die Multikulturalität innerhalb der eigenen Nation zumindest am Beispiel der Fußballspieler mit Migrationshintergrund thematisiert wurde. 18% aller Artikel der „Kronen Zeitung", in denen österreichische Einzelpersonen Hauptakteure waren, präsentierten Spieler mit Migrationshintergrund – dies entsprach nahezu deren realem Anteil (22%) innerhalb des heimischen EM-Teams. Beim Schweizer „Blick" wurden Spieler mit Migrationshintergrund zwar häufiger genannt (26%) als im österreichischen Boulevardblatt, anteilsmäßig waren jedoch die Spieler ohne Schweizer Wurzeln, die 39% der Mannschaft ausmachten, unterrepräsentiert (ebd., S. 183). Somit ließ die Berichterstattung im österreichischen Boulevardblatt eine stärkere integrative Absicht erkennen, die mit einer stärkeren Abgrenzung der eigenen Nation nach außen einherging.

Neben der nationalen Orientierung ist in der medialen Sportberichterstattung eine geschlechtsspezifische Orientierung unverkennbar. Die diesbezüglichen Ergebnisse nationaler und internationaler Studien hat Rulofs (2010) wie folgt zusammengefasst:
- Der Anteil der tagesaktuellen printmedialen und TV-Sportberichterstattung über Frauen liegt internationalen Studien zufolge nicht höher als 15%, in

Österreich bei 14% (75% Männer, 11% beide Geschlechter). Studien, welche die Berichterstattung zu einzelnen großen Sportereignissen wie Olympischen Spielen oder Weltmeisterschaften fokussieren, ermitteln oft deutlich höhere Berichtsanteile für Frauen, die den tatsächlichen Partizipationsdaten von Frauen an diesen Sportereignissen nahe kommen.

- Der überwiegende Teil der vorliegenden Studien kommt zu dem Fazit, dass Sportlerinnen und Sportler bevorzugt in sogenannten geschlechtstypischen Sportarten dargestellt werden. So dominieren in der Berichterstattung über Sportler Sportarten, die dem männlichen Stereotyp der aggressiven körperlichen Auseinandersetzung entsprechen (Fußball etc.), oder Sportarten, welche die risikoreiche Handhabung von Fahrzeugen beinhalten (Motorsport). Der Schwerpunkt der Berichterstattung über Sportlerinnen liegt – wenn auch nicht mehr so deutlich wie in früheren Zeiten – bei Individualsportarten, die keinen direkten Körperkontakt zur Gegnerin erfordern (z. B. Skisport) oder eine ästhetische Inszenierung beinhalten (z. B. Eiskunstlauf).

- In Bezug auf die visuelle Inszenierung sportlicher Leistungen kommen die verschiedenen Studien zu dem Fazit, dass Sportler in Printmedien deutlich häufiger als Sportlerinnen in aktiven Situationen (bei der Sportausübung) gezeigt werden. Die Bilder von Sportlerinnen hingegen vermitteln häufiger einen passiven Eindruck, da diese oft in gestellten und nicht sportbezogenen Situationen dargestellt werden. Wichtigste Aussagen solcher Bilder sind oft Aussehen und attraktive Ausstrahlung der Sportlerinnen.

- Dem Großteil der vorliegenden Studien zufolge hat der sogenannte „Human Interest" – also Informationen über „das Menschliche" der Sportler und Sportlerinnen, über deren Charakter und Emotionen sowie Ereignisse im Privaten – in der Berichterstattung über Sportlerinnen einen höheren Stellenwert.

- In der Berichterstattung über Sportlerinnen geht es deutlich häufiger als in jener über Sportler um das attraktive Aussehen, d. h. die Körper der Sportlerinnen werden unter ästhetischen Gesichtspunkten bewertet.

Diese Tendenzen zum Transport konventioneller Rollen- und Wertmuster sind nicht zuletzt auf eine Orientierung an den gemutmaßten Präferenzen der vorwiegend männlichen Rezipienten und auf die geringe Anzahl von Sportjournalistinnen zurückzuführen.

9.3 Medienforschung

In diesem Forschungsbereich geht es um die historische Entwicklung und technische Ausformung der Massenmedien sowie um die Geschichte des Sportjournalismus.

Als Mutterland des modernen Sportjournalismus gilt England, das Mutterland des modernen Sports überhaupt. Dort wurde 1792 die weltweit erste allgemeine Sportzeitschrift, „The Sporting Magazine", herausgegeben (Müllner 2011, S. 228). Ebenfalls in England führte 1817 der „Morning Herald and Daily Adviser" als erste Tageszeitung der Welt eine Sportrubrik ein und entstand 1821 die erste täglich erscheinende Sportzeitung, nämlich „Sporting Life".

In Österreich entwickelte sich der Sportjournalismus – ebenso wie der Sport – mit zeitlicher Verzögerung. Seine Entwicklung setzte im Wesentlichen erst ab Ende des zweiten Drittels des 19. Jahrhunderts ein. Dem damals vorherrschenden Sportverständnis entsprechend erschienen zunächst – neben Schützenzeitschriften, einer Turn- und einer Schachzeitschrift – Jagd- und Pferdesportzeitschriften (Tabelle 9.2). Von den Jagd- und Pferdesportzeitschriften berichtete die 1863 gegründete Zeitschrift „Sport. Österreichische Blätter über Pferde und Jagd" auch über Ruder- und Eissport. Zeitschriften, die über alle damals betriebenen Sportarten berichten wollten, wurden ab den 1870er Jahren gegründet. Die bedeutendste davon war die 1880 in Wien gegründete „Allgemeine Sport-Zeitung" (Abbildung 9.3), die über die Grenzen Österreichs hinaus als Sportblatt für den deutschen Sprachraum eine „unüberschätzbare Vorbildwirkung" gewann (Krebs 2007, S. 47) und als „Schlüsselpublikation des Sports vor und rund um 1900" bezeichnet wird (Müllner 2011, S. 236). Sie erschien zunächst einmal, dann zweimal, später sogar dreimal pro Woche (Dienstag, Donnerstag und Sonntag, Abbildung 9.5) bis lange nach dem Ende des Ersten Weltkrieges (in 48 Jahrgängen bis 1927). Ihr Gründer war der damals 34-jährige Journalist und „sportsman" Victor Silberer, der im Rudern in Österreich lange Zeit als unschlagbar gegolten hatte (Abbildung 9.4). Silberer, der sich außerdem als Sportfunktionär in zahlreichen Vereinen und Verbänden engagierte und seine Zeitung auch als Medium zur Promotion von Vereins- und Verbandsinteressen benutzte, ist als der profilierteste österreichische Sportschriftsteller und Sportjournalist seiner Zeit anzusehen (Müllner 2002, S. 87; 2011, S. 234-235). Weitere namhafte Sportjournalisten dieser Zeit waren der Olympiasieger im Radsport, Adolf Schmal, und der Sportpionier Felix Schmal. Beide waren unter anderem Mitarbeiter am Sportteil des „Neuen Wiener Tagblatts". Eingeführt wurde der Sportteil im „Neuen Wiener Tagblatt" im Jahre 1896. Vorreiter in der Einführung eines solchen war die „Wiener Allgemeine

Zeitung" gewesen, welche bereits 1880 eine Rubrik mit der Bezeichnung „Sport" oder „Sport und Jagd" hatte. In der Zeit bis zum Ausbruch des Ersten Weltkrieges expandierten die Sportrubriken in den Tageszeitungen. Parallel dazu wuchs der Markt für sportbezogene Wochen- und Monatszeitschriften: Neben Zeitschriften für Sport allgemein und speziell für Pferdesport, Jagd, Schützenwesen, Turnen und Schach erschienen solche für Radsport, Fechten, Fußball usw. (Abbildung 9.6. und 9.7.) Neben den reinen (speziellen oder allgemeinen) Sportzeitschriften erschienen – passend zu den Interessen des Adels und des Bürgertums, der sozialen Trägerschichten des Sports in dieser Zeit – Zeitschriften für Sport und Kunst, Theater, Reisen oder Salon, wobei sich hinter letzterem Titel Nachrichten aus den höheren Gesellschaftskreisen verbargen (Tabelle 9.2). Etliche der damals erschienenen Zeitschriften waren nur kurzlebig und manche erfüllten auch die Funktion von „Herrenmagazinen": So veröffentlichte etwa die Zeitschrift „Sportsman. Organ für Rennsport und Automobilismus" Inserate über Porno-Literatur und „Aktphotographien".

Tabelle 9.2: Gründungsdaten von Sportzeitschriften in Österreich (zweite Hälfte des 19. und frühes 20. Jahrhundert)

Zeitschrift	Gründungsjahr
„Wiener Schachzeitung"	1855
„Jagd-Zeitung" (1857 angekündigt unter dem Titel „Blätter für Salon und Sport")	1858
„Österreichische Turner-Schützen- & Sänger-Zeitung"* reine Schützenzeitschriften erschienen bereits ab 1846	1862
„Sport. Österreichische Blätter über Pferde und Jagd" (ab 1868 unter dem Titel „Hippologische Blätter. Centralorgan für die Interessen der Pferdezucht in Österreich" samt Beilage „Sport", 1870 fortgesetzt in „Sportblatt. Centralblatt für die Interessen der Pferdezucht und des Sport", ab 1876 unter dem Titel „Sport")	1863
„Der Pferdefreund. Österreichische Zeitschrift für Pferdewesen"	1863
„Der Jockey. Österreichische Zeitschrift für Pferdewesen"	1864
„Diana. Zeitschrift für Jagd, Pferdezucht (etc.)"	1865
„Sport. Organ für Sport-Interessen" als Beilage zum „Wiener Salonblatt" (ab 1877 als Beilage unter dem Titel „Der Sportsman. Organ zur Förderung der gesamten Sport-Interessen")	1870
„Österreichische Schachzeitung" später weitere reine Schachzeitungen	1872
„Österreichische Turn-Zeitung" später weitere reine Turnzeitschriften	1876
„Österreich-ungarisches Sport-Blatt. Central-Organ für die Interessen des Sports"	1877

Zeitschrift	Gründungsjahr
„Österreichische Zeitschrift für Hippologie und Pferdezucht. Organ für Pferdewesen & Sport" (ab 1889 unter dem Titel „Sport- und Jagdzeitung. Internationales Organ für Pferdezucht und alle Sportzweige")	1878
später weitere reine Pferdesportzeitschriften	
„Illustrirte Sport-Zeitung" samt Beilage „Die Rennbahn. Organ für die Interessen des Rennsports" (1879/80 fortgesetzt in „Sport und Salon")	1878
„Allgemeine Sport-Zeitung. Wochenschrift für alle Sportzweige" (später mit Untertitel „Illustrierte Wochenschrift für alle Sportzweige", dann ohne Untertitel)	1880
„Land- und Wasser-Sport"	1881
„Der Radfahr-Sport. Fachzeitschrift zur Hebung und Förderung des Radfahr-Sports in Österreich-Ungarn"	1886
„Illustrierte Sport-Zeitung. Organ für alle Sportzweige" (ab 1901 unter dem Titel „Automobil- und Illustrierte Sport-Zeitung")	1891
„Sport-Journal"	1891
„Wiener Sportsman"	1892
„Illustrierte allgemeine Radfahrer-Zeitung" (ab 1895 unter dem Titel „Centralblatt für Radsport und Athletik. Wochenschrift für alle Sportzweige mit Ausnahme des Pferdesports")	1894
später weitere reine Radfahrer-Zeitschriften auf Publikums- und Vereinsebene	
„Illustrierte Österreich-Ungarische Hunde-Sport-Zeitung"	1895
„Neue Sportblätter"	1897
„Internationale Fechtsport-Nachrichten. Radfahr-Post und Sport-Schütze"	1897
„Fußball- und Athletiksport-Zeitung. Fachschrift für Rasenspiele, Athletik- und Wintersport"	1898
„Sportsman. Zeitschrift für alle Sportzweige"	1898
„Sport und Salon. Illustrierte Zeitschrift für die vornehme Welt"	1898
„Spiel und Sport"	1899
„Grazer Sport-Blatt" als Beilage zur „Montags-Zeitung für die österreichischen Alpenländer"	1899
„Allgemeine Automobil-Zeitung"	1900
später weitere Automobil-Sportzeitungen	
„Der Eisspiegel. Fachzeitschrift für Eislaufen und die übrigen Zweige des Wintersports"	1902
„Sport-Zeit" als Beilage zu „Die Zeit"	1902

Zeitschrift	Gründungsjahr
„Österreichische Fischerei-Zeitung. Fachblatt für Fischzucht, Handel und Sport"	1903
„Illustrierte Fußball-Zeitung" (ab Nr. 10, Mai 1905, mit Untertitel „Fußball. Lawn Tennis. Leichte Athletik")	1905
„Illustriertes Österreichisches Sportblatt"	1905
„Die Sportfackel. Unabhängiges Organ öffentlicher Kritik auf dem Gebiet des Sports"	1905
„Sportnachrichten. Wochenschrift für Sport und Bewegungsspiele"	1905
„Sportsman. Organ für Rennsport und Automobilismus"	1905
„Wiener Sportzeitung verbunden mit Sportprogramm" (ab Nr. 2 unter dem Titel „Wiener Sportblatt für Fußball, Lawn-Tennis und Athletik")	1906
„Der Jockey. Organ für Renn-, Traber- und Automobilsport"	1906
„Sport im Wort. Zeitschrift für leichte und schwere Athletik, Fußball, Radfahren, Schwimmen, Eislaufen, Rollschuhlaufen und Rodelfahren"	1909
„Reise und Sport" (ab 1913 unter dem Titel „Moderne Illustrierte Zeitung für Reise und Sport")	1909
„Kunst und Sport. Illustrierte Zeitschrift für Theater, Sport und Fremdenverkehrsinteressen"	1910
„Körpersport in Wort und Bild. Illustrierte sportliche Wochenschrift"	1911
„Österreichisch-Ungarische Sport-Revue. Illustriertes Organ für den Renn-, Traber- und Automobil-Sport und andere Sportzweige"	1911
„Der Sportsman. Unabhängige Zeitschrift für Pferde-, Automobil- und Flugwesen"	1911
„Sport und Welt. Monatsschrift für Sport, Reise, Kunst und Theater"	1911
„Sport-Revue. Organ zur Förderung des Körpersports. Illustrierte Wochenausgabe der täglich erscheinenden ‚Sport-Revue' des Fremdenblatt"	1914
„Das interessante Sportblatt. Turf, allgemeiner Sport, Jagd, Salon, Theater"	1914

* Darüber hinaus gab es die „Deutsche Turnzeitung".

Abbildung 9.3: Titelseite der Erstausgabe der „Allgemeinen Sport-Zeitung" (1. Juli 1880)

ALLGEMEINE

SPORT-ZEITUNG.

WOCHENSCHRIFT FÜR ALLE SPORTZWEIGE.

PRÄNUMERATIONS-PREISE
mit portofreier Zusendung:

FÜR OESTERREICH-UNGARN . . . . 16 FL.
„ DEUTSCHLAND . . . . 30 MARK
„ FRANKREICH, BELGIEN UND ITALIEN . 40 FRCS.
„ ENGLAND . . . . 1 PF. ST. 10 SH.

EINZELNE NUMMERN 30 KR.

INSERATE FÜR DIE NONPAREILLE-ZEILE 10 KR.

HERAUSGEGEBEN UND REDIGIRT
von
VICTOR SILBERER.

ERSCHEINT JEDEN DONNERSTAG.

REDACTION UND ADMINISTRATION:
WIEN
I. ELISABETHSTRASSE 17.

MANUSCRIPTE WERDEN NICHT ZURÜCKGESTELLT.

UNFRANKIRTE SENDUNGEN WERDEN NICHT ANGENOMMEN.

PROBENUMMER.   WIEN, DONNERSTAG DEN 1. JULI 1880.   PROBENUMMER.

WIENER TRABRENN-VEREIN.

Das Comité des „Wiener Trabrenn-Vereines" hat am 19. Juni 1880 einstimmig die „ALLGEMEINE SPORT-ZEITUNG" zum OFFICIELLEN ORGANE des „Wiener Trabrenn-Vereines" erklärt.

WIENER RUDER-CLUB „LIA".

Der Ausschuss des Wiener Ruder-Club „Lia" hat mittelst Zuschrift vom 15. Juni 1880 die „ALLGEMEINE SPORT-ZEITUNG" zum OFFICIELLEN ORGANE des Wiener Ruder-Club „Lia" erklärt.

RUDER-VEREIN „DONAUHORT".

Der Ausschuss des Ruder-Vereines „Donauhort" hat mittelst Zuschrift vom 17. Juni 1880 die „ALLGEMEINE SPORT-ZEITUNG" zum OFFICIELLEN ORGANE des Ruder-Vereines „Donauhort" erklärt.

FRANKFURTER RUDER-VEREIN.

Der Ausschuss des Frankfurter Ruder-Vereines hat mittelst Zuschrift vom 21. Juni 1880 die „ALLGEMEINE SPORT-ZEITUNG" zum OFFICIELLEN ORGANE des Frankfurter Ruder-Vereines erklärt.

FRANKFURTER „GERMANIA".

Der Ausschuss der Frankfurter Ruder-Gesellschaft „Germania" hat mittelst Zuschrift vom 22. Juni 1880 die „ALLGEMEINE SPORT-ZEITUNG" zum OFFICIELLEN ORGANE der Frankfurter Ruder-Gesellschaft „Germania" erklärt.

DEGGENDORFER RUDER-VEREIN.

Der Ausschuss des Deggendorfer Ruder-Vereines hat mittelst Zuschrift vom 21. Juni 1880 die „ALLGEMEINE SPORT-ZEITUNG" zum OFFICIELLEN ORGANE des Deggendorfer Ruder-Vereines erklärt.

PASSAUER RUDER-VEREIN.

Der Ausschuss des Passauer Ruder-Vereines hat mittelst Zuschrift vom 29. Juni 1880 die „ALLGEMEINE SPORT-ZEITUNG" zum OFFICIELLEN ORGANE des Passauer Ruder-Vereines erklärt.

INHALT DER HEUTIGEN NUMMER:

Landes-Pferdezucht und Prämien. — Zur Fachliteratur in Oesterreich-Ungarn. — Die Leistungen der Traber bei dem diesjährigen Frühjahrs-Meeting des Wiener Trabrenn-Vereines. — Die Jura-Trabrennen in Berlin. — Frankfurt in England. — Der Sport in der Armee. — Rennen. — Traben. — Rudern. — Segeln. — Schwimmen. — Fischen. — Jagd. — Schiessen. — Gymnastik. — Schlittschuhlaufen. — Billard. — Schach. — Theater. — Personalien. — Briefkasten. — Inserate.

WIEN, 30. JUNI.

Unter dem Schlagworte »Was wir wollen« oder »Unser Programm« oder dergleichen pflegen die Herausgeber neuer Blätter ihre erste Nummer mit einem Artikel zu eröffnen, in welchem des Langen und Breiten auseinander gesetzt wird, welch' dringenden Bedürfnissen mit der neuen Zeitung abgeholfen und was der Lesewelt in dem neuen Blatte alles geboten werden soll. Nur gar zu häufig steht aber die Art, wie sich das Unternehmen in der ersten Nummer präsentirt, schon im crassen Widerspruche zu dem hochfliegenden Programme, das auf der ersten Seite figurirt, aber nicht viel weiter über diese hinauskommt.

Wir glauben diese Art der Anempfehlung unseres Blattes dem Leser, wie uns selbst, ersparen zu können; denn entweder entspringt ein neues Blatt einem wirklichen Bedürfnisse, dann macht es seinen Weg auch ohne den speciellen Hinweis darauf, oder es ist dies nicht der Fall, dann wird die Behauptung des Herausgebers, dass dem doch so sei, nicht im Stande sein, dem neuen Unternehmen eine festere Basis zu verleihen. Ist ein Blatt gut gemacht und entspricht es seinem Zwecke, so erobert es sich die Sympathien der Kreise, auf die es berechnet ist, auch ohne weitere Versprechungen, wenn nicht, dann ist auch kein noch so schönes und reichhaltiges »Programm« im Stande, über die Mängel der praktischen Durchführung hinwegzutäuschen.

Wir bitten daher den freundlichen Leser, einfach als unser Programm die vorliegende Nummer zu betrachten. Man wird hoffentlich daraus deutlich genug ersehen, was wir mit der »Allgemeinen Sport-Zeitung« bezwecken und was wir in derselben der Sportwelt bieten wollen.

Gleich an dieser Stelle aber richten wir an alle sportlichen Vereine und Corporationen, welche den Werth unseres Unternehmens für den Sport selbst zu schätzen wissen, die dringende Bitte, uns durch regelmässige Berichte und Mittheilungen, sowie durch Zusendung aller

---

Vereins-Publicationen in unserem Streben zu unterstützen, dem Sport in Oesterreich-Ungarn und Deutschland thatsächlich ein »allgemeines« Organ zu schaffen. Jede, auch die kleinste Mittheilung über irgend ein Vorkommniss auf einem der vielen Sportgebiete wird uns ebenso willkommen sein und nach Thunlichkeit verwerthet werden, wie grössere Fach-Arbeiten.

Indem wir diese Bitte allen Rennvereinen, Reiter-Clubs, Traber-Gesellschaften, den Ruder-Clubs, Eislauf-Vereinen, Jagd-, Schützen-, Turn- und Fecht-Vereinen etc. etc. warmstens an's Herz legen, laden wir die P. T. Sportfreunde ergebenst ein, der »Allgemeinen Sport-Zeitung« durch Abonnement auch jene materielle Förderung angedeihen zu lassen, deren jede Zeitung zur Sicherung ihres Bestandes bedarf.

DIE REDACTION
der
ALLGEMEINEN SPORT-ZEITUNG.

ABONNEMENTS-PREISE
der
ALLGEMEINEN

SPORT-ZEITUNG

INCLUSIVE PORTOFREIER ZUSENDUNG.

FÜR OESTERREICH-UNGARN:

GANZJÄHRIG . . . . FL. 16.—
HALBJÄHRIG . . . . „ 8.—
VIERTELJÄHRIG . . . . „ 4.—

FÜR DEUTSCHLAND:

GANZJÄHRIG . . . . 30 MARK
HALBJÄHRIG . . . . „ 15 „
VIERTELJÄHRIG . . . . „ 7½ „

FÜR FRANKREICH, BELGIEN UND ITALIEN:

GANZJÄHRIG . . . . 40 FRCS.
HALBJÄHRIG . . . . „ 20 „
VIERTELJÄHRIG . . . . „ 10 „

FÜR ENGLAND:

GANZJÄHRIG . . . . 1 PF. ST. 10 SH.
HALBJÄHRIG . . . . „ 15 „

ABONNEMENTS AUS OESTERREICH-UNGARN ODER DEUTSCHLAND WERDEN AM EINFACHSTEN MITTELST POSTANWEISUNG EFFECTUIRT.

DIE ADMINISTRATION
der
ALLGEMEINEN SPORT-ZEITUNG.

Die „ALLGEMEINE SPORT-ZEITUNG" ist heute 16 Seiten stark, wird aber in Zukunft, ausser bei Überfülle des Stoffes, nur 12 Seiten umfassen.

Abbildung 9.4: Victor Silberer, erfolgreicher Rudersportler und Gründer der „Allgemeinen Sport-Zeitung"

Quelle: Portraitarchiv der österreichischen Nationalbibliothek

Abbildung 9.5: Anzeige 1900

Quelle: Silberer 1900, S. II

Abbildung 9.6: Titelkopf der „Fußball- und Athletiksport-Zeitung" (5. November 1898)

Abbildung 9.7: Titelkopf der „Illustrierten Fußball-Zeitung" (6. Mai 1905)

In allen Sportzeitschriften wuchs – wie es die zunehmend häufigere Verwendung der Bezeichnung „Illustrierte" im Titel oder Untertitel nahe legt – der Fotoanteil. Neben der Sportfotografie, deren Anfänge in Österreich bis ins Jahr 1860 zurückreichen (Sachsse 2010, S. 98), entwickelten sich bald auch der Film und die Kinoberichterstattung. So fand der Sport in den letzten Jahren vor Ausbruch des Ersten Weltkrieges in der Kinowochenschau Berücksichtigung (Berichte über große Flugsport- und Skiveranstaltungen).

In der Zwischenkriegszeit etablierte sich der Sportfilm als eigene Gattung des Kinofilms (Wintersportfilm, Bergfilm; Rapp 1997) und das Angebot an Sportprintmedien expandierte weiter, wofür die Umstellung des im Oktober 1918 gegründeten „Sportblattes am Mittag" in Wien von dreimaligem Erscheinen pro Woche auf eine tägliche Erscheinungsweise (mit entsprechender

Untertitelung „Tagblatt für alle Sportzweige", später Titeländerung auf „Wiener Sport-Tagblatt") bezeichnend ist (Dimitriou 2010, S. 30). Zu dem Tagblatt, den regelmäßig in längerem zeitlichem Abstand erscheinenden Blättern für Sport und zum Sportfilm kam als weiteres Medium für die Sportberichterstattung das Radio hinzu. Radioreportagen inkludierten Zuhörer in einer bislang unbekannten Weise in das Sportgeschehen, indem sie eine Gleichzeitigkeit von Sportereignis, Berichterstattung und Zuhörererleben herstellten. Die erste Übertragung einer Sportveranstaltung im österreichischen Radio wurde am 1. Mai 1924, sogar noch vor der offiziellen Gründung der Ravag (Radio-Verkehrs-AG), gesendet. Es handelte sich um einen Boxkampf auf der Hohen Warte in Wien (Venus 2010, S. 67). 1928 übertrug die Ravag erstmals ein Fußball-Länderspiel live, und zwar Österreich gegen Ungarn, ebenfalls von der Hohen Warte (ebd., S. 69). Wesentlich schwieriger und deshalb für viele Zeitgenossen geradezu ein „technisches Wunder" war die Radio-Liveübertragung des Fußball-Länderspiels England gegen Österreich am 7. Dezember 1932 aus London. Dazu wurden mit Telefon und Radio die damals schnellsten Medien kombiniert. Mittels eines am Meeresgrund verlegten Telefonkabels wurde die Übertragung zunächst nach Brüssel geleitet, dann per Telefon weiter nach Köln. Von dort wurde sie in die Sendemasten geschickt, die sie über Mittel- und Langwelle weitergaben. Die Übertragung wurde von allen mitteleuropäischen und einigen osteuropäischen Sendern übernommen.

Sportereignisse waren auch für das Fernsehen, welches sich Mitte der 1950er Jahre als Massenmedium in Österreich durchzusetzen begann, ein frühes Testfeld für technische Weiterentwicklungen. Bereits das 1955 gestartete Versuchsprogramm des österreichischen Fernsehens (ORF) beinhaltete eine Sportsendung. 1956 wurden im österreichischen Fernsehen erstmals Olympische Winterspiele (Cortina d'Ampezzo) ausgestrahlt (Strabl 1980, S. 134). 1960 wurden erstmals Olympische Sommerspiele (Rom) im Fernsehen direkt übertragen. Der technische Fortschritt durch Satellitenübertragung kam bei den Olympischen Spielen von Tokio 1964 erstmals zum Einsatz. 1968 erfolgte die erste Fernseh-Direktübertragung Olympischer Spiele (Mexiko) in Farbe. In der Folgezeit wurden die Übertragungen technisch immer ausgefeilter und aufwendiger. Kam man bei der Ski-Weltmeisterschaft in Bad Gastein 1958 noch mit fünf entlang der Rennstrecke positionierten Kameras aus, so sind beim Abfahrtslauf auf der Streif in Kitzbühel 2009 derer 27 im Einsatz. Davon sind sieben für die zeitversetzte Einspielung jener Passagen im oberen Streckenabschnitt zuständig, die aufgrund der Startintervalle nicht live gezeigt werden können (Start, Mausefalle, Steilhang). Auf diese Weise wird es dem Zuschauer ermöglicht, das Rennen in seinen spektakulären Passagen zu verfolgen. Die spektakulärsten Momente des Renngeschehens werden zudem durch schnelle Schnitte und Zeitlupenwiederholungen herausgestellt und dem

Zuschauer durch Nahaufnahmen und spezielle Kameraperspektiven nahe gebracht. Durch die Kameraperspektiven, durch Einblendung der Zeitmessung, durch Einbezug von Statistiken zur Steigerung des Informationsgehaltes, durch Starberichterstattung, durch emotionale und fachliche Kommentierung und durch Einsatz anderer stilistischer Mittel wird Spannung aufgebaut und eine Sportrealität konstruiert, die für Zuschauer vor Ort nicht oder nur auf der Videowand im Zielraum ersichtlich ist.

Die TV-Sportrealität wird heute – via Live-Streaming – auch im Internet gezeigt. Das Internet, welches auf Mobilgeräten nahezu überall genutzt werden kann, hat sich in seiner kurzen Geschichte ungeheuer schnell entwickelt. Bei Olympischen Spielen erstmals 1996 (Atlanta) und bei einer Fußball-WM erstmals 1998 (Frankreich) für Informationszwecke eingesetzt, avancierte es seither zu einem weiteren Schlüsselmedium moderner Sportkommunikation. Heute wird das Internet bei jeder größeren Sportveranstaltung verwendet und Sportorganisationen, Spitzensportler und Fangruppen haben mittlerweile selbstverständlich ihre eigenen Websites. Auch nahezu alle Fernsehsender und Tageszeitungen in Österreich betreiben einen Sport-Webauftritt (Baca 2010, S. 111). Zum Teil entsprechen die darin präsentierten Informationen den in den „klassischen Medien" wiedergegebenen, zum Teil ergänzen sie diese. Neben dem Informationsangebot bieten Sportportale auch unterschiedliche Varianten zum Meinungsaustausch. Dies erfolgt durch Online-Communities (z. B. Diskussionsforen zu bestimmten Themen, Chat Rooms) oder die Möglichkeit, zu Beiträgen Kommentare abzugeben.

9.4 Publikumsforschung

Fragen der sportspezifischen Publikumsforschung lauten: Wie groß ist das Publikum der massenmedialen Sportberichterstattung und durch welche Merkmale ist es gekennzeichnet? Wie groß ist die Reichweite verschiedener Sportmedien in der Gesamtbevölkerung und in verschiedenen Bevölkerungsgruppen? Welche Motive für die Nutzung medialer Sportangebote lassen sich feststellen? Welche Beziehungen entwickeln Nutzer medialer Sportangebote zu Mediensportfiguren? Diese Fragen stehen auch im Mittelpunkt der folgenden Darstellung, die mit Reichweitendaten der Sportmedien in Österreich beginnt. Unter „Reichweite" wird dabei der Anteil der Personen (in Prozent) verstanden, die Fernsehen, Radio oder Internet pro Tag (Tagesreichweite) oder ein Printmedium in einem Erscheinungsintervall nutzen. Die diesbezüglichen Daten werden von kommerziellen Marktforschungsinstituten in Erhebungen ermittelt, die zwecks Erarbeitung von Entscheidungsgrundlagen für die massenmediale Platzierung von Werbung durchgeführt werden. Im Einzelnen sind dies der Teletest, der Radiotest, die Mediaanalyse und die Webanalyse.

> **Definition:**
> **Webanalyse:** Technische Messung der Nutzung von Online-Angeboten, ergänzt durch Onsite-Befragungen (Online-Befragungen) und eine für die österreichische Bevölkerung ab 14 Jahren repräsentative telefonische Befragung.

> **Definition:**
> **Mediaanalyse:** Jährlich durchgeführte, computerunterstützte Face-to-face-Befragung von rund 16.000 Personen zur Erfassung des Medienkonsums (Printmedien, Radio, Fernsehen, Kino, Infoscreen, City Light, Plakat, Internet) der österreichischen Bevölkerung ab 14 Jahren.

> **Definition:**
> **Radiotest:** Computerunterstützte telefonische Befragung zur Erfassung des Radionutzungsverhaltens der österreichischen Bevölkerung ab zehn Jahren. Pro Jahr werden ca. 24.000 Interviews durchgeführt.

> **Definition:**
> **Teletest:** Verfahren zur Messung von Reichweiten und Beurteilungen aller in Österreich empfangbaren Fernsehsendungen. In 1.590 österreichischen Haushalten steht ein Telecontrol-Messgerät, das registriert, welcher Kanal eingeschaltet wird. Welche Person fernsieht, wird über eine Fernbedienung mit Personentasten festgestellt. Jedes Haushaltsmitglied ab drei Jahren hat sich mittels seiner Personentaste anzumelden. Zur Erinnerung daran erscheint beim Einschalten des Fernsehgerätes eine Lauftextinstruktion: „Bitte Personentaste drücken und gegen Ende jeder Sendung Note geben".

In Österreich ist das Fernsehen die bei weitem beliebteste Freizeitbeschäftigung. An einem Durchschnittstag sehen hierzulande – Basis 2010 – 62,5% aller Personen ab zwölf Jahren zumindest kurz fern. Die durchschnittliche Verweildauer der fernsehenden Personen vor den Bildschirmen beläuft sich pro Tag auf 254 Minuten, also rund viereinviertel Stunden. Nur ein geringer Teil des gesamten Fernsehkonsums bezieht sich auf Sportsendungen. Diese zählen aber zu den reichweitenstärksten Fernsehsendungen überhaupt. So war die Übertragung des Finales der Fußball-Weltmeisterschaft in Südafrika die meistgesehene Fernsehsendung des Jahres 2010. In der Hitliste der zehn meistgesehenen Fernsehsendungen 2010 befinden sich weitere sechs Sportübertragungen, und zwar die Übertragungen der beiden Halbfinale der Fußball-Weltmeisterschaft und Übertragungen von Skiwettkämpfen (Tabelle 9.3). In der Hitliste der 30 meistgesehenen Fernsehsendungen 2010 befinden sich insgesamt 23 Sportübertragungen, in der Hitliste der Männer 27, in jener der Frauen 14. Frauen sind zwar generell weniger an Sportübertragungen im Fernsehen interessiert, aber bei Übertragungen von Ereignissen in bestimmten Sportarten (z. B. Eiskunstlauf) und Übertragungen von sportlichen Mega-Events sind sie bisweilen gleich stark oder stärker im Publikum vertreten wie die Männer. So der Fall bei der Übertragung des Fußball-Europameisterschafts-Spiels Österreich gegen Deutschland 2008, welche – laut Teletest – von 1.137.000 Frauen und 1.052.000 Männern verfolgt wurde. Das ergibt in Summe 2.189.000 österreichische Zuseher im eigenen Haushalt oder eine Reichweite von 31% der österreichischen Bevölkerung ab 12 Jahren. Dazu kommen noch – laut Hochrechnung von Ergebnissen einer telefonischen Befragung – 1.170.000 erwachsene Österreicher, welche die Fernsehübertragung des Spiels außer Haus verfolgten und deshalb vom Teletest nicht miterfasst worden sind (Media Research 2008). Es handelt sich dabei um Personen, welche die Übertragung an Fernsehgeräten am Arbeitsplatz, in Gaststätten, Bars, Pubs, Clubs oder auf einem der 880 von der UEFA lizenzierten „Public Viewing"-Plätzen in Österreich sahen (Mazoll 2009, S. 72).

Tabelle 9.3: Die zehn meistgesehenen Fernsehsendungen des Jahres 2010 in Österreich

Titel	Reichweite in % der österreichischen Bevölkerung ab 12 Jahren
Fußball-WM-Finale Niederlande – Spanien	24,3
Fußball-WM-Halbfinale Deutschland – Spanien	20,9
Opernball 2010 – Eröffnung	20,0
Bundesland heute am 17.1.	19,8
Skispringen Bischofshofen	19,4
Zeit im Bild am Tag der Landtagswahl in Wien (10.10.)	18,7
Olympia Live: Riesentorlauf Herren	18,4
Olympia Live: Abfahrt Herren	17,8
Nacht-Slalom Herren Schladming	17,7
Fußball-WM-Halbfinale Uruguay – Niederlande	17,6

Quelle: Teletest 2011

Gemeinsam mit dem Fernsehen steht das Radio an der Spitze der Zuwendungszeiten der Österreicher, wenn es um deren Medienzeitbudget geht. 81,5% aller Österreicher ab zehn Jahren hören an einem Durchschnittstag – Basis 2010 – mindestens kurz Radio. Die durchschnittliche Hördauer beträgt 197 Minuten, also rund dreieinviertel Stunden. Für die Hörer bedeutet Radio vor allem Musik und aktuelle Nachrichten. Sportereignisse sind in die Nachrichten einbezogen, über sie wird aber auch in größerflächigen Sendungen beispielsweise an Samstagnachmittagen und -abenden berichtet. Radio-Direktübertragungen von Sportereignissen werden insbesondere von jenen sportinteressierten Personen genutzt, die zum Zeitpunkt des Ereignisses das Fernsehen nicht nutzen können (z. B. im Auto oder am Arbeitsplatz).

Neben Radio und Fernsehen zählt die Tageszeitung mit ihren Sportseiten zu den meistgenutzten Informationsmedien zum Thema Sport. Die Gesamtreichweite der Tageszeitungen in Österreich beläuft sich – Basis 2010 – auf 74% der Bevölkerung ab 14 Jahren. Von den einzelnen Zeitungen erzielt die „Kronen Zeitung" mit 39% die größte Reichweite. Es folgen mit großem Abstand die „Kleine Zeitung" mit 12%, die Gratiszeitung „Österreich" mit 9,6%, der „Kurier" mit 8,1% und „Der Standard" mit 5,3%. Alle anderen Tageszeitungen kommen auf Reichweiten von unter 5%. Ebenso gering sind die Reichweiten der Sportzeitschriften, von denen es lediglich das elf Mal im Jahr erscheinende „Sportmagazin" und die Wochenzeitschrift „SportWoche" auf über 2% bringen. Die Leserschaft dieser Zeitschriften rekrutiert sich überwiegend aus Männern (Tabelle 9.4).

Tabelle 9.4: Reichweiten der auflagenstärksten heimischen Sportzeitschriften in der österreichischen Bevölkerung insgesamt (ab 14 J.) und in bestimmten Bevölkerungsgruppen

	Reichweite des „Sportmagazins" in %
Bevölkerung insgesamt	4,6
Männer	8,1
Männer, die aktiv Sport betreiben	9,4
14 – 24-jährige Männer	14,7
Frauen	1,4

	Reichweite der „SportWoche" in %
Bevölkerung insgesamt	2,6
Männer	4,5
14 – 24-jährige Männer	9,5
Frauen	0,7

Quelle: Verein Arbeitsgemeinschaft Media-Analysen 2010

Zeitschriften- und Zeitungsinhalte werden zunehmend auch im Internet genutzt, das 2010 in der österreichischen Bevölkerung ab 14 Jahren eine Tagesreichweite von 49,5% erzielte. Mit dem „mamma media SPORTNETwork" zählte dabei ein Sportnewsportal zu den 20 Dachangeboten mit der höchsten Tagesreichweite (Dachangebote sind Websites, die mehrere Adressen unter einer Homepage versammeln) (ÖWA Plus 2011, S. 6). 80% der User dieses Sportnewsportals sind Männer, 70% jünger als 40 Jahre. Generell ist regelmäßige Internetnutzung in den jüngeren Altersgruppen besonders verbreitet und hat bei 14- bis 29-jährigen Österreichern mit stark ausgeprägtem Interesse an Sportthemen bereits einen höheren Stellenwert als das Fernsehen (Stark 2009, S. 150).

Stark ausgeprägtes Interesse an Sportthemen in der medialen Berichterstattung hat rund ein Viertel der österreichischen Bevölkerung (ebd., S. 147). Das Interesse ist bei Jüngeren größer als bei Älteren und bei Männern ausgeprägter als bei Frauen (ebd.). Dieses größere Interesse der Männer und der Jüngeren entspricht dem größeren Interesse dieser Bevölkerungsgruppen an aktiver Sportausübung.

Allgemein zeigen sich Personen, welche eine Sportart aktiv betreiben, an der medialen Berichterstattung über eben diese Sportart interessierter als andere Mediensportkonsumenten. Personen, die eine Sportart aktiv betreiben, nutzen die mediale Berichterstattung über Ereignisse in dieser Sportart auch, um ggf. für die eigene Sportausübung etwas zu lernen (Verbesserung der Technik, Gewinnung von Maßstäben für das eigene sportliche Handeln usf.).

Außer diesem spezifischen Lernmotiv werden in der Literatur zahlreiche andere Zuwendungsmotive zu medialen Sportangeboten angeführt. Einen Eindruck von der Vielfalt der identifizierten Motive gibt Tabelle 9.5.

Die wichtigsten theoretischen Ansätze hierzu sind die "recreation theory" (Zuwendung zu medialen Sportangeboten der Erholung wegen), „diversion theory" (um dem Alltag zu entfliehen und sich abzulenken), „stress and stimulation seeking theory" (um Spannung und Aufregung zu erleben), „catharsis theory" (um Aggressionen abzubauen), „entertainment theory" (der Unterhaltung wegen), „achievement seeking theory" (um durch Identifikation mit Sportlern den Selbstwert zu steigern) und „parasocial interaction theory". Die letztgenannte Theorie, auf die hier näher eingegangen werden soll, geht auf einen Aufsatz von Horton/Wohl (1956) zurück, die mit dem Begriff „parasoziale Interaktion" die scheinbare Interaktion zwischen Personen auf dem TV-

Tabelle 9.5: Von verschiedenen Autoren erstellte Listen von Zuwendungs-
motiven zu medial vermittelten Sportdarbietungen

Raney (2004)	Wenner/Gantz (1998)	Aimiller/Kretschmar (1995)
Einzelmotive:	Einzelmotive:	Einzelmotive:
Entertainment	Identification	Show/Ästhetik/Exklusivität
Eustress	Desire to thrill in victory	Wer gewinnt? Parteinahme
Self esteem	To get psyched up	Emotionalität/Involvement/
Escape	To let off steam	Live-Erlebnis
Learning	To let loose	Parasoziale Interaktion
Aesthetic	To kill or pass time	Meinungsbildung/
Release	Opportunity to have a few	Information
Companionship	beers or drinks	Unterhaltung/Spannung
Group affiliation	To be together with friends	Sensationslust
Family	To be together with the	Wirklichkeitsflucht/
Economics (Sports	family	Zeitvertreib
gambling)	Information	Gemeinschaftserlebnis
	and much else	Zusammensein mit der
		Familie
		Lernen/eigene Aktivität
		Visuelles Erleben
Übergeordnete Kategorien:	Motiv-dimensionen:	Übergeordnete Kategorien:
Emotional motivations	Fanship Dimension	Soziale Motive
Cognitive motivations	Release Dimension	Parasoziale Motive
Behavioural and social motivations	Filler Dimension	Entspannung
	Companionship Dimension	Stimulation
	Learning Dimension	

Bildschirm, sogenannten Personae, einerseits und Fernsehzuschauern andererseits meinen.

> „The more the performer seems to adjust his performance to the suppo-
> sed response of the audience, the more the audience tends to make the
> response anticipated. This simulacrum of conversational give and take
> may be called para-social interaction" (Horton/Wohl 1956, S. 215).

Die sich aus dieser scheinbaren Interaktion ableitende Beziehung zwischen
Personae und Rezipienten wird als „parasoziale Beziehung" bezeichnet.
Diese künstliche, soziale Beziehung bleibt nicht auf die Perioden des tatsächlichen Medienkonsums beschränkt. Sie setzt sich vielfach fort, wenn
der Fernsehapparat abgeschaltet oder die Zeitung weggelegt ist. So zeigten Interviews mit Fans, dass diese ein Bündel anhaltender Gefühle zu den
Medienhelden entwickeln und diese ihnen im Grunde unbekannte Menschen
als „Vaterfigur", „Vorbild" oder „Freund" ansehen.

Das Ergebnis ist dann häufig die Entwicklung eines neuen Ichs, in welchem das ursprüngliche Ich mit der Vorstellung der bewunderten Figur kombiniert wird. Dafür gibt es im Sport eine große Anzahl an Beispielen. So sind die meisten Sportler durch Medienvorbilder geprägt. Sogar erfolgreiche Profisportler berichten über dieses Rollenspiel und ihre Orientierung an einem Idol. Diese Orientierung ist so verbreitet, dass Sportreporter die Sportler regelmäßig nach ihren Vorbildern fragen.

Für Beziehungen zu solchen Vorbildern ist typisch, dass die Nachahmung des sportlichen Verhaltens Teil eines tiefergehenden Einflusses ist. Im folgenden Zitat eines jungen Tennisspielers zeigt sich eine weiterreichende Nachahmung von Lebensstilen und Werten:

> „I'm extremely aggressive on the court, I guess. I really like Jimmy Connors's game. I model myself after him. I read somewhere that he said he wants to play every point like it's match point at Wimbledon. [...] I like the individualism of tennis. It's not a team sport; it's an ego trip. You get all the glory yourself. That's what I thrive on, ego. [...] I want to become No. 1 in the world and become a millionaire. [...] I want to become like Vitas Gerulaitis, with the cars, the shopping in Paris, and the girls" (Caughey 1986, S. 242).

Extreme Folgen können pathologische parasoziale Beziehungen haben, wie der Fall von Günter Parche belegt. Er griff am 30. April 1993 die Tennisspielerin Monica Seles in einer Spielpause mit einem Messer an, um seine „Heldin" Steffi Graf vor einer Niederlage zu bewahren. Psychologische Analysen bescheinigten Parche eine abnorme Persönlichkeitsstruktur und eine idealisierende Fixierung auf Steffi Graf, die zum Mittelpunkt seines psychischen Lebens geworden war. Versuche, in direkten Kontakt mit Mediensportlern zu kommen (z. B. bei Autogrammstunden) und damit die parasozialen zu sozialen Kontakten werden zu lassen, scheinen hingegen zum normalen Fanverhalten zu gehören (Gleich 2009, S. 169).

Zum normalen Fanverhalten gehört auch, möglichst viele Informationen über die jeweiligen Medienhelden zu sammeln. Ein Fußballfan, deren es Zigtausende gibt, kennt nicht nur die Namen der Spieler, sondern natürlich auch deren Verein, Positionen in der Mannschaft, Verletzungen, die Stationen ihrer Karriere etc. Genauso gut kennt ein Tennisfan seinen Favoriten. Er weiß seine letzten Erfolge, kennt seine technischen Eigenheiten, die Marke seiner Kleidung, seines Schlägers usw. Diese Informationen scheinen überflüssig zu sein, doch sind sie in vielen Situationen von sozialer Notwendigkeit. Sie sind oft Gesprächsthema in Familien, unter Bekannten, bei der ersten

Kontaktaufnahme mit Fremden in der Freizeit oder im Beruf. Man kann über etwas Gemeinsames sprechen.

9.5 Wirkungsforschung

Gegenstand dieses Forschungszweiges sind die „Medienwirkungen". Darunter fallen alle Veränderungen, die auf Medien oder deren Mitteilungen zurückgeführt werden können. Diese Veränderungen können sowohl Individuen, als auch Systeme und Institutionen betreffen. Die Geschichte der diesbezüglichen Forschung kann zu einem nicht unerheblichen Teil als Geschichte der irrtümlichen und unbefriedigenden Theorien der Wirkungen von Massenkommunikation geschrieben werden.

Theorie von der Allmacht der Medien
Von 1920 bis 1944 wurde den Massenmedien die Allmacht (Omnipotenz) zugeschrieben, Reaktionen beim Publikum genau in der Richtung hervorzurufen, in der die Massenmedien bestimmte Stimuli setzten. Die berühmt gewordene Radioreportage „The invasion from Mars" am 30. Oktober 1938 galt als Beleg für diese These. Millionen Hörer fielen damals in Panik, als in den USA über die Landung von Marsmenschen berichtet wurde. Das im ersten Drittel dieses Jahrhunderts in die Sozialwissenschaft eingeführte Stimulus-Response-Modell war augenscheinlich brauchbar. Der richtige Stimulus – eine angsterregende Medienbotschaft – führte zu einer panischen Reaktion der wehrlosen Rezipienten.

Theorie von der relativen Wirkungslosigkeit der Medien
1944 bis 1970 häuften sich die Indizien von der relativen Wirkungslosigkeit (Impotenz) der Medien. Bahnbrechend dafür waren die klassischen Untersuchungen zu „People's Choice" während des amerikanischen Präsidentschaftswahlkampfes Wilkie contra Roosevelt. In diesen Untersuchungen konnten Lazarsfeld/Berelson/Gaudet (1948) zeigen, dass der Einfluss von Hörfunk und Presse bei weitem überschätzt worden war und dass bei der Meinungsbildung auch andere Faktoren zum Tragen kamen wie Schichtzugehörigkeit und Bekanntenkreis.

1970 begann die Rückkehr zur Allmachtsthese, insbesondere im Hinblick auf Langzeiteffekte und kumulative Wirkungen der Massenkommunikation. So formulierte Noelle-Neumann (1992) bezüglich des prägenden Einflusses des Fernsehens das Schlagwort vom „getarnten Elefanten".

Ob die Rede vom „getarnten Elefanten" gerade auch im Hinblick auf den Fernsehsport ihre Berechtigung hat, ist eine offene Frage, denn eine sportbezogene empirische Wirkungsforschung hat bis dato erst ansatzweise stattgefunden. Daher sind die Auswirkungen der Mediensportrealität auf die Rezipienten noch weitgehend unbekannt. Die Kernfrage der Diskussion, in der sich die Wissenschaft uneins ist, dreht sich um die Wirkung von Gewaltdarstellungen in den Medien. In Anlehnung an Kunczik und Zipfel (2006, S. 84–169) sind in Tabelle 9.6 die gängigsten Hypothesen, die sich um eine Beantwortung dieser Frage bemühen, überblicksartig dargestellt.

Tabelle 9.6: Erklärungsmodelle möglicher Auswirkungen von Gewaltdarstellungen auf die Zuschauer

Katharsis-Hypothese	Inhibitions-hypothese	Stimulations-hypothese	Habituali-sierungs-hypothese	Kultivierungs-hypothese	Hypothese der Wirkungs-losigkeit
Geht von einem angeborenen Aggressionstrieb aus → Aggressionsabfuhr durch Medienausdruck: Aggressionen werden über eine Art stellvertretende Aggressionshandlung (entsprechende Identifikation mit aggressiven Modellen) abgebaut.	In den Medien dargestellte Gewaltäußerungen hemmen aggressive Verhaltenstendenzen, weil bei den Rezipienten eher Angst denn Aggressionsbereitschaft auftritt.	Mediengewalt lehrt aggressives Verhalten und regt dazu an („Modell-" oder „Beobachtungslernen").	Zunehmende Dauer und Intensivierung von Gewalthandlungen in den Medien erzeugen „schleichend" negative Effekte im Sinne von Gewöhnungseffekten und Verharmlosungen der Gewalt. Dies ist umso mehr der Fall, wenn die betreffenden Individuen auch in ihrer Alltagswirklichkeit vermehrt mit Gewaltanwendung in Berührung kommen.	Das Weltbild der Rezipienten wird bei langem und häufigem Konsum von den der Realität oft nicht entsprechenden Fernsehinhalten stärker als von der Wirklichkeit selbst geprägt.	Mediengewalt ist für die Entstehung realer Gewalt bedeutungslos.

In der empirischen Forschung finden sich für die Katharsis-Hypothese, also für die Annahme, dass die Rezeption medial vermittelter Sportdarbietungen einen kathartischen Effekt habe und die Rezipienten davon abhalte, sich selbst aggressiv zu verhalten, keine Hinweise. Eher scheint es Hinweise für die Stimulationshypothese zu geben, derzufolge medial dargestellte „Sportaggressionen" aggressive Tendenzen der Zuseher ansteigen lassen (Gleich 2004, S. 201). Im Sinne dieser Hypothese kann das aggressive Verhalten der Mediensportler als Modell für Imitationsverhalten der Zuseher dienen. Dabei ist aber eine ganze Reihe weiterer Einflussfaktoren zu berücksichtigen (ebd., S. 202). Es ist also im Hinblick auf Auswirkungen von medialen Gewaltdarstellungen im Sport von einem komplexen Wirkungszusammenhang auszugehen.

Bei aller Komplexität lässt sich jedenfalls feststellen, dass der symbolische Transfer des Sports eine neue kommunikative Dimension darstellt und Auswirkungen auf die Sportkultur hat. Der Aufstieg des Mediensports hat bewirkt, dass in modernen Gesellschaften die relativ geringe Anteilnahme der Bevölkerung am Aktivsport in keinem Verhältnis zur enormen Bedeutung des Sportmedienkonsums steht. Viele Menschen betreiben selber keinen Sport, rezipieren Sport aber intensiv über die Medien. Im Sinne der Kultivierungshypothese (Tabelle 9.6) könnte das Bild vom Sport, welches sich diese Menschen machen, jenem von Höchstleistung, Konkurrenz und Risikostreben – wie es eben in den Medien gezeichnet wird – entsprechen. Handelt es sich noch dazu um Menschen mit niedrigem Selbstwertgefühl, so dürften diese dann eher abgeschreckt werden, selber Sport zu betreiben, weil die vorgestellten Leistungsstandards unerreichbar erscheinen und kaum Anlass besteht, sich freiwillig im Rahmen der Freizeit einem Konkurrenzdruck auszusetzen oder Risiko auf sich zu nehmen (Marcinkowski/Gehrau 2009, S. 239).

10 Sport und Wirtschaft

Sport ist ein bedeutender Wirtschaftsfaktor: In Österreich wird die volkswirtschaftliche Wertschöpfung allein im alpinen Wintersport mit 4,9% (Arbesser et al. 2010, S. 9), jene im Sport insgesamt mit 7,5% der gesamten Wirtschaftsleistung des Landes beziffert (Helmenstein/Kleissner/Moser 2006, S. 92). In ökonomischer Hinsicht profitieren vor allem:

- Tourismusunternehmen, die Sporttouristen beherbergen und verpflegen;
- die Sportartikelindustrie, die mit dem Verkauf von Sportbekleidung und -geräten immer wieder neue Märkte erschließt;
- Wirtschaftsunternehmen, die Sportanlagen bauen und erhalten;
- kommerzielle Unternehmen, welche die Benützung von Sportanlagen und Sportunterricht anbieten (Fitnesscenter, Tanzstudios, Tennisplatz, Skipistenbetriebe, Segel-, Windsurfing-, Tauch-, Kampfsport-, Reitschulen etc.);
- Veranstalter von Sportevents;
- Sportwetten-Anbieter;
- Medien, die über Sport berichten;
- Marketing- und Werbeunternehmen, die mit Sport werben;
- Vereine mit Profimannschaften und nicht zuletzt Sportler, die Unterhaltung bieten und dafür Geld bekommen.

Marktbezogenes Handeln und wirtschaftliche Erfolge treten immer häufiger neben die eigentlichen sportlichen Ziele. Dementsprechend gewinnen *sportökonomische Aspekte* an Bedeutung.

> **Definition:**
> Sportökonomie ist jene Wissenschaft, die sich mit dem Zusammenhang zwischen Sport und Wirtschaft befasst.

Die Verflechtungen mit der Wirtschaft machen sich in allen Bereichen des Sports bemerkbar, sogar im Vereinswesen, welches lange Zeit eine Gegenwelt zu Beruf, Markt und Gelderwerb gebildet hat. So haben etliche Vereine Angebote nicht mehr nur für die Mitglieder, sondern auch für Nichtmitglieder entwickelt, vergleichbar den Angeboten der kommerziellen Sportanbieter. Die Organisation des Sports wird also zunehmend nach Strukturen ausgerichtet, die für die Wirtschaft unserer Gesellschaft typisch sind. Der Sport gerät in den Sog rational gestalteter Wirtschaft. Es kommt zur *Kommerzialisierung* des Sports.

> **Definition:**
> Kommerzialisierung des Sports ist der Prozess seiner Vermarktung nach erwerbswirtschaftlichen Prinzipien.

Die zunehmend als „Events" organisierten sportlichen Großveranstaltungen wie Europameisterschaften, Weltmeisterschaften oder Olympische Spiele dienen vermehrt kommerziellen Interessen und sind nur dann in ihrer Größenordnung gesichert, wenn eine umfangreiche kommerzielle Auswertung erfolgt. Bei dieser Auswertung treten externe Effekte auf, von denen die Gesellschaft oder unterschiedliche Gruppen im Austragungsland in verschiedener Weise betroffen sind. In diesem Zusammenhang sei auf monetäre und nicht-monetäre Kosten der EURO 2008 hingewiesen, die der Organisator, nämlich die UEFA (Europäische Fußballunion), nicht zu tragen hatte:
- die besonders hohen Ausgaben für die öffentliche Sicherheit, handelte es sich doch um „die größte sicherheitspolizeiliche Lage, die die österreichische Sicherheitsexekutive jemals zu bewältigen hatte" (SIAK o. J., S. 131);
- Kosten des Aufbaus von Fan-Meilen, die Vergrößerung von Stadien und andere Investitionen;
- Folgekosten für nicht mehr genutzte Kapazitäten von Stadien;
- Anstieg des Preisniveaus vor und während der Spiele;
- Umweltschäden; usw.

Da für diese Kosten der Staat oder Dritte aufkamen (Hachleitner/Manzenreiter 2010), konnte die UEFA aus der Veranstaltung einen Reingewinn von 235 Millionen Euro verbuchen[1]. Dieser Betrag ist stattlich, vor allem, wenn man bedenkt, dass der gesamte, für Österreich errechnete konsumtive Primärimpuls durch ausländische Besucher der EURO und „Home Stayer" (jene Inländer, die wegen der EURO auf einen Auslandsurlaub verzichtet haben) nicht sehr viel höher ist: Er beläuft sich auf 287 Millionen € (Preuß et al. 2010, S. 19–22). Von diesem konsumtiven Primärimpuls profitierten insbesondere:
- die Getränkebranche, Snackindustrie und Süßigkeitenhersteller durch Umsatzzuwächse;
- Campingplatzbetreiber und vor allem Beherbergungsbetriebe durch zusätzliche Übernachtungen;
- Verkehrsbetriebe durch zusätzliches Fahrgastaufkommen (allein bei den Wiener Linien 7,4 Millionen Fahrgäste zusätzlich);

---

1 Der Standard, 6./7.2009, S. 2

– Jobsuchende durch die verbesserten Jobmöglichkeiten (im EURO-
  Monat Juni 2008 verzeichnete Wien die niedrigste Arbeitslosenrate seit
  Jahren; in ganz Österreich wurden durch die EURO 6.250 Vollzeitjahres-
  beschäftigungen geschaffen).

Darüber hinaus profitierten von der EURO:
– Verkehrsteilnehmer durch die verbesserte Verkehrsinfrastruktur (Ver-
  längerung der U2 in Wien);
– bestimmte Bundesländer (Burgenland, Salzburg, Tirol) durch den Image-
  gewinn als Gastgeberland für Fußball Camps.

Mega-Veranstaltungen wie die EURO, aber auch Sportveranstaltungen etwas geringerer Größenordnung sind durch Zuschauereinnahmen und Über-
tragungsgebühren von Sendeanstalten allein nicht finanzierbar. Daher ist man
auf Sponsoren angewiesen[2]. Immer häufiger werden Vermarktungsgesellschaften
beauftragt, das Sponsoring von Veranstaltungen ganz oder teilweise zu übernehmen. Darüber hinaus sind in einigen Disziplinen auch Sportagenturen beteiligt, die im Auftrag des Veranstalters die Veranstaltungsrechte (z. B. Übertragungsrechte, Titelrechte) und andere Sponsoringmaßnahmen vermarkten.

> **Definition:**
> Sportsponsoring ist eine spezielle Austauschbeziehung zwischen
> Sponsoren (Wirtschaftsunternehmen) und Gesponserten (Sportler,
> Sportorganisationen). Während die Sponsoren Marketing- und Kom-
> munikationsstrategien (zur Imagebildung, Steigerung des Bekanntheits-
> grades, Ansprache von Zielgruppen etc.) verfolgen, wollen die
> Gesponserten mit Hilfe finanzieller, materieller und dienstleistungsför-
> miger Zuwendungen ihre sportlichen Ziele verwirklichen.

---

2 Die Förderung des Sports durch Außenstehende hat eine lange Tradition. Der
   Römer Gaius C. Maecenas (70–8 v. Chr.), der die bedeutendsten Dichter seiner
   Zeit unterstützte, gilt als erster Gönner (Mäzen) kultureller Tätigkeiten. Das nach
   seinem Namen benannte Mäzenatentum kennzeichnet die Förderung von Personen
   oder Organisationen, ohne konkrete Gegenleistungen zu erwarten, und war
   zunächst auch im Sport vorzufinden. Indem die Gegenleistung indirekt in Form
   von Ansehen erfolgt, können dadurch idealistische Motive und Werbeinteressen
   miteinander verzahnt werden, woraus wiederum wirtschaftlicher Erfolg resultieren
   kann. Die Übergänge zum Sponsoring sind also fließend. Heute sind anonyme
   Mäzene mit einer idealistischen Bindung an den Sport und altruistischen Motiven
   nur noch selten zu finden. Immer mehr Sportler und Sportorganisationen suchen
   Sponsoren, die jedoch für ihre Hilfe ganz offen Gegenleistungen verlangen.

Das Sportsponsoring hat sich mit der zunehmenden Ökonomisierung des gesellschaftlichen Lebens und des Sports in vielfältigen Formen entwickelt und erzielte in Österreich 2011 einen Werbewert von 816,4 Millionen € (Media Focus Research 2012). Ständig werden neue Finanzierungs- und Werbemöglichkeiten erschlossen, wobei unabhängig von den jeweiligen Sportarten drei *Sponsorships* von besonderer Wichtigkeit sind: das Sponsoring von a) Einzelpersonen, b) Sportmannschaften und c) Sportveranstaltungen oder medialen Präsentationen solcher Veranstaltungen („Das … Spiel wurde Ihnen präsentiert mit Unterstützung von …"). Zwischen diesen Sponsorships gibt es zahlreiche Verflechtungen und Kombinationen. Zum Beispiel eignet sich das Sponsoring von Einzelsportlern (Trikotwerbung, TV-Spots, Autogrammstunden etc.) auch, wenn es sich um Mannschaftssportarten handelt oder es um Sportveranstaltungen geht. Eine dominierende Stellung erhält ein Sponsor durch ein *Titel-Sponsorship*, wenn sein Unternehmens- oder Produktname in den Veranstaltungstitel einbezogen und entsprechend angekündigt wird: So z. B. im Falle des WTA-Tennisturniers[3] in Bad Gastein, welches nunmehr „Nürnberger Gastein Ladies" (nach der gleichnamigen Versicherungsgruppe) heißt, oder im Falle der Österreich-Radrundfahrt, die in den vergangenen Jahren unter dem Titel „Hervis-Tour" (nach der gleichnamigen Sportartikelhandelskette) veranstaltet wurde, nachdem sie zuvor „Wiesbauer-Tour" (nach dem gleichnamigen Wursterzeuger-Unternehmen) geheißen hatte. Der Cup-Bewerb des ÖFB[4] heißt gegenwärtig Samsung Cup (nach dem gleichnamigen Elektronik-Unternehmen), nachdem er während der letzten 20 Jahre seinen Namen – infolge Titelsponsorenwechsels – sechsmal geändert hatte. Neben dem Titel-Sponsorship gibt es noch eine andere Möglichkeit, als Sponsor eine besondere Stellung zu erhalten, nämlich durch den Erwerb eines sog. *Sponsorship-Pakets* (z. B. Startnummernwerbung, Starthauswerbung, Bandenwerbung, Stadiondurchsagen und Nutzung von Prädikaten wie „Offizieller Ausstatter", „Offizieller Lieferant", „Offizieller Förderer"). Damit verbunden sind oft Ansprüche auf Parkplätze, Plätze in der VIP-Lounge und exklusive Bedienung während der Veranstaltung.

Bei großen Veranstaltungen (Tabellen 10.1 und 10.2 sowie Abbildungen 10.1 und 10.2) hat sich ein Sponsoren-Pool (mit Haupt- und Nebensponsoren) als erfolgreich erwiesen. Wichtig ist, dass die Sponsoren untereinander zusammenpassen (in Bezug auf Größe, Image usw.) und eine Affinität zum Sport allgemein oder zur jeweiligen Sportart gegeben ist. Damit steigt und fällt die Glaubwürdigkeit des Sponsoring-Engagements und die Wirksamkeit der Sponsoringmaßnahmen. Nach Drees (1992, S. 39–41) haben Produkte, die un-

---

3 WTA = Women's Tennis-Association.
4 Österreichischer Fußball-Bund.

Tabelle 10.1: Sponsoring-Paket für das A1 Beachvolleyball Grand Slam 2008 in Klagenfurt

	Leistungen seitens des Veranstalters	Werbeauftritt im Stadion	Werbeauftritt in der Trade Village	Leistungen seitens des Sponsors
Titel-Toursponsor	branchenexklusive Partnerschaft Logo auf sämtlichen Drucksorten eine ganze Seite (A4) Inserationsfläche im offiziellen Programmheft Recht zur Verwendung des Titels der Veranstaltung für Werbezwecke VIP-Packages (Fr-So)	Drehbanden – eine komplette Reihe in der 1. und 2. Reihe 4 XXL Backdrops 4 Fahnen Logo am Netzband	Präsentation & Verkauf von Produkten Verkauf & Verteilung von Merchandising Produkten	Produktionskostenzuschuss wird an den FIVB (Weltverband) geleistet Sachleistungen
Titelsponsor	Titelgebung der Veranstaltung Integration ins Veranstaltungslogo Werbefläche auf Vorder- und Rückseite der Spielerdressen branchenexklusive Partnerschaft Logo auf sämtlichen Drucksorten eine ganze Seite (A4) Inserationsfläche im offiziellen Programmheft Recht zur Verwendung des Titels der Veranstaltung für Werbezwecke VIP-Packages (Fr-So)	Drehbanden – eine komplette Reihe in der 1. und 2. Reihe 4 XXL Backdrops 4 Fahnen Logo am Netzband Positionierung eines Inflatable Objects im Stadion	Errichtung eines Stands in der Trade Village (10x10m) Recht zur Verteilung von Give Aways Recht zur Durchführung von Publikumsgewinnspielen	Produktionskostenzuschuss Sachleistungen
Presenting-Sponsor	Integration in Namen der Veranstaltung Integration ins Veranstaltungslogo branchenexklusive Partnerschaft Logo auf sämtlichen Drucksorten eine ganze Seite (A4) Inserationsfläche im offiziellen Programmheft Recht zur Verwendung des Titels der Veranstaltung für Werbezwecke VIP-Packages (Fr-So)	Drehbanden – eine komplette Reihe in der 1. und 2. Reihe 4 XXL Backdrops 4 Fahnen Logo am Netzband Positionierung eines Inflatable Objects im Stadion	Errichtung eines Stands in der Trade Village (10x10m) Recht zur Verteilung von Give Aways Recht zur Durchführung von Publikumsgewinnspielen	Produktionskostenzuschuss Sachleistungen

	Leistungen seitens des Veranstalters	Werbeauftritt im Stadion	Werbeauftritt in der Trade Village	Leistungen seitens des Sponsors
Co-Sponsor	branchenexklusive Partnerschaft Logo auf sämtlichen Drucksorten eine halbe Seite (A5) Inserationsfläche im offiziellen Programmheft Recht zur Verwendung des Titels der Veranstaltung für Werbezwecke VIP-Packages (Fr-So)	Drehbanden – eine halbe Reihe 2 XXL Backdrops	Präsentation & Verkauf von Produkten Verkauf & Verteilung von Merchandising Produkten	Produktionskostenzuschuss Sachleistungen
Supplier Sponsor	branchenexklusive Partnerschaft Logo auf sämtlichen Drucksorten eine halbe Seite (A5) Inserationsfläche im offiziellen Programmheft Recht zur Verwendung des Titels der Veranstaltung für Werbezwecke VIP-Packages (Fr-So)	Drehbanden – eine halbe Reihe 2 XXL Backdrops	Präsentation & Verkauf von Produkten	Produktionskostenzuschuss Sachleistungen
Aussteller	Recht zur Verwendung des Titels der Veranstaltung für Werbezwecke VIP-Packages (Fr-So)		Präsentation & Verkauf von Produkten	Produktionskostenzuschuss

Quelle: Acts Sportveranstaltungen GmbH 2009

mittelbar für die Sportausübung verwendet werden, wie Sportgeräte, -ausrüstung und -bekleidung eine besonders hohe Affinität zum Sport. Eine mittlere Affinität haben sportnahe Produkte wie Fitness-Getränke, Nahrungs- und Aufbaumittel. Die dritte Gruppe bilden Produkte und Dienstleistungen jener Sponsoren, die mit dem Sport nur mittelbar in Verbindung stehen (z. B. Tourismusunternehmen und Versicherungen). Ferner gibt es Sponsoren, die für Produkte werben, die keinerlei Bezug oder sogar eine negative Konnotation zum Sport haben (Möbel, Tabakwaren usw.).

Die Unternehmen erwarten sich von Sponsoringmaßnahmen
- eine Erhöhung/Stabilisierung des Bekanntheitsgrades;
- einen Imagetransfer vom Sport oder von einem Sportler auf das betreffende Unternehmen oder auf ein Produkt (Abbildung 10.3);
- eine Ansprache von Zielgruppen, die teilweise mit klassischen Kommunikationsmaßnahmen nur schwer oder unter Streuverlusten erreichbar sind (z. B. Jugendliche);
- eine Kaufstimulierung der Rezipienten;
- Kontaktpflege mit geladenen Gästen;
- Mitarbeitermotivation

Abbildung 10.1: Werbeauftritt Center Court A1 Beachvolleyball Grand Slam 2008 in Klagenfurt

Quelle: Acts Sportveranstaltungen GmbH 2009 (Fotocredit: ACTS/Horst)

Abbildung 10.2: Werbeauftritt Center Court A1 Beachvolleyball Grand Slam 2008 in Klagenfurt (schematisch)

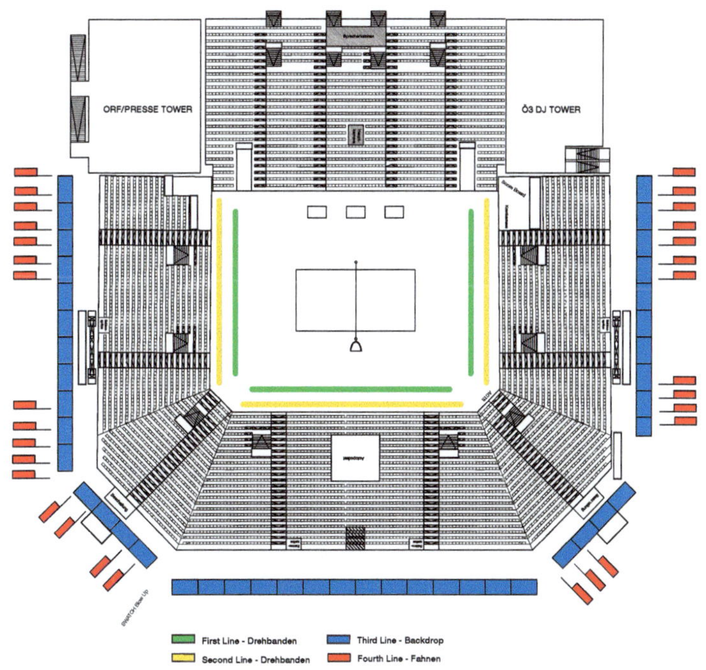

Quelle: Acts Sportveranstaltungen GmbH 2009

Tabelle 10.2: Sponsoring-Paket UEFA EURO 2008 Austria – Switzerland

	EUROTOP Partner	EURO Sponsors	National Supporters Austria	National Supporters Switzerland
Sponsoren der EURO 08	Carlsberg, The Coca-Cola Company, JVC, Hyundai/ KIA Motors, MasterCard, McDonald's	Adidas, Castrol, Canon Europa NV, Continental	Hublot SA, Österreichische Post AG, Telekom Austria AG, Unicredit SPA	Hublot, SA, Ferrero AG, Swisscom, UBS
Bezeichnung	Nutzung der Bezeichnung: „EUROTOP Partner"	Nutzung der Bezeichnung: „EURO Sponsor"	Nutzung der Bezeichnung: „National Supporter Austria"	Nutzung der Bezeichnung: „National Supporter Switzerland"
Maskottchen	offizielle Nutzung des geschützten Erscheinungsbilds der UEFA EURO 2008 für Emblems, Maskottchen etc.	offizielle Nutzung des geschützten Erscheinungsbilds der UEFA EURO 2008 für Emblems, Maskottchen etc.	offizielle Nutzung des geschützten Erscheinungsbilds der UEFA EURO 2008 für Emblems, Maskottchen etc.	offizielle Nutzung des geschützten Erscheinungsbilds der UEFA EURO 2008 für Emblems, Maskottchen etc.
Signage	Integration des Firmenlogos in das UEFA EURO 2008™ Logo	Integration des Firmenlogos in das UEFA EURO 2008™ Logo	Integration des Firmenlogos in das UEFA EURO 2008™ Logo	Integration des Firmenlogos in das UEFA EURO 2008™ Logo
Weitere Werbemöglichkeiten	umfassende Vermarktung auf Basis der EUROTOP Partner Rechte	umfassende Vermarktung auf Basis der EURO Sponsors Rechte	umfassende Vermarktung auf Basis der National Supporter Rechte	umfassende Vermarktung auf Basis der National Supporter Rechte
Outfitter		adidas		

Quelle: UEFA EURO 2008

Abbildung 10.3: Sponsorship-Philosophie der Coca-Cola Werbung

Wo Sport ist, da ist Coca-Cola. Das ist nicht nur ein Slogan. Das ist eine Tatsache. Warum investiert Coca-Cola in den Sport? Um eine Antwort zu finden, muss man Sport definieren. Was stellen sich Menschen unter Sport vor?

- Gesundheit
- Jugend
- Action
- Unterhaltung
- Faszination oder Spannung
- Gemeinschaft
- Spaß

Sie alle kennen die Fernsehspots von Coca-Cola. Und was kommt rüber?

- Jugend
- Action
- Unterhaltung
- Faszination oder Spannung
- Gemeinschaft
- Spaß

Sie sehen, das sind die gleichen Elemente, die auch für den Sport zutreffen. Und deshalb ist die langjährige Partnerschaft zwischen Coca-Cola und dem Sport eine ganz natürliche und glaubwürdige.

Quelle: Freyer 1991, S. 369

Wie in Abbildung 10.3 dargestellt, macht sich die Sportwerbung das positive Image des Sports zunutze, indem sie die Attribute jung, chic, dynamisch, aktiv, erfolgreich, gesund oder natürlich in den Vordergrund rückt und dementsprechende Assoziationen bei den Rezipienten hervorruft. Für einen weiten Rezipientenkreis sorgen die Medien und helfen, die positiven Attribute des Sports direkt auf den Geldgeber (Sponsor) zu übertragen. Imagezuschreibungen wie „dynamisch", „erfolgreich" und „gesund" ermöglichen es etwa der Fast-Food-Kette McDonald's, die ansonsten mit fetten, ungesunden Burgern in Verbindung gebracht wird, als Sponsor großer Sportveranstaltungen (Tabelle 10.2) davon zu profitieren. Der Getränkehersteller Red Bull, um ein anderes Beispiel anzuführen, konnte als Sponsor von Paraglidern, Basejumpern, Skispringern usw. seinen Energy Drink mit entsprechenden Slogans wie „Red Bull verleiht Flügel" prominent positionieren. Red Bull wendet ein Drittel seines Marketingbudgets für Sportsponsoring auf.

Sportsponsoring wird von Hermanns und Marwitz als „innovativer Prozess der Gestaltung der Marketing-Kommunikation" bezeichnet (2008, S. 42). Im Verlauf dieses Prozesses kommt es „zum Einsatz neuer Werbemöglichkeiten unter zusätzlichem Einsatz herkömmlicher Kommunikationsinstrumente" (Bruhn 2003, S. 17). Das heißt, dass die kommunikativen Möglichkeiten des Sportsponsorings in die klassischen Marketinginstrumente (Werbung, Public Relations, Verkauf) einbezogen werden (Tabelle 10.3), wobei eine entsprechende Corporate Identity (Sport als Bestandteil der Unternehmensidentität) entwickelt und umgesetzt wird.

Tabelle 10.3: Sportsponsoring als multiples Instrument der Kommunikationspolitik

Klassische Instrumente des Sponsoring	Klassische Instrumente des Sportsponsoring
Werbung	Sport-Werbung
Öffentlichkeitsarbeit (PR)	Sport-PR
Verkaufsförderung	Sport-Verkaufsförderung

Quelle: Hermanns/Drees 1989, S. 89

Die Corporate Identity soll möglichst einheitlich und in sich stimmig gestaltet werden, um Glaubwürdigkeit und Vertrauen zu stiften. Dazu gehört das äußere oder optische Erscheinungsbild (Corporate Design), das immer wiederkehrende, möglichst gleiche, optische oder akustische Elemente, die sich im Bewusstsein des Rezipienten festsetzen, umfasst (Farbgebung, Signets, Kleidung der Mitarbeiter, Souvenirs etc.). Beispielsweise zählen die „drei Streifen" von Adidas weltweit zu den bekanntesten Signets, die als Markenzeichen der Wiedererkennung dienen. Das Corporate Design wird durch die Verhaltensweise eines Unternehmens, welche die Umsetzung der Unternehmensgrundsätze in Handlungen ausdrückt (Corporate Behaviour), und die Corporate Communication, die sich auf die Kommunikation mit Mitarbeitern, Marktteilnehmern und Medien bezieht, ergänzt.

Aus der Sicht des Gesponserten ist Sponsorship primär eine Möglichkeit, zusätzliche Finanzmittel sowie Dienstleistungen und Sachmittel zu erhalten. Bei den Sachmitteln kann es sich z. B. um Computer oder Sportgeräte handeln. Im Falle von Dienstleistungen stellt der Sponsor den Gesponserten in der Regel spezielles Know-how zur Verfügung, das für bestimmte Tätigkeiten benötigt wird, z. B. zur Einrichtung und Bedienung von Geräten. Um solcherart oder anderweitige Unterstützung durch Sponsoren bemühen sich selbst die kleinsten Vereine in den unteren Spielklassen. In populären Sportarten wie Fußball sind sie dabei mitunter auch in wirtschaftlichen Krisenzeiten erfolgreich. So wird zurzeit mehr als die Hälfte aller österreichischen Fußballclubs von der größten Bankengruppe des Landes, nämlich Raiffeisen, unterstützt.[5] Dazu kommen noch viele andere Unternehmen, die heimische Fußballvereine sponsern. Folglich gibt es kaum mehr Vereinsmannschaften, die ohne Trikotwerbung usw. ihre Wettkämpfe austragen. Werbemaßnahmen wie diese können dazu beitragen, die Bekanntheit und damit den Marktwert einer Mannschaft (oder eines Sportlers oder einer Veranstaltung) zu steigern. Zudem kann der Vertrieb der Leistungen des Gesponserten gefördert werden, indem Eintrittskarten für bestimmte Veranstaltungen über den Sponsor verkauft werden. Direkt oder indirekt können über Sponsoren auch Mitglieder für den gesponserten Verein gewonnen werden. Unterstützung durch Sponsoren kann aber auch bei lokalpolitischen Entscheidungen (wie Bau oder Ausbau von Sportanlagen), bei der Bewerbung um die Durchführung nationaler oder internationaler Sportveranstaltungen oder in Krisensituationen des Gesponserten hilfreich sein.

Mit der Entwicklung des Sportsponsorings und anderer Formen der Vermarktung des Sports geht seine *Professionalisierung* einher.

Definition:
Professionalisierung des Sports ist der Prozess seiner Verberuflichung und Verwissenschaftlichung.

---

5 Der Standard 17./18.10.2009, S. 12

„Beruf soll jene Spezifizierung, Spezialisierung und Kombination von Leistungen einer Person heißen, welche für sie Grundlage einer kontinuierlichen Versorgungs- oder Erwerbschance ist" (Weber 2010, S. 80).

Ganz im Sinne dieser Beschreibung wird Sport für mehr und mehr Menschen zum Beruf. Die Verdrängung des sportlichen Amateurs durch *Berufssportler (Sportprofis)* erfasst immer weitere Bereiche. Dieser Prozess beginnt zunächst mit einer Teil- oder Semiprofessionalisierung, wodurch eine neue Berufskonstruktion infolge der zunehmenden Erwerbschancen der Sportler nach außen hin sichtbar wird. Von der Professionalisierung betroffen sind aber nicht nur Sportler, sondern ebenso Trainer, Spielervermittler, Sportmanager, Sponsoren, Medienvertreter, Vereinsmitarbeiter usw. Im Gegensatz zu dieser aufwärtsgerichteten Professionalisierung kann es auch zur *Deprofessionalisierung* kommen, wenn Mannschaften mit Profilizenzen der höchsten Spielklassen in Amateurklassen absteigen oder Einzelsportler reamateurisiert werden.

Im Verein beginnt der Prozess der Professionalisierung bei *ehrenamtlichen Positionen*, wenn Mitarbeiter etwa Aufwandsentschädigungen oder andere materielle Leistungen erhalten oder wenn für den Übungs- und Verwaltungsbereich spezielle Sachkenntnisse notwendig sind, die ehrenamtliche Mitarbeiter nur schwer erwerben können (Übergang von ehrenamtlicher zu bezahlter Beschäftigung). Gleichzeitig wird den veränderten Beschäftigungsverhältnissen Rechnung getragen (Übergang von Honorarkräften zu Angestellten). *Hauptamtlich* bezahlte Mitarbeiter sollen in den Sportvereinen eine professionelle Leistungserstellung gewährleisten[6], damit der Verein individuell, bedürfnisorientiert und zielgruppengerecht auf die Wünsche der einzelnen Mitglieder und vor allem auch der anzusprechenden Nichtmitglieder und Konsumenten von Sportleistungen eingehen kann. In diesem Zusammenhang taucht immer häufiger das Schlagwort *Sportmarketing* auf. Hiervon erwartet man sich die Lösungen der anstehenden Probleme.

> **Definition:**
> Sportmarketing ist die Anwendung betriebswirtschaftlicher Methoden auf diverse Organisationen des Sports.

6　Nach wie vor ist die wichtigste Ressource des Sportvereins die freiwillige Mitarbeit seiner Mitglieder. Allerdings scheint die Bereitschaft, sich ehrenamtlich zu engagieren, zu sinken (NPO-Institut 2009, S. 20–21); gleichzeitig wachsen die zeitlichen Belastungen und die Anforderungen an die fachliche Kompetenz. Zur Situation der Ehren- und Hauptamtlichkeit in österreichischen Sportvereinen siehe Manseder (2008).

Sportmarketing verlangt langfristiges und konzeptionelles Handeln, wobei Marktorientierung und Effizienzdenken mit dem im Sport verbreiteten bedarfs-, gemeinwirtschaftlichen, sozialen und pädagogischen Zielsetzungen sowie mit den ehrenamtlichen Strukturen zu verbinden sind. Nach Freyer (1991, S. 30) hängt der Erfolg eines Sportmarketings von der Fähigkeit ab, spezifische Gegebenheiten der Institution Sport, des gesellschaftlichen Umfeldes und des Marktes zu erforschen und problemspezifische Vorschläge zu machen. Dabei wird ein Großteil des allgemeinen Marketingkonzeptes und der Methoden der allgemeinen Betriebswirtschaftslehre verwendet.

Allerdings unterscheidet sich das Sportmarketing von anderen Marketingbereichen, da vor allem die Besonderheiten des Sports zu beachten sind:
- Eigenwelt des Sports;[7]
- Konflikte zwischen Sportbedürfnissen und Umweltschutzinteressen;
- Organisationsstruktur (Vereins- und Verbandswesen, kommerzielle Sportanbieter, staatliche und halbstaatliche Sportinstitutionen etc.);
- Probleme der Ehren- und Hauptamtlichkeit in den Sportvereinen und -verbänden;
- Struktur und Probleme des Trainerwesens; usw.

Aufgabe der Sportökonomie ist es, diese Besonderheiten des Sports, die beim Sportmarketing zu berücksichtigen sind (Freyer 1991, S. 31), herauszuarbeiten. Nur wer ausreichende Kenntnisse über den Sport erworben hat, kann die entsprechenden Anforderungen und Situationen im Sport adäquat erfassen sowie *Marketingstrategien* entwickeln und umsetzen.

Wesentliche Aufgabe einer Marketingstrategie ist die Festlegung des optimalen *Marketing-Mix*. Aus den Marketinginstrumenten ist eine geeignete Kombination auszuwählen, um die angestrebten Ziele zu erreichen. Der Markcting-Mix zeigt sich darin, dass nicht die Einzelmaßnahmen isoliert betrachtet werden, sondern die Gesamtheit der verschiedenen Instrumente, für die eine harmonische Konstellation festzulegen ist. Bruhn (2003, S. 17) spricht von integrierter Kommunikation, die zur Abstimmung verschiedener Kommunikationsinstrumente nach bestimmten Kriterien dient. Sind die verschiedenen Elemente des Marketings gut aufeinander abgestimmt, spricht man von *positiven Synergien*.

---

7 Sport kann nicht nur gesellschaftliche Verhältnisse abbilden (Kapitel 3), sondern stellt auch eine Welt für sich dar. Diese spezifische Eigenweltlichkeit des Sports erlaubt es, die politischen und ökonomischen Rahmenbedingungen, unter welchen er stattfindet, mitunter zu durchbrechen.

Sportmarketing und weite Bereiche des kommerzialisierten Sports überhaupt sind ohne moderne *Massenkommunikationsmittel* nicht denkbar. Die Massenkommunikation vervielfältigt die Möglichkeiten der Teilhabe am Sport und bewirkt, dass sich der Gesichtskreis des Interesses auf größere Radien, auf Welt, einstellen kann. Weltweit gibt es kein Ereignis, das annähernd so viele Menschen erreicht, wie die Fußball-Weltmeisterschaften und die Olympischen Spiele. So sollen die Olympischen Spiele in Peking 2008 insgesamt 4,7 Milliarden Menschen, weltweit mehr als zwei von drei Personen, via Fernsehen verfolgt haben.[8]

Kommunikationstechnologien, mit welchen derartige Publikumserfolge erzielt werden können, wirken unmittelbar und zentral auf das Gesellschaftssystem zurück und leiten gerade auch im Sport Prozesse umwälzenden Wandels ein. Simultan mit dem Aufkommen der modernen Massenmedien – insbesondere des Fernsehens – generierte der Sport neue kommunikative Dimensionen, deren Konsequenzen noch nicht abzusehen sind. Fest steht, dass der Sport zu einem komplexen Arrangement von *symbolischer Interaktion* geworden ist, wobei sich das Verhältnis zwischen Akteuren und Zuschauern immer mehr zugunsten letzterer verschiebt. Die Rolle des Sportzuschauers wird immer wichtiger. Ohne Sportzuschauer gäbe es keine Sponsoren, keine Werbe- und Spieleinnahmen. Auch der sensationellste Weltrekord wäre – wenn es ihn ohne Publikum überhaupt gäbe – nicht mehr als ein statistisches Faktum.

In der Tat bestimmen letztlich Einschaltquoten und Reichweitendaten, also das Interesse des Publikums, was aus einer Sportart wird. Findet eine Sportart das Interesse des Publikums, dann wird sie zunehmend kommerzialisiert. Größere Zuschauermengen bringen mehr Einnahmen; die Interessen der Werbung und anderer Finanziers kommen ins Spiel. Mehr Geld sichert aber nicht nur die Leistungsmotivation der Sportler, sondern hat auch höheren Leistungsdruck zur Folge. Der erhöhte Leistungsdruck führt zu einer Mobilisierung aller Maßnahmen, die der Leistungssteigerung dienen. Die Vereine und Verbände haben die Probleme der Steuerung nicht mehr allein im Griff, sondern müssen sich den Geldgebern und Unterstützern unterordnen, die ihrerseits vorwiegend ökonomische Interessen haben. Am Ende dieses sich spiralförmig hochschraubenden Wechselwirkungsverhältnisses steht – neben der *Professionalisierung* und *Kommerzialisierung* – die *Mediatisierung* des Sports.

---

8   Laut einer Studie von The Nielsen Company. Zugriff am 24. März 2010 unter http:// at.nielsen.com/news/pr20880912.shtml.

> **Definition:**
> Mediatisierung des Sports bezeichnet seine Unterordnung unter die Eigengesetzlichkeiten der Medien.

Die *Mediatisierung*, wofür auch die Begriffe *Medialisierung* oder *Telegenisierung* existieren (Marr 2009, S. 31), zeigt sich besonders deutlich im Falle des US-amerikanischen Ligen-Sports und soll deshalb zuerst anhand dieses Beispiels skizziert werden. Dabei ist vorauszuschicken, dass in den USA die Professionalisierung des Ligen-Sports sehr früh einsetzte und vor allem durch die geschäftliche Partnerschaft mit dem Fernsehen vorangetrieben wurde. Die Partnerschaft begann damit, dass Football- oder Baseballclubs für die Fernsehberichterstattung bezahlten. Sehr bald jedoch kehrte sich dieses Verhältnis um. Die Fernsehsender begannen, Veranstaltungsübertragungen zu kaufen, weil sie damit Publikumserfolge erzielen konnten. Aufgrund der Publikumserfolge avancierten American Football, Baseball, Basketball und Eishockey zu wichtigen Programmlieferanten für die Fernsehsender.[9] Durch die mit diesen Programmen erzielten Reichweiten wurde (Medien)Sport für die Wirtschaft, die darin eine ausgezeichnete Werbefläche entdeckte, immer interessanter.

> „Televised pro sports have become an advertising medium for macho related sports products like beer, cigars and men's toiletries. Sports watching has developed to such a high degree that many fans are now passive participants and super consumers of sport and sport related products" (Snyder/Spreitzer 1989, S. 252).

Mit der Zunahme der Fernsehwerbung im und mit Sport erhöhte sich auch die finanzielle Kraft der Fernsehsender. Der Sport profitierte davon, weil für die Übertragungsrechte immer höhere Summen bezahlt wurden. Mit dem Geldfluss gingen allerdings die mit dem Begriff *Mediatisierung* angesprochenen Kontrollverschiebungen einher:

> „Television *buys* sports. Television *supports* sports. It moves in with its money and supports sports in a style to which they have become accustomed and then, like a bought lady, sports become so used to luxurious living they extricate themselves. So, slowly at first, but inevitably, television tells sports what to do. It is sports and it runs them the way it does most other things, more flamboyantly than honestly" (Shecter 1970, S. 79).

---

9 Das US-amerikanische Fernsehen wurde damals von drei Networks dominiert: ABC (American Broadcasting Company), CBS (Columbia Broadcasting System) und NBC (National Broadcasting Company).

So richteten sich die „Professional Leagues" und die „Major Colleges" zunehmend nach den Wünschen des Fernsehens, um in die Sendezeiten nationaler Liveübertragungen zu passen. Schon Anfang der 1970er Jahre schrieb Johnson:

> „We think TV exposure is so important to our program and so important to this university that we will schedule ourselves to fit the medium. I'll play at midnight if that's what TV wants" (1973, S. 457).

Bereits in dieser Zeit bedeutete es in den USA sehr viel, „nationwide" in einem der führenden Networks in Erscheinung zu treten. Daher ließ man sich von den Fernsehsendern sogar die Spielplangestaltung vorschreiben.

> „And yes, it is true that major colleges have shuffled their football schedules like primetime rate cards when lured with an opportunity to get the old alma mater into the nation's living rooms. Finally, it is quite probable that on numerous occasions – perhaps even hundreds – commercial time-outs have affected games by altering the morale, momentum or metaphysics of a team" (ebd., S. 462).

Die hier angesprochenen Einblendungen von Werbespots belaufen sich z. B. bei einem Footballspiel, das 60 Minuten effektive Spielzeit auf vier Viertel aufgeteilt hat, auf 24 Minuten. Die Werbespots („commercials") werden hauptsächlich während der Spielzeit eingestreut, damit möglichst das gesamte Fernsehpublikum erreicht wird. Die Einflussnahme des Fernsehens auf den Sport geht sogar so weit, dass es Spielunterbrechungen für „commercials" anordnet, falls die normalen „Time outs" nicht ausreichend sind.[10]

> „One other official has been added, this one not in uniform and not listed in the program. He is the television network man, often wearing an iridescent orange vest, who instructs the real officials when arbitrary time-outs are to be called for advertisements. It is his job to see that the game is halted often enough to enable the network to unreel its commercials. ... He signals the referee that he is hurting, and it is up to the official to find an excuse for a break" (Michener 1976, S. 297).

Dermaßen den Wünschen der Fernsehsender angepasster Sport ist seit 1979 u. a. auf einem speziellen Kanal, nämlich „Entertainment and Sports Programming" (ESPN), zu sehen. Auf diesem Kanal laufen rund um die

---

10 Was nicht verwundert, wenn man weiß, dass beispielsweise NBC bereits 1981 sechs Millionen Dollar an die National Football League allein für das Übertragungsrecht des Football-Endspiels (Super-Bowl) bezahlt hat. Für die Einblendung eines 30-Sekunden-commercials während dieses Spiels wurden 275.000 Dollar verlangt (Eitzen 1984, S. 269). 2008 kostete ein Werbespot bereits durchschnittlich 2,7 Mio. Dollar (Steiner 2008).

Uhr nonstop nur Sportprogramme. Eine europäische Entsprechung von „Entertainment and Sports Programming" ist seit 1989 „Eurosport", der rund 112 Mio. angeschlossene TV-Haushalte versorgt und in 20 verschiedenen Sprachen sendet.

Im deutschsprachigen Raum hatten öffentlich-rechtliche Sender lange Zeit eine Monopolstellung, am längsten in Österreich, wo erst Mitte der 1990er Jahre erste privat-kommerzielle, lokale Fernsehsender starteten. In der BRD entstanden bereits ab Mitte der 1980er Jahre privat-kommerzielle Sender, die mit der Programmsparte Sport eine Möglichkeit entdeckten, viele Zuschauer und Image zu gewinnen, um damit Boden gegen die öffentlich-rechtliche Konkurrenz gutzumachen. Dementsprechend stieg dort die Zahl der Sportprogrammstunden im kommerziellen Fernsehen bis zur Jahrtausendwende stark an, um dann zu stagnieren oder wieder etwas zurückzugehen, weil sich einzelne Sender teure Übertragungen von Sportereignissen nicht mehr leisten konnten oder wollten (Görner 2009, S. 188–189).

Waren Sportübertragungen im Fernsehen in den 1980er Jahren noch ein vergleichsweise billiges Programmgut – die Kosten für andere Unterhaltungssendungen lagen damals bis um das Zehnfache höher (Seifart 1982, S. 42) –, so hat sich dies seither gründlich geändert: Der erhöhte aufnahmetechnische Aufwand und massive Preissteigerungen für Übertragungsrechte für wichtige Sportanlässe haben Sport im Fernsehen zum teuren Unterhaltungsprogramm gemacht. Die Preissteigerungen für attraktive Übertragungsrechte haben im Konkurrenzkampf zwischen den Sendern um diese Rechte ihre Ursache. Es hängt davon ab, welcher Sender welche Rechte an welchen Sportereignissen oder Sportarten erworben hat, ob die Zuschauer dann auf einen bestimmten Sender Fußball, Skilauf usw. sehen können. Zum Beispiel waren in Österreich Europa-League-Spiele heimischer Fußballclubs im Jahr 2009 und nationale Fußballmeisterschaftsspiele in den Jahren 2004 bis 2007 nur im Privatfernsehen zu sehen.[11] Der öffentlich-rechtliche Sender (ORF) hatte in den Verhandlungen um die Übertragungsrechte zu lange gezögert bzw. zu wenig geboten.

Der Handel mit Übertragungsrechten für große internationale Sportereignisse ist ein weltweites Geschäft geworden. So sind etwa die Gelder, welche die Fernsehsender dem Internationalen Olympischen Comité für die Übertragungsrechte der Olympischen Spiele bezahlen, in den letzten Jahrzehnten exorbitant gestiegen (Tabelle 10.4). Demgemäß laufen die Spiele bereits weitgehend unter der Regie der dafür zahlenden Fernsehsender und der sponsernden Industrie ab. Dies gilt analog für andere große internationale Sportveranstaltungen.

---

11 Mit Ausnahme von Kurzberichten über nationale Meisterschaftsspiele.

Dazu ein Beispiel: Bei der Fußball-WM 1994 in den USA mussten viele Spiele auf Druck der Fernsehsender und Sponsoren zur Mittagszeit angesetzt werden, obwohl die Spieler unter der Mittagshitze litten. Ausschlaggebend für die Festlegung der Spielzeiten war, dass die Spiele am wichtigen europäischen Markt zur besten Sendezeit übertragen werden konnten.

Tabelle 10.4: Kosten der TV-Rechte an den Olympischen Sommerspielen 1972–2012

Olympische Sommerspiele	TV-Rechte weltweit in US-Dollar
München 1972	17,8 Mio.
Montreal 1976	34,8 Mio.
Moskau 1980	101 Mio.
Los Angeles 1984	287 Mio.
Seoul 1988	407 Mio.
Barcelona 1992	636 Mio.
Atlanta 1996	898 Mio.
Sydney 2000	1,3 Mrd.
Athen 2004	1,5 Mrd.
Peking 2008	über 1,7 Mrd.
London 2012	über 2 Mrd.

Quelle: Lamprecht/Stamm 2002, S. 137, ergänzt.

Sportereignisse werden heute nicht nur unter dem Einfluss von Fernsehsendern und Industrie gestaltet, sondern mitunter auch – wie sich etwa an Hand der Ausweitung des Skiweltcups (Stichwort: Geisterrennen) oder der Formel 1 zeigt – eigens für das Fernsehen erfunden. Es handelt sich dabei um sogenannte Pseudoereignisse – Sportereignisse, die ohne Fernsehen nicht stattfinden würden oder ausschließlich dafür inszeniert werden, um „television coverage" zu erhalten. Das führt u. a. dazu, dass die Zahl der tatsächlichen Zuschauer vor Ort für den ökonomischen Erfolg einer Veranstaltung relativ unbedeutend ist. Ökonomisch relevant sind nur noch die Fernsehübertragungsrechte und die damit verbundenen Werbeetats. In diesem Zusammenhang sei die mexikanische Fernsehgesellschaft „Televisa" erwähnt, die u. a. Fußballvereine und Sportstadien besitzt und berühmte Sportler engagiert. Televisa macht sich den Sport gewissermaßen selbst; sie organisiert Sportveranstaltungen, um sie übertragen oder verkaufen zu können.

Dass Medien als Organisatoren von Sportveranstaltungen fungieren, ist freilich kein absolut neues Phänomen. Zum Beispiel veranstaltete die „Allgemeine Sport-Zeitung" im Jahre 1883 die ersten Amateur-Fechtmeisterschaften von

Österreich-Ungarn und 1886 ein Schwimmmeeting im Wiener Dianabad. Der Herausgeber der Zeitung, Victor Silberer (Abbildung 9.4), wollte nicht nur den Fecht- bzw. Schwimmsport fördern, sondern erhoffte sich zugleich, dass jeder, der sich für diese Sportarten interessiere, auch Leser seiner Zeitung würde. Aus nämlichem Grund richtete 1903 die französische Sportzeitung L'Équipe erstmals das später bedeutendste Radrennen der Welt aus, nämlich die Tour de France. Auch der Giro d'Italia (Italienradrundfahrt) und die Vuelta a España (Spanienradrundfahrt) wurden 1909 bzw. 1935 von Zeitungsverlegern mit dem Ziel ins Leben gerufen, einen nachgefragten Berichtsgegenstand selbst zu schaffen (Schauerte 2010, S. 373). Damals war man allerdings noch weit entfernt von der *Mediatisierung* des Sports, wie sie gegenwärtig in Europa und extrem ausgeprägt in den USA zu beobachten ist.

Literatur

Abraham, A. (1986). Identitätsprobleme in der Rhythmischen Sportgymnastik. *Sportwissenschaft, 16*(4), 398–421.

Acts Sportveranstaltungen GmbH (2009). *Werbeauftritt Center Court A1 Beachvolleyball Grand Slam Klagenfurt*. Wien.

Adam, N. (2000). Tiroler Sport- und Freizeit-Infrastruktur. *Schule + Sportstätte, 35*(5), 16–18.

Aimiller, K. & Kretschmar, H. (1995). *Motive des Sportzuschauens. Umfeldoptimierung durch motivationale Programmselektion (MPS)*. Unterföhring.

Alfermann, D. & Stoll, O. (2005). *Sportpsychologie. Ein Lehrbuch in 12 Lektionen*. Aachen.

Alkemeyer, T. (2006). Rhythmen, Resonanzen und Missklänge. Über die Körperlichkeit der Produktion des Sozialen im Spiel. In R. Gugutzer (Hg.), *Body Turn. Perspektiven der Soziologie des Körpers und des Sports* (S. 265–288). Bielefeld.

Allardt, E. (1976). Vergleichende Sozialforschung und die Analyse des Sports. In G. Lüschen & K. Weis (Hg.), *Die Soziologie des Sports* (S. 72–86). Darmstadt, Neuwied.

Amann, A. (1996). *Soziologie. Ein Leitfaden zu Theorien, Geschichte und Denkweisen* (4., verbesserte Aufl.). Wien, Köln, Weimar.

Anders, G. (2007). Geschlechtsbezogene Partizipation im Spitzensport. *soFid – Sozialwissenschaftlicher Fachinformationsdienst, 01/2007*, Freizeit-Sport-Tourismus. GESIS-IZ Bonn, 9–17.

Anders, G. (2011). Sportentwicklung – Wohin? In J. Buschmann, M. Lämmer & K. Petry (Hg.), *Internationale Aspekte und Perspektiven des Sports. Prof. Dr. Walter Tokarski zum 65. Geburtstag* (S. 9–24). Sankt Augustin.

Andrews, D. L., Mason, D. S. & Silk, M. L. (Hg.) (2005). *Qualitative methods in sport studies*. Oxford.

Arbesser, M., Grohall, G., Helmenstein, C. & Kleissner, A. (2010). *Die ökonomische Bedeutung des alpinen Wintersports in Österreich. Jahresbericht 2009*. SportsEconAustria, Studie im Auftrag des Bundesministeriums für Wirtschaft, Familie und Jugend. Wien.

Asworth, C. E. (1976). Sport as symbolic dialogue. In E. Dunning (Hg.), *The sociology of sport. A selection of readings* (S. 40–46). London, Tonbridge.

Atteslander, P. (2008). *Methoden der empirischen Sozialforschung* (12. Aufl.). Berlin.

Baca, A. (2010). Sport im Internet. In M. Marschik & R. Müllner (Hg.), „Sind's froh, dass Sie zu Hause geblieben sind". Mediatisierung des Sports in Österreich (S. 108–115). Göttingen.

Baechler, J. (1981). Tod durch eigene Hand. Frankfurt am Main, Berlin, Wien. (Originalausgabe: Les suicides. Paris 1975.)

Ballensiefen, M. & Nieland, J.-U. (2008). „Wir sind mitreißend". Von der Schwierigkeit, Gemeinschaft zu fixieren. In G. Klein & M. Meuser (Hg.), Ernste Spiele. Zur politischen Soziologie des Fußballs (S. 227–250). Bielefeld.

Barker, L. L. & Wiseman, G. (1966). A model of interpersonal communication. Journal of Communication, 16, 172–179.

Bässler, R. (2007). Mädchen und Frauen im Sport. Studie im Auftrag der Niederösterreichischen Landesakademie. Wien.

Bässler, R. (2009a). Quantitative Forschungsmethoden. Ein Leitfaden zur Planung und Durchführung quantitativer empirischer Forschungsarbeiten. Wien.

Bässler, R. (2009b). Qualitative Forschungsmethoden. Leitfaden zur Planung und Durchführung qualitativer empirischer Forschungsarbeiten. Wien.

Bauer, J. (2011). Schmerzgrenze – Vom Ursprung alltäglicher und globaler Gewalt. München.

Bauer, S. (Hg.). (2006). Helden – Heilige – Himmelsstürmer. Fußball und Religion. Frankfurt am Main.

Baur, J. (1989). Körper- und Bewegungskarrieren. Dialektische Analysen zur Entwicklung von Körper und Bewegung im Kindes- und Jugendalter. Schorndorf.

Bausenwein, C. (2006). Geheimnis Fußball. Auf den Spuren eines Phänomens. Göttingen.

Beck, U. (1983). Jenseits von Stand und Klasse? Soziale Ungleichheiten, gesellschaftliche Individualisierungsprozesse und die Entstehung neuer Formationen und Identitäten. In R. Kreckel (Hg.), Soziale Ungleichheiten (Soziale Welt: Sonderbd. 2, S. 35–74). Göttingen.

Beck, U. (2007). Weltrisikogesellschaft. Auf der Suche nach der verlorenen Sicherheit. Frankfurt am Main.

Becker, H. S. (1982). Außenseiter. Zur Soziologie abweichenden Verhaltens. Frankfurt am Main. (Originalausgabe: Outsiders. Studies in the Sociology of Deviance, New York, 1963.)

Becker, P. (1983). Sport in den Massenmedien. Zur Herstellung und Wirkung einer eigenen Welt. Sportwissenschaft, 13(1), 24–45.

Becker, P. & Pilz, G. A. (1988). Die Welt der Fans. Aspekte einer Jugendkultur. München.

Belyutin, R. (2012). Fußball als interdiskursives Modell im sprachlich-semiotischen Raum. SportZeiten, 12, 2, S. 19–30.

Benedict, R. (1989). Patterns of culture. Boston. (Originalausgabe: 1934.)

Berger, P. & Luckmann, T. (2010). Die gesellschaftliche Konstruktion der Wirklichkeit. Eine Theorie der Wissenssoziologie (23. Aufl., unveränderter Abdruck der 5. Aufl.). Frankfurt am Main. (Originalausgabe: The social Construction of reality. A Treatise in the Sociology of Knowledge. Garden City, 1966.)

Bernhardt, P. C., Dabbs, J. M., Fielden, J. A. & Lutter, C. D. (1998). Testosterone changes during vicarious experiences of winning and losing among fans at sporting events. *Physiology & Behavior, 65*(1), 59–62.

Bertling, C. & Bruns, T. (2009). Theoretische Überlegungen und empirische Befunde zur Arbeitsbelastung und -bewältigung von Sportjournalisten. In H. Schramm & M. Marr (Hg.), *Die Sozialpsychologie des Sports in den Medien* (S. 40–57). Köln.

Bette, K.-H. (1989). *Körperspuren. Zur Semantik und Paradoxie moderner Körperlichkeit.* Berlin.

Bette, K.-H. (2010). *Sportsoziologie.* Bielefeld.

Bilden, H. (2002). Geschlechtsspezifische Sozialisation. In K. Hurrelmann & D. Ulich (Hg.), *Handbuch der Sozialisationsforschung* (6. Aufl., S. 279–301). Weinheim, Basel.

Bliesener, T. (2006). Sport und Hooligans. In H. Haag & B. Strauß (Hg.), *Themenfelder der Sportwissenschaft* (Grundlagen zum Studium der Sportwissenschaft 6, S. 289–304). Schorndorf.

Blumenthal, P. J. (2003). *Kaspar Hausers Geschwister. Auf der Suche nach den wilden Menschen.* Wien.

Blumer, H. (2007). Der methodologische Standort des Symbolischen Interaktionismus. In R. Burkart & W. Hömberg (Hg.), *Kommunikationstheorien. Ein Textbuch zur Einführung* (4., erweiterte und aktualisierte Aufl., S. 24–41). Wien.

BM.I (Bundesministerium für Inneres) (2009). *Sicherheit bei Sportveranstaltungen.* Zugriff am 15. Mai 2012 unter http://www.bmi.gv.at/cms/BMI_Service/ Aus_dem_Inneren/Sicherheit_bei_Sportveranstaltungen.pdf

Böhme, H. (2010). *Von der Giotto-Fliege zu Yoko Ono's „Fly". Performative und semiotische Transformationsspiele der Künste von der Antike bis zur Moderne.* Zugriff am 19. November 2010 unter http://www.wien.gv.at/kultur/abteilung/vorlesungen/termine/2010/kunsttransformation-25-11.html

Boltanski, L. (1976). Die soziale Verwendung des Körpers. In D. Kamper & V. Rittner (Hg.), *Zur Geschichte des Körpers* (S. 138–171). München, Wien.

Bös, K., Hänsel, F. & Schott, N. (2004). *Empirische Untersuchungen in der Sportwissenschaft. Planung – Auswertung – Statistik* (2. Aufl.). Hamburg.

Bourdieu, P. (1986). Historische und soziale Voraussetzungen modernen Sports. In G. Hortleder & G. Gebauer (Hg.), *Sport – Eros – Tod* (S. 91–112). Frankfurt am Main.

Bourdieu, P. (1992). Programm für eine Soziologie des Sports. In P. Bourdieu (Hg.), *Rede und Antwort* (S. 193–207). Frankfurt am Main.

208 Literatur

Bourdieu, P. (2003). *Die feinen Unterschiede. Kritik der gesellschaftlichen Urteilskraft.* Frankfurt am Main. (Originalausgabe: La distinction. Critique sociale du jugement. Paris 1979.)

Brawley, L. R. (1990). Group cohesion: Status, problems and future directions. *International Journal of Sport Psychology, 21,* 355–379.

Bretschneider, R., Hawlik, J. & Pauli, R. (1999). *Maß genommen. Österreich in der Meinungsforschung.* Wien.

Brosius, H.-B. & Koschel, F. (2003). *Methoden der empirischen Kommunikationsforschung. Eine Einführung* (2. Aufl.). Wiesbaden.

Bruhn, M. (2003). *Sponsoring – systematische Planung und integrativer Einsatz* (4. Aufl.). Wiesbaden.

Burkart, R. (2002). *Kommunikationswissenschaft. Grundlagen und Problemfelder. Umrisse einer interdisziplinären Sozialwissenschaft* (4. Aufl.). Wien, Köln, Weimar.

Cachay, K. (1988). *Sport und Gesellschaft. Zur Ausdifferenzierung einer Funktion und ihrer Folgen.* Schorndorf.

Calhoun, D. W. (1987). *Sport, culture and personality* (2. Aufl.). Champaign.

Candland, D. K. (1993). *Feral children and clever animals. Reflections on human nature.* New York.

Carron, A. V. (1988). *Group dynamics in sport.* London.

Carron, A. V., Brawley, L. R. & Widmeyer, W. N. (1990). The influence of group size in an exercise setting. *Journal of Sport and Exercise Psychology, 12,* 376–387.

Carron, A. V., Colman, M. M., Wheeler, J. & Stevens, D. (2002). Team cohesion and team success in sport. *Journal of Sport and Exercise Psychology, 24*(2), 168–188.

Carron, A. V., Shapcott, K. M. & Burke, S. M. (2007). Group cohesion in sport and exercise. Past, present and future. In M. R. Beauchamp & M. A. Eys (Hg.), *Group dynamics in exercise and sport psychology. Contemporary themes* (S. 117–135). London, New York.

Cassirer, E. (1990). *Versuch über den Menschen. Einführung in eine Philosophie der Kultur.* Frankfurt am Main.

Caughey, J. L. (1986). Social relations with media figures. In G. Gumpert & R. Cathcart (Hg.), *Inter/Media. Interpersonal communication in a media world* (S. 219–252). New York, Oxford.

Coleman, J. S. (1986). *Die asymmetrische Gesellschaft. Vom Aufwachsen mit unpersönlichen Systemen.* Weinheim. (Originalausgabe: The Asymmetric Society. Syracuse 1982.)

Cooley, C. H. (1902). *Human nature and the social order.* New York.

Cooley, C. H. (1909). *Social organisation. A study of the larger mind.* Glencoe.

Critcher, C. (1991). Putting on the style: Aspects of recent English football. In J. Williams & S. Wagg (Hg.), *British football and social change. Getting into Europe* (S. 67–84). Leicester, London, New York.

Critcher, C. (1998). Der Fußballfan. In W. Hopf (Hg.), *Fußball. Soziologie und Sozialgeschichte einer populären Sportart* (S. 150–161). Bensheim.

Csikszentmihalyi, M. (2010). *Das Flow-Erlebnis. Jenseits von Angst und Langeweile: Im Tun aufgehen* (7. Aufl.). Stuttgart.

Curry, T. J. (1986). A symbolic interactionist assignment: Describing and photographing three role-identities. *Arena Review, 10,* 65–75.

Curry, T. J. & Jiobu, R. M. (1984). *Sports: A social perspective.* Englewood Cliffs.

Curry, T. J. & Weiß, O. (1989). Sport identity and motivation for sport participation: A comparison between American college athletes and Austrian student sport club members. *Sociology of Sport Journal, 6,* 257–268.

Curry, T. J & Weiß, O. (1999). *Vergleich der sportlichen Identität österreichischer und amerikanischer Studentensportler.* Forschungsbericht. Institut für Sportwissenschaft der Universität Wien, Wien.

Curtis, J., Loy, J. & Karnilowicz, W. (1986). A Comparison of Suicide-Dip Effects of Major Sport Events and Civil Holidays. *Sociology of Sport Journal, 3,* 1–14.

De Mause, L. (2007). *Hört ihr die Kinder weinen: Eine psychogenetische Geschichte der Kindheit* (12. Aufl.). Frankfurt am Main.

Denz, H. (2005). *Grundlagen einer empirischen Soziologie. Der Beitrag des quantitativen Ansatzes* (2. Aufl.). Münster.

Diekmann, A. (2009). *Empirische Sozialforschung: Grundlagen, Methoden, Anwendungen* (20. Aufl.). Reinbek.

Diketmüller, R. (2009). Macht- und Genderdiskurse in der Bewegungskultur. In M. Marschik, R. Müllner, O. Penz & G. Spitaler (Hg.), *Sport Studies* (S. 85–98). Wien.

Dimitriou, M. (2010). Historische Entwicklungstendenzen des Mediensports. In M. Marschik & R. Müllner (Hg.), *„Sind's froh, dass Sie zu Hause geblieben sind". Mediatisierung des Sports in Österreich* (S. 25–37). Göttingen.

Dimitriou, M. & Mortsch, C. (2007). „Wir sind wieder Ski-Nation Nr. 1". Zur sprachlichen Transformation nationaler Stereotypen in der österreichischen Sportberichterstattung am Beispiel der Ski Alpin WM (Aare 2007). *Medienimpulse. Beiträge zur Medienpädagogik, 16* (62), 36–40.

Dimitriou, M. & Sattlecker, G. (2011). *Sportjournalismus in Österreich. Empirische Fakten und Positionierung im deutschsprachigen Raum.* Aachen.

Dollard, J., Doob, L.W., Miller, N.E., Mowrer, O.H. & Sears, R.R. (1939). *Frustration and Aggression.* New Haven.

Dollard, J., Ford, C.S. & Dammschneider, W. (1970). *Frustration und Aggression.* Weinheim, Berlin, Basel.

Douglas, J. (1967). *The social meanings of suicide*. Princeton.

Drees, N. (1992). *Sportsponsoring* (3., durchgesehene Aufl.). Wiesbaden.

Dunning, E. (1998). Volksfußball und Fußballsport. In W. Hopf (Hg.), *Fußball, Soziologie und Sozialgeschichte einer populären Sportart* (S. 12–18). Bensheim.

Dunning, E. & Sheard, K. (1979). Der tolerierte Hooliganismus. In W. Hopf (Hg.), *Fußball. Soziologie und Sozialgeschichte einer populären Sportart* (S. 191–201). Münster.

Durkheim, E. (1997). *Der Selbstmord*. Frankfurt am Main. (Originalausgabe: Le suicide. Paris 1897.)

Eder, F. X. (2003). Privater Konsum und Haushaltseinkommen im 20. Jahrhundert. In F. X. Eder, P. Eigner, A. Resch & A. Weigl (Hg.), *Wien im 20. Jahrhundert. Wirtschaft, Bevölkerung, Konsum* (S. 201–285). Innsbruck, Wien, München, Bozen.

Eisenberg, C. (1999). Der Sportler. In U. Frevert & H.-G. Haupt (Hg.), *Der Mensch des 20. Jahrhunderts* (S. 87–112). Frankfurt am Main, New York.

Eitzen, D. S. (1984). The structure of sport and society. In D. S. Eitzen (Hg.), *Sport in contemporary society. An anthology* (2. Aufl., S. 51–57). New York.

Eitzen, D. S. & Sage, G. H. (2009). *Sociology of North American Sport* (8. Aufl.). Dubuque.

Elias, N. (1979). Die Genese des Sports als soziologisches Problem. In K. Hammerich & K. Heinemann (Hg.), *Texte zur Soziologie des Sports. Sammlung fremdsprachiger Beiträge* (2. Aufl., S. 81–109). Schorndorf.

Elias, N. (1997a). *Gesammelte Schriften 3. Über den Prozeß der Zivilisation. Soziogenetische und psychogenetische Untersuchungen. Band 1. Wandlungen des Verhaltens in den weltlichen Oberschichten des Abendlandes*. Frankfurt am Main.(Originalausgabe: Basel 1939)

Elias, N. (1997b). *Gesammelte Schriften 3. Über den Prozeß der Zivilisation. Soziogenetische und psychogenetische Untersuchungen. Band 2. Wandlungen der Gesellschaft, Entwurf zu einer Theorie der Zivilisation*. Frankfurt am Main. (Originalausgabe: Basel 1939)

Elias, N. & Dunning, E. (1966). Zur Dynamik von Sportgruppen – unter besonderer Berücksichtigung von Fußballgruppen. *Kölner Zeitschrift für Soziologie und Sozialpsychologie, 18*, 118–133.

Elias, N. & Dunning, E. (2003). *Sport und Spannung im Prozeß der Zivilisation*. Frankfurt am Main (Originalausgabe: Quest for excitement: sport and leisure in the civilizing process. Oxford 1986.)

Fessel+GfK (2003). *Life style*. Wien.

Flick, U. (2007). *Qualitative Sozialforschung. Eine Einführung* (Originalausgabe, vollst. überarbeitete und erweiterte Neuausgabe). Reinbek.

Flick, U., van Kardorff, E. & Steinke, I. (Hg.). (2008). *Qualitative Forschung. Ein Handbuch*. Reinbek.

Foucault, M. (1978). *Dispositive der Macht: Über Sexualität, Wissen und Wahrheit*. Berlin.

Freud, S. (2005). *Massenpsychologie und Ich-Analyse. Die Zukunft einer Illusion* (7., unveränderte Aufl.). Frankfurt am Main.

Freyer, W. (1991). *Handbuch des Sport-Marketing* (2. Aufl.). Wiesbaden.

Friebertshäuser, B. & Prengel, A. (2008). *Handbuch qualitativer Forschungsmethoden in der Erziehungswissenschaft* (2. Aufl.). Weinheim.

Friedrichs, J. (1997). *Methoden empirischer Sozialforschung* (15. Aufl.). Opladen.

Froschauer, U. & Lueger, M. (2009). *Interpretative Sozialforschung. Der Prozess.* Wien.

Gabler, H. (1987). *Aggressive Handlungen im Sport. Ein Beitrag zur theoretischen und empirischen Aggressionsforschung* (2., überarbeitete und erweiterte Aufl.). Schorndorf.

Gaulhofer, K. (1969). *Die Fußhaltung. Ein Beitrag zur Stilgeschichte der menschlichen Bewegung*. Amsterdam. (Originalausgabe 1930.)

Gebauer, G. (1972). Leistung als Aktion und Präsentation. *Sportwissenschaft, 2*(2), 182–203.

Gebauer, G. (1983). Wie regeln Spielregeln das Spiel? In O. Grupe, H. Gabler & U. Göhner (Hg.), *Spiel – Spiele – Spielen. Bericht über den 5. Sportwissenschaftlichen Hochschultag der deutschen Vereinigung für Sportwissenschaft in Tübingen 1982*. (Schriftenreihe des Bundesinstituts für Sportwissenschaft, 49, S. 154–161). Schorndorf.

Geertz, C. (1987). *Dichte Beschreibung. Beiträge zum Verstehen kultureller Systeme*. Frankfurt am Main.

Gehlen, A. (1997). *Der Mensch. Seine Natur und seine Stellung in der Welt* (13. Aufl.). Paderborn, Wien.

Gillmeister, H. (1990). *Kulturgeschichte des Tennis*. München.

Girtler, R. (2002). *Die feinen Leute. Von der vornehmen Art, durchs Leben zu gehen* (3. Aufl.). Wien, Köln, Weimar.

Girtler, R. (2008). Fußballfans als edle Stammeskrieger. Helden, Hymnen, Feldzüge. *Sport Magazin, 5b*, 34–45.

Gleich, U. (2004). Die Wirkung von Sportkommunikation: Ein Überblick. In H. Schramm (Hg.), *Die Rezeption des Sports in den Medien* (S. 183–211). Köln.

Gleich, U. (2009). Nähe trotz Distanz: Parasoziale Interaktionen und Beziehungen zwischen Rezipienten und Sportlern. In H. Schramm & M. Marr (Hg.), *Die Sozialpsychologie des Sports in den Medien* (S. 153–175). Köln.

Gneezy, U., Leonard, K. L. & List, J. A. (2009). Gender Differences in Competition: Evidence from a Matrilineal and a Patriarchal Society. *Econometrica 77*, 1637–1664.

Goffman, E. (1961). *Two Studies in the Sociology of Interactions – Fun in Games & Role Distance*. Indianapolis.

Goffman, E. (1973). *Interaktion – Spaß am Spiel. Rollendistanz.* München. (Originalausgabe: Encounters. Indianapolis 1961.)

Goffman, E. (1986). *Interaktionsrituale. Über Verhalten in direkter Kommunikation.* Frankfurt am Main. (Originalausgabe: On face-work. In Psychiatry 1955.)

Goffman, E. (2009). *Wir alle spielen Theater. Die Selbstdarstellung im Alltag* (7. Aufl.). München, Zürich. (Originalausgabe: The Presentation of Self in Everyday Life. New York 1959.)

Goldschmidt, W. (1972). Die biologische Konstante. In R. König & A. Schmalfuss (Hg.), *Kulturanthropologie* (S. 57–67). Düsseldorf, Wien.

Goldstein, J. & Arms, R. (1971). Effects of observing athletic contests on hostility. *Sociometry, 34,* 83–90.

Görner, F. (2009). Die TV – Sport Agenda 2010. In M. Schaffrath (Hg.), *Sport ist Kommunikation. Festschrift für Professor Dr. Dr. h.c. Josef Hackforth* (S. 185–212). Berlin.

Gratton, C. & Jones, I. (2010). *Research methods for sports studies* (2. Aufl.). London.

Grupe, O. (1987). *Sport als Kultur.* Zürich, Osnabrück.

Gugutzer, R. (2004). *Soziologie des Körpers.* Bielefeld.

Gugutzer, R. (2011). Körpertechniken des Sports. Zur sportiven Verschränkung von Körper, Geschlecht und Macht. In D. Schaaf & J. U. Nieland (Hg.), *Die Sexualisierung des Sports in den Medien.* Köln, S. 34–56.

Gugutzer, R. (2012). *Verkörperungen des Sozialen. Neophänomenologische Grundlagen und soziologische Analysen.* Bielefeld.

Gukenbiehl, H. L. (2006). Soziologie als Wissenschaft. Warum Begriffe lernen? In H. Korte & B. Schäfers (Hg.), *Einführung in Hauptbegriffe der Soziologie* (6. Aufl., S. 11–24). Wiesbaden.

Guttmann, A. (1986). *Sports Spectators.* New York.

Guttmann, A. (2004). *Sports: The first five millennia.* Amherst, Boston.

Habermas, J. (1975). Soziologische Notizen zum Verhältnis von Arbeit und Freizeit. In H. Plessner, H.-E. Bock & O. Grupe (Hg.), *Sport und Leibeserziehung. Sozialwissenschaftliche, pädagogische und medizinische Beiträge* (4. Aufl., S. 28–46). München.

Hachleitner, B. & Manzenreiter, W. (2010). The EURO 2008 bonanza: megaevents, economic pretensions and the sports-media business alliance. *Soccer & Society, 11(6),* 843–853.

Hagemann-White, C. (1984). *Sozialisation: Weiblich – männlich?.* Opladen.

Hall, E. T. (1977). *Beyond culture.* Garden City.

Haller, M. (2005). Auf dem Weg zur mündigen Gesellschaft? Wertewandel in Österreich 1986–2003. In W. Schulz, M. Haller & A. Grausgruber (Hg.), *Österreich zur Jahrhundertwende. Gesellschaftliche Werthaltungen und Lebensqualität 1986–2004* (S. 33–73). Wiesbaden.

Hansen, K. (2000). Gott ist rund und der Rasen heilig. Quasi-religiöse Aspekte der Fußballfaszination. *Universitas, 55*(3), 249–265.

Hardy, C. J. (1990). Social loafing: Motivational losses in collective performance. *International Journal of Sport Psychology, 21*, 305–327.

Hartmann-Tews, I. (2006). Social stratification in sport and sport policy in the European Union. *European Journal for Sport and Society, 3*(2), 109–124.

Hartmann-Tews, I. & Luetkens, S. A. (2006). Sportentwicklung, geschlechtsbezogene Inklusion und Inklusionspolitiken im internationalen Vergleich. In I. Hartmann-Tews & B. Rulofs (Hg.), *Handbuch Sport und Geschlecht* (S. 298–311). Schorndorf.

Harvey, W. (1910). *Die Bewegung des Herzens und des Blutes.* Ludwigshafen.

Haut, J. (2006). Excitement and Identification. Explanations of Sports Spectating from a Figurational Perspective. *SportZeiten, 6*(1), 143–162.

Haut, J. (2011). *Soziale Ungleichheiten in Sportverhalten und kulturellem Geschmack. Eine empirische Aktualisierung der Bourdieu'schen Theorie symbolischer Differenzierung.* Münster.

Haut, J. & Emrich, E. (2011). Sport für alle, Sport für manche. Soziale Ungleichheiten im pluralisierten Sport. *Sportwissenschaft, 41*(4), 315–326.

Heinemann, K. (1994). Aspekte einer Soziologie des Körpers und des Gesundheitsverhaltens. In O. Weiß (Hg.), *Sport. Gesundheit. Gesundheitskultur* (S. 17–29). Wien, Köln, Weimar.

Heinemann, K. (1998). *Einführung in Methoden und Techniken empirischer Forschung im Sport.* Schorndorf.

Heinemann, K. (2007). *Einführung in die Soziologie des Sports* (5. Aufl.). Schorndorf.

Heinze, T. (2001). *Qualitative Sozialforschung. Einführung, Methodologie und Forschungspraxis.* München.

Helle, H. J. (2001). *Theorie der symbolischen Interaktion. Ein Beitrag zum verstehenden Ansatz in Soziologie und Sozialpsychologie* (3., überarbeitete Aufl.). Wicsbaden.

Helmenstein, C., Kleissner, A. & Moser, B. (2006). *Sportwirtschaft in Österreich. Eine Analyse der wirtschaftlichen Bedeutung des Sports in Österreich.* SportsEconAustria, Studie im Auftrag der Wirtschaftskammer Österreich. Wien.

Hemingway, E. (1961). *Death in the afternoon.* New York.

Herder, J. G. (1911). *Ideen zur Kulturphilosophie.* Leipzig.

Hermanns, A. & Drees, N. (1989). Sponsoring-Märkte: Grundlagen und Thesen zur Situation der Gesponserten. In A. Hermanns (Hg.), *Sport- und Kultursponsoring* (S. 88–99). München.

Hermanns, A. & Marwitz, C. (2008). *Sponsoring. Grundlagen, Wirkungen, Management, Markenführung* (3., vollständig überarbeitete Aufl.). München.

Heyer, J. (1998). Massenfaszination Fußball. *Psychologie heute, 25*(7), 34–39.

Höfer, R. (Hg.). (2010). *Imperial sightseeing. Die Indienreise von Erzherzog Franz Ferdinand von Österreich-Este.* Wien.

Hofmeister, G. (1987). Die Sportstättenerhebung 1986 im Vergleich zu den Erhebungen 1976 und 1966. *Schul- und Sportstättenbau, 22*(3), 83–88.

Hofmeister, G. (1994). Drei Jahrzehnte Sportstättenstatistik in Österreich. *Schul- und Sportstättenbau, 29*(5), 4–10.

Hognestad, H. (2009). Für den Verein, gegen die Nation? Rivalisierende Fußballidentitäten. In Ladewig, R. & Vorwinckel, A. (Hg.), *Am Ball der Zeit. Fußball als Ereignis und Faszinosum* (S. 169–179). Bielefeld.

Höllinger, F. (2005). Christliche Religiosität und New Age – zwei Pole des religiösen Feldes der Gegenwartsgesellschaft. In W. Schulz, M. Haller & A. Grausgruber (Hg.), *Österreich zur Jahrhundertwende. Gesellschaftliche Werthaltungen und Lebensqualität 1986-2004* (S. 487–518). Wiesbaden.

Holzweber, F. (1995) „Fit mach mit" – Österreich ist anders. *Spectrum der Sportwissenschaften, 7*(1), 67–79.

Homans, G. C. (1972). *Elementarformen sozialen Verhaltens.* Köln, Opladen (Originalausgabe: Social behaviour: its elementary forms. New York 1961.)

Homans, G. C. (1978). *Theorie der sozialen Gruppe* (7. Aufl.). Opladen.

Honer, A. (1985). Bodybuilding als Sinnsystem. Elemente, Aspekte und Strukturen. *Sportwissenschaft, 15*(2), 155–169.

Horak, R. & Penz, O. (2004). Sportsystem und Ausbildungskarrieren von SpitzensportlerInnen. *SWS-Rundschau, 44*(2), 161–182.

Horak, R., Reiter, W. & Stocker, K. (1985). *Soccer hooliganism. Theoretische Überlegungen zur und erste empirisch-systematische Überprüfung der Fußballgewalt in Österreich.* Forschungsbericht im Auftrag des Bundesministeriums für Wissenschaft und Forschung. Wien.

Horky, T. (2009). Was macht den Sport zum Mediensport? Ein Modell zur Definition und Analyse von Mediensportarten. *Sportwissenschaft, 39*(4), 298–308.

Hortleder, G. (1974). *Die Faszination des Fußballspiels. Soziologische Anmerkungen zum Sport als Freizeit und Beruf.* Frankfurt am Main.

Horton, D. & Wohl, R. R. (1956). Mass communication and para-social interaction. Observation on intimacy at a distance. *Psychiatry, 19,* 215–229.

Hosny, O. (1999). *Beschreibung und Vergleich einer Profifußballmannschaft mit einer Amateur- und einer Hobbymannschaft aus sport- und sozialpsychologischer Sicht hinsichtlich Gruppenstruktur, Teamgeist und Spielerpersönlichkeitsmerkmalen.* Dissertation, Universität Innsbruck. Innsbruck.

Hradil, S. (2006). Soziale Ungleichheit, soziale Schichtung und Mobilität. In H. Korte & B. Schäfers (Hg.), *Einführung in Hauptbegriffe der Soziologie* (6. Aufl., S. 205–227). Wiesbaden.

Hradil, S. (2009). Was prägt das Krankheitsrisiko: Schicht, Lage, Lebensstil? In M. Richter & K. Hurrelmann (Hg.), *Gesundheitliche Ungleichheit. Grundlagen, Probleme und Perspektiven* (2. Aufl., S. 35–54). Wiesbaden.

Hurrelmann, K. & Ulich, D. (Hg.). (2002). *Handbuch der Sozialisationsforschung* (6. Aufl.). Weinheim, Basel.

Husserl, E. (1984). *Die Konstitution der geistigen Welt.* Herausgegeben und eingeleitet von M. Sommer. Hamburg.

IFT (Institut für Freizeit- und Tourismusforschung) (2010). *Sportmonitor. Forschungstelegramm 1/2010, 8/2009.* Zugriff am 10. Oktober 2011 unter http://www.freizeitforschung.at/

IFT (Institut für Freizeit- und Tourismusforschung) (2011). *Freizeitmonitor 2011. Forschungstelegramm, 8/2011.* Zugriff am 1. Juli 2012 unter http://www.freizeitforschung.at.

IMAS (Institut für Markt- und Sozialanalysen) (2002). Umfragebericht. *IMAS-report Nr. 19.* Linz.

IMAS (Institut für Markt- und Sozialanalysen) (2003a). Umfragebericht. *IMAS-report Nr. 24.* Linz.

IMAS (Institut für Markt- und Sozialanalysen) (2003b). Die leicht übergewichtige Nation. *IMAS-report Nr. 25.* Linz.

IMAS (Institut für Markt- und Sozialanalysen) (2013). Österreicher werden sportlich inaktiver. *IMAS-report Nr. 7.* Linz.

Ingham, A. G., Levinger, G., Graves, J. & Peckham, V. (1974). The Ringelmann Effect: Studies of group size and group performance. *Journal of Experimental Social Psychology, 10*(4), 371–384.

ISMA (International Securities Market Association) (2006). *Umfrage Gesundheit.* Im Auftrag des Fonds Gesundes Österreich. Wien.

James, W. (1998). *The principles of psychology.* Bristol. (Originalausgabe: New York 1890).

John, M. (1992). Bürgersport, Massenattraktion und Medienereignis. Zur Kultur- und Sozialgeschichte des Fußballspiels in Österreich. *Beiträge zur historischen Sozialkunde, 22*(3), 76–86.

Johnson, W. (1973). TV made it all new game. In J. T. Talamini & H. P. Charles (Hg.), *Sport and society. An anthology* (S. 452–472). Boston, Toronto.

Kaltenbrunner, A. (Hg.). (2007). *Der Journalisten-Report [1]. Österreichs Medien und ihre Macher. Eine empirische Erhebung.* Wien.

Karazman-Morawetz, I. (1995). Arbeit, Konsum, Freizeit. Veränderungen im Verhältnis von Arbeit und Reproduktion. In R. Sieder, H. Steinert & E. Tálos (Hg.), *Österreich 1945–1995* (S. 409–425). Wien.

Karmasin Marktforschung (2009). *Umfrage Gesundheit.* Im Auftrag des Fonds Gesundes Österreich. Wien.

Kaschuba, W. (1989). Sportivität: Die Karriere eines neuen Leitwertes. *Sportwissenschaft, 19*(2), 154–171.

Kneidinger, B. (2010). Die Konstruktion nationaler Identität in der österreichischen und Schweizer Sportberichterstattung. Eine qualitative Inhaltsanalyse zur Fußball-Europameisterschaft 2008. *SWS-Rundschau, 50*(2), 164–186.

König, R. (1977). *Die Familie der Gegenwart. Ein interkultureller Vergleich* (2. Aufl.). München.

Kravitz, D. A. & Martin, B. (1986). Ringelmann rediscovered: The original article. *Journal of Personality and Social Psychology, 50*(5), 936–941.

Krebs, H. D. (2007). Zurückhaltung oder Furcht vor der eigenen Geschichte? Anmerkungen zur frühen Vergangenheit des Sportjournalismus. *SportZeiten, 7*(3), 41–52.

Kremer, J. & Moran, A. P. (2008). *Pure sport. Practical sport psychology.* London.

Krockow, C. (1974a). *Sport und Industriegesellschaft* (2. Aufl.). München.

Krockow, C. (1974b). Selbst-Bewußtsein, Entfremdung, Leistungssport. *Sportwissenschaft, 4*(1), 9–20.

Krockow, C. (1974c). *Sport. Eine Soziologie und Philosophie des Leistungsprinzips.* Hamburg.

Krockow, C. (1980). *Sport Gesellschaft Politik. Eine Einführung.* München.

Kromrey, H. (2006). *Empirische Sozialforschung. Modelle und Methoden der standardisierten Datenerhebung und Datenauswertung* (11. Aufl.). Stuttgart.

Krüger, M. (1993). *Einführung in die Geschichte der Leibeserziehung und des Sports. Teil. 3. Leibesübungen im 20. Jahrhundert. Sport für alle.* Schorndorf.

Kunczik, M. & Zipfel, A. (2006). *Gewalt und Medien. Ein Studienhandbuch* (5. völlig überarbeitete Aufl.). Köln.

Lamnek, S. (2005). *Qualitative Sozialforschung. Lehrbuch* (4. Aufl.). Weinheim.

Lamprecht, M., Murer, K. & Stamm, H. (2003). Die Genese von Trendsportarten – zur Wirkung von Institutionalisierungs- und Kommerzialisierungsprozessen. In C. Breuer & H. Michels (Hg.), *Trendsport – Modelle, Orientierungen und Konsequenzen* (S. 33–50). Aachen.

Lamprecht, M. & Stamm, H. (2002). *Sport zwischen Kultur, Kult und Kommerz.* Zürich.

Langer, S. K. (1992). *Philosophie auf neuem Wege. Das Symbol im Denken, im Ritus und in der Kunst.* Frankfurt am Main. (Originalausgabe: Philosophy in a new key. A study in the symbolism of reason, rite and art. New York 1948.)

Langreiter, N. (2006). Goldene Jahre. Über Autobiografien österreichischer Schirennläufer. *Österreichische Zeitschrift für Volkskunde,* Bd. LX (109), 1–34.

Lasswell, H. D. (1948). The structure and function of communication in society. In L. Bryson (Hg.), *The communication of ideas* (S. 37–51). New York.

Latané, B., Williams, K. D. & Harkins, S. G. (1979). Many hands make light the work: The causes and consequences of social loafing. *Journal of Personality and Social Psychology, 37*(6), 822–832.

Lau, A. & Stoll, O. (2007). Gruppenkohäsion im Sport. *Psychologie in Österreich, 27*(2), 155–163.

Lavallee, D., Kremer, J., Moran, A. P. & Williams, M. (2004). *Sport psychology. Contemporary themes.* London.

Lazarsfeld, P. F., Berelson, B. & Gaudet, H. (1948). *The people's choice. How the voter makes up his mind in a presidential campaign.* New York.

Lenski, G. (1954). Status crystallization: A nonvertical dimension of social status. *American Sociological Review, 19*, 405–413.

Leonard, G. B. (1973). Winning isn't everything: It's nothing. *Intellectual Digest, 4*, 45–46.

Leonard, W. M. (1984). *A sociological perspective of sport* (2. Aufl.). Minneapolis.

Lewin, K. (1951). *Field theory in social science. Selected theoretical papers.* New York.

Lichtenberger, E. (1997). *Österreich.* Darmstadt.

Liebau, E. (1989). „In-Form-Sein" als Erziehungsziel? Pädagogische Überlegungen zur Sportkultur. *Sportwissenschaft, 19*(2), 139–153.

Linde, H. & Heinemann, K. (1974). *Leistungsengagement und Sportinteresse. Eine empirische Studie zur Stellung des Sports im betrieblichen und schulischen Leistungsfeld* (2. erweiterte Auflage). Schorndorf

Lippmann, W. (1922). *Public opinion.* New York.

Lorenz, K. (1995). *Das sogenannte Böse. Zur Naturgeschichte der Aggression.* Augsburg. (Erstauflage: Wien 1963.)

Luhmann, N. (1975). Veränderungen im System gesellschaftlicher Kommunikation und die Massenmedien. In O. Schatz (Hg.), *Die elektronische Revolution. Wie gefährlich sind die Massenmedien?* (S. 13–30). Graz, Wien, Köln.

Luhmann, N. (2005). *Soziologische Aufklärung 2: Aufsätze zur Theorie der Gesellschaft* (5. Aufl.). Opladen.

Lüschen, G. (1970). Cooperation, association, and contest. *Journal of Conflict Resolution, 14*(1), 21–34.

Maennig, W. & Wellbrock, C. (2008). Sozioökonomische Schätzungen olympischer Medaillengewinne. Analyse-, Prognose- und Benchmarkmöglichkeiten. *Sportwissenschaft, 38*(2), 131–148.

Maletzke, G. (Hg.). (1978). *Psychologie der Massenkommunikation. Theorie und Systematik.* Hamburg. (Erstauflage: 1963.)

Malewski, A. (1967). *Verhalten und Interaktion. Die Theorie des Verhaltens und das Problem der sozialwissenschaftlichen Integration.* Tübingen.

Manseder, H. (2008). *Sportvereine – Fit für die Zukunft. Situation, Entwicklungspotential und Perspektiven von Sportvereinen der SPORTUNION Niederösterreich.* Dissertation, Universität Wien. Wien.

Marcinkowski, F. & Gehrau, V. (2009). Kultivierungseffekte durch Sport im Fernsehen. In H. Schramm & M. Marr (Hg.), *Die Sozialpsychologie des Sports in den Medien* (S. 223–246.). Köln.

Marr, M. (2009). Die mediale Transformation des Sports. In H. Schramm & M. Marr (Hg.), *Die Sozialpsychologie des Sports in den Medien* (S. 15–39). Köln.

Martinez, M. (2002). Warum Fußball? Eine Einführung. In M. Martinez (Hg.), *Warum Fußball? Kulturwissenschaftliche Beschreibungen eines Sports* (S. 7-35). Bielefeld.

Mauss, M. (1972). Die Techniken des Körpers. In R. König & A. Schmalfuss (Hg.), *Kulturanthropologie* (S. 91–108). Düsseldorf, Wien.

Mayntz, R., Holm, K. & Hübner, P. (1978). *Einführung in die Methoden der empirischen Soziologie* (5. Aufl.). Opladen.

Mayrhofer, W., Meyer, M. & Pucher, M. (2007). Vom andern Stern? Soziale Herkunft und berufsrelevante Kompetenzen österreichischer Spitzensportlerinnen und Spitzensportler – eine empirische Analyse. In S. Urnik (Hg.), *Sport und Gesundheit in Wirtschaft und Gesellschaft* (S. 271–286). Wien.

Mayring, P. (2002). *Einführung in die qualitative Sozialforschung. Eine Anleitung zu qualitativem Denken* (5. Aufl.). Weinheim.

Mayring, P. (2008). *Qualitative Inhaltsanalyse. Grundlagen und Techniken* (10. Aufl.). Weinheim.

Mazoll, M. (2009). *Das „Rudelglotzen". Public Viewing als mediales Phänomen des Fernsehens im öffentlichen Raum am Beispiel der UEFA EURO 2008TM.* Magisterarbeit, Institut für Publizistik und Kommunikationswissenschaft der Universität Wien. Wien.

McClelland, D. C. (1976). *The achieving society.* New York. (Originalausgabe: Princeton 1961.)

McClelland, D. C. (1995). *Human motivation* (5. Aufl.). Cambridge.

Mead, G. H. (2003). *Gesammelte Aufsätze. Bd. 1* (Aufsätze aus dem Zeitraum 1894-1930, 1. Aufl. 1980). Frankfurt am Main.

Mead, G. H. (2008). *Geist, Identität und Gesellschaft* (11. Aufl.). Frankfurt am Main. (Originalausgabe: Mind, self and society. From the standpoint of a social behaviorist. Chicago 1934.)

Mead, M. (1992). *Mann und Weib – das Verhältnis der Geschlechter in einer sich wandelnden Welt.* Reinbek. (Originalausgabe: Male and female: A study of the sexes in a changing world. New York 1949.)

Media Focus Research (2012). *Focus Event Informer. Sponsormarkt Österreich 2011. Erstmalige Vollerhebung.* Zugriff am 12. Juni 2012 unter http://www.at.focusmr.com/files/20120329022143.Werbebarometer_1203.pdf

Media Research (2008). *Euro 08. Umfrage. ORF.* Wien.

Meding, M. (1989). Zum Zusammenhang zwischen Kohäsion und Erfolg bei Sportmannschaften. *Sportwissenschaft, 19*(3), 247–271.

Merleau-Ponty, M. (1966). *Phänomenologie der Wahrnehmung*. Berlin.

Merten, K. (1977). *Kommunikation. Eine Begriffs- und Prozeßanalyse*. Opladen.

Michener, J. (1976). *Sports in America*. Greenwich, CT.

Moede, W. (1920). *Experimentelle Massenpsychologie. Beiträge zu einer Experimentalpsychologie der Gruppe*. Leipzig.

Moreno, J. L. (1960). Sociometric base of groups psychotherapy. In J. L. Moreno (Hg.), *The Sociometry Reader* (S. 113–124). Glencoe.

Moreno, J. L. (1967). *Die Grundlagen der Soziometrie. Wege zur Neuordnung der Gesellschaft* (2., erweiterte Aufl.). Köln.

Mrazek, J. (1987). Das Gesundheitskonzept von Jugendlichen. *Brennpunkt der Sportwissenschaft, 1*, 83–103.

Müllner, R. (2002). Sport und Mediatisierung – Österreich vor 1900. In: A. Krüger & W. Buss (Hg.), *Transformationen: Kontinuitäten und Veränderungen in der Sportgeschichte I.*(S. 84-92). Hoya.

Müllner, R. (2011). *Perspektiven der historischen Sport- und Bewegungskulturforschung*. Wien.

Nagel, M. (2003). *Soziale Ungleichheiten im Sport*. Aachen.

Nern, T. (2011). *Rezeption von Sportveranstaltungen durch Fans. Eine empirische Exploration erlebnis- und verhaltensbezogener Faktoren und ihrer soziologischen Rahmenbedingungen am Beispiel von Spielen der Fußball-Bundesliga*. Frankfurt am Main.

Neuhold, L. (2008). Fußball ist mehr!? Unfrisierte Gedanken zu ethischen und theologischen Aspekten des Fußballs. *Sport Magazin, 5b*, 16–25.

Noelle-Neumann, E. (1992). Der getarnte Elefant. Über die Wirkungen des Fernsehens. In R. Burkart (Hg.), *Wirkungen der Massenkommunikation. Theoretische Ansätze und empirische Ergebnisse* (S. 170–177). Wien.

Norden, G. (1999). Sport, Technik und Vermarktung. Das Beispiel des Rollschuhlaufens (bis zum Beginn des Ersten Weltkrieges und im späten zwanzigsten Jahrhundert). *Spectrum der Sportwissenschaften, 11*, Supplement, 17–24.

Norden, G. (2010a). Sportaktivität in der „Freizeitgesellschaft": Entwicklung, Tendenzen und Szenarien. In P. Hilscher, G. Norden, M. Russo & O. Weiß (Hg.), *Entwicklungstendenzen im Sport* (3. Aufl., S. 13–59). Wien.

Norden, G. (2010b): Tennis in Österreich. In P. Hilscher, G. Norden, M. Russo & O. Weiß (Hg.), *Entwicklungstendenzen im Sport* (3. Aufl., S. 213–242). Wien.

Norden, G. & Schulz, W. (1988). *Sport in der modernen Gesellschaft*. Linz.

NPO-Institut (2009). *Freiwilliges Engagement in Österreich. 1. Freiwilligenbericht*. Bundesministerium für Arbeit, Soziales und Konsumentenschutz (Hg.). Zugriff am 12. Juni 2012 unter http://www.bmask.gv.at/cms/site/attachments/3/4/0/CH0016/CMS1245323761951/freiwilligenbericht.pdf.

Opper, E. (1998). *Sport – ein Instrument zur Gesundheitsförderung für alle? Eine empirische Untersuchung zum Zusammenhang von sportlicher Aktivität, sozialer Lage und Gesundheit.* Aachen.

ÖWA (Österreichische Web-Analyse) Plus (2011). *Tagesreichweiten ÖWA Plus 2010 – IV.* Zugriff am 16. September 2011 unter http://www.oewa.at/ÖWA Plus/Präsentation Tagesdaten ÖWA Plus 2010-IV

Parsons, T. (1954). *Essays in sociological theory.* New York.

Pawlow, I. P. (1953). *Ausgewählte Werke.* Berlin.

Peper, D. (1981). *Aggressive Motivation im Sport. Literaturanalyse, Theoriebildung und empirische Felduntersuchung zum Katharsis-Problem.* Ahrensburg.

Peter, R. (2001). Berufsstatus und Gesundheit. In A. Mielck & K. Bloomfield (Hg.), *Sozialepidemiologie* (S. 28–38). München.

Pfetsch, F. R. (1975). *Leistungssport und Gesellschaftssystem. Sozio-politische Faktoren im Leistungssport. Die Bundesrepublik Deutschland im internationalen Vergleich.* Schorndorf.

Pilz, G. A. (1982). *Sport und körperliche Gewalt.* Reinbek.

Pilz, G. A. (1988). *Die Welt der Fans. Aspekte einer Jugendkultur.* München.

Pilz, G. A. (2009). „Wir sind die Macht". Wandlungen der Zuschauergewalt im Fußball. In M. Marschik, R. Müllner, O. Penz & G. Spitaler (Hg.), *Sport Studies* (S. 186–199). Wien.

Pilz, G. A. (2012). Von der Fankultur zum Gewalt-Event. Wandlungen des Zuschauerverhaltens im Fußball. *SIAK-Journal – Zeitschrift für Polizeiwissenschaft und polizeiliche Praxis, 9/4,* 60–71.

Pitsch, W., Maats, P. & Emrich, E. (2009). Zur Häufigkeit des Dopings im deutschen Spitzensport – eine Replikationsstudie. In E. Emrich & W. Pitsch (Hg.), *Sport und Doping. Zur Analyse einer antagonistischen Symbiose* (S. 19–34). Frankfurt am Main.

Plessner, H. (1975). Spiel und Sport. In H. Plessner, H.-E. Bock, & O. Grupe (Hg.), *Sport und Leibeserziehung. Sozialwissenschaftliche, pädagogische und medizinische Beiträge* (4. Aufl., S. 17–27). München.

Plessner, H. (2003a). *Gesammelte Schriften IV. Die Stufen des Organischen und der Mensch. Einleitung in die philosophische Anthropologie.* Frankfurt am Main.

Plessner, H. (2003b). *Gesammelte Schriften VII. Ausdruck und menschliche Natur (Schriften aus dem Zeitraum 1918-1972).* Frankfurt am Main.

Plessner, H. (2003c). *Gesammelte Schriften VIII. Conditio humana (Schriften aus dem Zeitraum 1935-1975).* Frankfurt am Main

Plessner, H. (2003d). *Gesammelte Schriften X. Schriften zur Soziologie und Sozialphilosophie (Schriften aus dem Zeitraum 1924-1969).* Frankfurt am Main.

Plessner, H. (2010). Zur deutschen Ausgabe. In P. L. Berger & T. Luckmann: *Die gesellschaftliche Konstruktion der Wirklichkeit. Eine Theorie der Wissenssoziologie* (23. Aufl., S. IX–XVI). Frankfurt am Main.

Pochobradsky, E., Habl, C. & Schleicher, B. (2002). *Soziale Ungleichheit und Gesundheit.* Österreichisches Bundesinstitut für Gesundheitswesen. Wien.

Popitz, H. (1987). Autoritätsbedürfnisse. Der Wandel der sozialen Subjektivität. *Kölner Zeitschrift für Soziologie und Sozialpsychologie, 39,* 633–647.

Popitz, H. (1989). *Epochen der Technikgeschichte.* Tübingen.

Portmann, A. (1956). *Zoologie und das neue Bild vom Menschen. Biologische Fragmente zu einer Lehre vom Menschen* (nach der 2. Aufl. vom Verf. neubearbeitet). Hamburg.

Portmann, A. (1969). *Biologische Fragmente zu einer Lehre vom Menschen* (3. erweiterte Aufl.). Basel, Stuttgart.

Preisendörfer, P. (2001). Sozialprofil und Lebenslage von Haushalten ohne Auto. *Kölner Zeitschrift für Soziologie und Sozialpsychologie, 53*(4), 734–750.

Prenner, K. (1972). Aggressivität und Gewalt im Sport. Versuch einer soziologischen Analyse. *Die Leibeserziehung, 21,* 340–344.

Preuß, H., Siller, H. J., Zehrer, A., Schütte, N. & Stickdorn, M. (2010). *Wirtschaftliche Wirkungen und Besucherzufriedenheit mit der UEFA EURO 2008™. Eine empirische Analyse für Österreich.* Wiesbaden.

Przyborski, A. & Wohlrab-Sahr, M. (2009). *Qualitative Sozialforschung. Ein Arbeitsbuch* (2. Aufl.). München.

Pulg, H. (2008). *Der Einfluss der Gruppengröße auf die Kohäsion in Handballmannschaften.* Diplomarbeit, Universität Mainz. Mainz.

Raney, A. A. (2004). Motives for using sport in the media: Motivational aspects of sport reception processes. In H. Schramm (Hg.), *Die Rezeption des Sports in den Medien* (S. 49–74). Köln.

Rapoport, A. & Horvath, W. J. (1959). Thoughts on organization theory. *General Systems, 14,* 87–91.

Rapp, C. (1997). *Höhenrausch. Der deutsche Bergfilm.* Wien.

Reichardt, R. H. (1981). *Einführung in die Soziologie für Juristen.* Wien, Köln, Graz.

Reimann, H. (1968). *Kommunikations-Systeme.* Tübingen.

Reiterer, A. F. (2003). *Gesellschaft in Österreich. Struktur und sozialer Wandel im globalen Vergleich* (3. überarbeitete und aktualisierte Aufl.). Wien.

Research International (2006). *TV-Umfrage 2006.* Im Auftrag von UPC. Rotterdam.

Richter, R. (2006). *Österreichische Lebensstile.* Wien.

Riepl, B. & Blum, J. (2008). *Bewegung und Sport bei 14- bis 20-jährigen Jugendlichen in Österreich.* Forschungsbericht im Auftrag des Bundeskanzleramtes und Fonds Gesundes Österreich. Österreichisches Institut für Jugendforschung. Wien.

Rigauer, B. (1982). *Sportsoziologie. Grundlagen, Methoden, Analysen.* Reinbek.

Ringelmann, M. (1913). Recherches sur les moteurs animés : Travail de l'homme. *Annales de l'Institut National Agronomique, XII,* 1–40.

Rittner, V. (1989). Körperbezug, Sport und Ästhetik. Zum Funktionswandel der Sportästhetik in komplexen Gesellschaften. *Sportwissenschaft, 19*(4), 359–377.

Rose, A. M. (1973). Systematische Zusammenfassung der Theorie der symbolischen Interaktion. In H. Hartmann (Hg.), *Moderne amerikanische Soziologie. Neuere Beiträge zur soziologischen Theorie* (2., umgearbeitete Aufl., S. 264–283). München.

Röthig, P. (2003). *Sportwissenschaftliches Lexikon* (5. Aufl.). Schorndorf.

Rulofs, B. (2009). Gewalt und Sport. Begriffsdifferenzierungen und Analyseansätze aus sozialwissenschaftlicher Perspektive. In M. Marschik, R. Müllner, O. Penz & G. Spitaler (Hg.), *Sport Studies* (S. 174–185). Wien.

Rulofs, B. (2010). Geschlechterungleichheiten im österreichischen Sportjournalismus? – Reflexionen zur Geschlechterordnung in den Sportmedien. In M. Marschik & R. Müllner (Hg.), *„Sind's froh, dass Sie zu Hause geblieben sind". Mediatisierung des Sports in Österreich* (S. 392–406). Göttingen.

Sabo, D., Miller, K.E., Melnick, M.J., Farrell, M.P., & Barnes, G. M. (2005): High school Athletic Participation and Adolescent Suicide: A Nationwide Study. *International Review for the Sociology of Sport*, 40(1), 5–23.

Sachsse, R. (2010). Angerers Fechtstudio, Rübelts Fußballballett und Kruckenhausers Skischule. Anmerkungen zur Geschichte der österreichischen Sportfotografie. In M. Marschik & R. Müllner (Hg.), *„Sind's froh, dass Sie zu Hause geblieben sind". Mediatisierung des Sports in Österreich* (S. 98–107). Göttingen.

Sachverständigenkommission (1984). *Verbesserung der Chancengleichheit von Mädchen in der Bundesrepublik Deutschland – Sechster Jugendbericht – Bericht der Sachverständigenkommission*. Bonn.

Schauerte, T. (2010). Ökonomisierung des Mediensports: Entwicklungen und Auswirkungen. In M. Marschik & R. Müllner (Hg.), *„Sind's froh, dass Sie zu Hause geblieben sind". Mediatisierung des Sports in Österreich* (S. 365–378). Göttingen.

Schediwy, D. (2012). *Ganz entspannt in Schwarz-Rot-Gold? Der Neue deutsche Fußballpatriotismus aus sozialpsychologischer Perspektive*. Münster.

Scheerder, J., Vanreusel, B., Taks, M. & Renson, R. (2002). Social sports stratification in Flanders 1969-1999: Intergenerational reproduction of social inequalities? *International Review for the Sociology of Sport, 37*(2), 219–246.

Scheid, C. & Renner, K. (2011). Leistungsethik in der Transformation: Die Bedeutung der Arbeit. In: R. Polak (Hg.), *Zukunft. Werte. Europa. Die Europäische Wertestudie 1990–2010. Österreich im Vergleich* (S. 137–164). Wien, Köln, Weimar.

Scheler, M. (2005). *Die Stellung des Menschen im Kosmos*. Bonn. (Originalausgabe: Darmstadt 1930.)

Schelsky, H. (1979a). Der Realitätsverlust der modernen Gesellschaft. In H. Schelsky (Hg.), *Auf der Suche nach der Wirklichkeit. Gesammelte Aufsätze zur Soziologie der Bundesrepublik* (S. 394–409). Düsseldorf, Köln.

Schelsky, H. (1979b). Gedanken zur Rolle der Publizistik in der modernen Gesellschaft. In H. Schelsky (Hg.), *Auf der Suche nach der Wirklichkeit. Gesammelte Aufsätze zur Soziologie der Bundesrepublik* (S. 304–324). Düsseldorf, Köln.

Schimank, U. (1988). Die Entwicklung des Sports zum gesellschaftlichen Teilsystem. In R. Mayntz, B. Rosewitz, U. Schimank & R. Stichweh (Hg.), *Differenzierung und Verselbständigung – Zur Entwicklung gesellschaftlicher Teilsysteme* (S. 181–231). Frankfurt am Main.

Schimank, U. (2001). Die gesellschaftliche Entbehrlichkeit des Spitzensports und das Dopingproblem. In H. Digel (Hg.), *Spitzensport. Chancen und Probleme* (S. 12–25). Schorndorf.

Schimank, U. (2008). Sport im Prozess gesellschaftlicher Differenzierung. In K. Weis & R. Gugutzer (Hg.), *Handbuch Sportsoziologie* (S. 68–74). Schorndorf.

Schlicht, W. & Strauß, B. (2003). *Sozialpsychologie des Sports. Eine Einführung.* Göttingen, Bern, Toronto, Seattle.

Schmiade, N. & Mutz, M. (2012). Sportliche Eltern, sportliche Kinder. Die Sportbeteiligung von Vorschulkindern im Kontext sozialer Ungleichheit. *Sportwissenschaft, 42*(2), 115–125.

Schmickl, G. (2006). „Wos is'?" Beiträge zum österreichischen Sportjournalismus. In M. Marschik & G. Spitaler (Hg.), *Helden und Idole. Sportstars in Österreich* (S. 101–111). Innsbruck.

Schmidt, R. (2002). *Pop – Sport – Kultur. Praxisformen körperlicher Aufführungen.* Konstanz.

Schnell, R., Hill, P. B. & Esser, E. (2008). *Methoden der empirischen Sozialforschung* (8. Aufl.). München.

Schöbel, H. (2000). *Olympia und seine Spiele.* Berlin. (Erstauflage: Leipzig 1965.)

Schulz, H. J. (1986). *Aggressive Handlungen von Fußballfans.* Schorndorf.

Schulz, W. (2008). *Soziologie. Für Studierende der Sozialwissenschaften, Wirtschaftswissenschaften, Rechtswissenschaften.* Wien.

Schulz, W. & Pichler, F. (2005). Lebensqualität in Österreich – ein 20-Jahres Vergleich. In W. Schulz, M. Haller & A. Grausgruber (Hg.), *Österreich zur Jahrhundertwende. Gesellschaftliche Werthaltungen und Lebensqualität 1986–2004* (S. 75–113). Wiesbaden.

Schulze, B. (2007). Sport als Teilsystem der Gesellschaft – Konsens und Kontroversen. *Leipziger Sportwissenschaftliche Beiträge, XLVIII* (1), 86–96.

Schulze, G. (2000). *Die Erlebnis-Gesellschaft. Kultursoziologie der Gegenwart* (8. Aufl.). Frankfurt am Main, New York.

Schumpeter, J. A. (2005). *Kapitalismus, Sozialismus und Demokratie* (8., unveränderte Aufl.). Tübingen.

Schwietring, T. (2011). *Was ist Gesellschaft? Einführung in soziologische Grundbegriffe.* Konstanz.

Seidl, C., Beutelmeyer, W., Wührer G. A., Rothmayer, F., Starmayr, B., Eder, S., Rosska, G., Hornsteiner, S., Baco, U. & Pfarrhofer, D. (1997). *Der Homo Austriacus in einer veränderten Welt.* Linz.

Seifart, H. (1982). Sportsendungen. In H. Kreuzer (Hg.), *Sachwörterbuch des Fernsehens.* Göttingen.

Seppänen, P. (1976). Die Rolle des Leistungssports in den Gesellschaften der Welt. In G. Lüschen, & K. Weis (Hg.), *Die Soziologie des Sports* (S. 87–100). Darmstadt, Neuwied.

Sharpe, G. (2001). *The Final Whistle. Midfield farewells, sudden deaths, and other strange but true passings from football's history.* London.

Shecter, L. (1970). *The jocks.* New York.

SIAK (Sicherheitsakademie) (Hg.) (o.J., aber 2009). *Euro 2008. Endbericht. Die besonderen Informations- und Kommunikationsstrukturen im Führungsprozess bei Besonderen Aufbauorganisationen (BAO) am Beispiel des Sportgroßereignisses UEFA EURO 2008.* Wien.

Silberer, V. (1900). *Handbuch der Athletik nebst einer Anleitung zum Boxen.* Wien.

Simmel, G. (1958). *Soziologie.* Berlin. (Originalausgabe: Leipzig 1908.)

Singer, R. & Willimczik, K. (Hg.). (2002). *Sozialwissenschaftliche Forschungsmethoden in der Sportwissenschaft.* Hamburg.

Snyder, E. E. & Spreizer, E. A. (1989). *Social aspects of sport* (3. Aufl.). Englewood Cliffs.

Spectra (2012). Laufen und Nordic Walking: Beeindruckende Konstanz über viele Jahre. *Spectra-Aktuell, 8*(12). Zugriff am 9. Februar 2012 unter http://www1.spectra.at/cms/aktuelles/spectra-aktuell/2012/

Spencer, H. (1876). *The principles of sociology.* London.

Spitaler, G. (2005): *Authentischer Sport – inszenierte Politik? Zum Verhältnis von Mediensport, Symbolischer Politik und Populismus in Österreich.* Frankfurt am Main.

Spitz, R. (1996). *Vom Säugling zum Kleinkind, Naturgeschichte der Mutter-Kind-Beziehung im ersten Lebensjahr.* Stuttgart. (Originalausgabe: The First Year of Life. A psychoanalytic study of normal and deviant development of object relations. New York 1965.)

Stark, B. (2009). Konstanten und Veränderungen der Mediennutzung in Österreich – empirische Befunde aus den Media-Analyse-Daten (1996-2007). *SWS-Rundschau, 49*(2), 130–153.

Statistik Austria (2006). *Lebenserwartung.* Zugriff am 19. Jänner 2011 unter http://www.statistik.at/; Button Lebenserwartung

Steffgen, G., Fröhling, R. & Schwenkmezger, P. (2000). Motive sportlicher Aktivität. Psychometrische Untersuchungen einer Kurzform der ATPA-D-Skalen. *Sportwissenschaft, 30*(4), 408–421.

Steiner, I. D. (1972). *Group process and productivity.* New York.

Steiner, M. (2008). *Super Bowl: Werbespots sind die eigentlichen Stars. „In den USA hat TV eine ganz andere Dimension".* Zugriff am 10. August 2011 unter http://www.pressetext.com/news/20080205002

Stern, M. (2010). *Stil-Kulturen. Performative Konstellationen von Technik, Spiel und Risiko in neuen Sportarten.* Bielefeld.

Stollenwerk, H. J. (1996). *Sport – Zuschauer – Medien.* Aachen.

Storch, O. (1949). Erbmotorik und Erwerbsmotorik. *Anzeiger. Österreichische Akademie der Wissenschaften. Mathematisch-naturwissenschaftliche Klasse, 86,* 18–40.

Strabl, J. (Hg.). (1980). *Wir Sportreporter. 100 Jahre österreichische Sportpresse.* Wien.

Strauß, B. (2004). The home is my castle? In D. H. Jütting (Hg.), *Die lokal-globale Fußballkultur – wissenschaftlich beobachtet* (S. 208–220). Münster.

Strauß, B. & Haag, H. (Hg.). (1994). *Forschungsmethoden – Untersuchungspläne – Techniken der Datenerhebung in der Sportwissenschaft.* Schorndorf.

Strauß, B., Haag, H. & Kolb, M. (Hg.). (1999). *Datenanalyse in der Sportwissenschaft. Hermeneutische und statistische Verfahren.* Schorndorf.

Strauß, B. & Welberg, M. (2008). Der Heimvorteil bei Kontinentalmeisterschaften im Fußball. *Spectrum der Sportwissenschaften, 20*(1), 64–73.

Strohmeyer, H. (1983). Leibesübungen und Leibeserziehung im Prozeß der Modernisierung. *Beiträge zur historischen Sozialkunde, 13*(1), 3–18.

Stryker, S. (1976). Die Theorie des Symbolischen Interaktionismus. In: M. Auwärter, E. Kirsch & K. Schröter (Hg.), *Seminar: Kommunikation, Interaktion, Identität* (S. 257–274). Frankfurt am Main.

Studer, F., Schlesinger, T. & Engel, C. (2011). Socio-economic and cultural determinants of sports participation in Switzerland from 2000 to 2008. *European Journal for Sport and Society, 8*(3), 147–166.

Sutter, M. & Rützler, D. (2010). Gender Differences in Competition Emerge Early in Life. *Discussion Paper 5015(6), IZA- Forschungsinstitut zur Zukunft der Arbeit,* Bonn.

Syed, M. (2010). *Was heißt schon Talent? Mozart, Beckham, Federer und das Geheimnis von Spitzenleistungen.* München.

Szymanski, S. (2000). The market for olympic gold medals. *World Economics, 1*(4), 207–214.

Taliaferro, L.A., Eisenberg, M.E., Johnson, K.E., Nelson, T.F. & Neumark-Sztainer, D. (2011). Sport participation during adolescence and suicide ideation and attempts. *International Journal of Adolescent Medicine and Health, 23*(1), 3–10.

Tcha, M. (2004). The color of medals: an economic analysis of the Eastern and Western blocs' performance in the Olympics. *Journal of Sports Economics*, 5(4), 311–328.

Teletest (2011). Zugriff am 3. August 2011 unter http://medienforschung.orf.at/fernsehen

Tenenbaum, G. & Driscoll, M.P. (2005). *Methods of research in sport sciences. Qualitative and quantitative approaches.* Oxford, Graz.

Theweleit, K. (2008). Fußball und Gewalt-Abfuhr. *Sport Magazin*, 5b, 46-52.

Thomas, A. (1992). *Grundriß der Sozialpsychologie. Bd. 2: Individuum – Gruppe – Gesellschaft.* Göttingen.

Tischler, H. L., Whitten, P. & Hunter, D. E. K. (2010). *Introduction to sociology* (10. Aufl.). Wadsworth.

Triplett, N. (1898). The dynamogenic factors in pacemaking and competition. *American Journal of Psychology*, 8 (9), 507–533.

UEFA EURO (2008). *Marketing Review.* Nyon.

van der Meij, L., Almela, M., Hidalgo, C. V., Ijzerman, H., van Lange, P. A. M. & Salvador, A. (2012). Testosterone and Cortisol Release among Spanish Soccer Fans Watching the 2010 World Cup Final. *PLoS One, 7*(4), e34814.

Veblen, T. (2007). *Theorie der feinen Leute. Eine ökonomische Untersuchung der Institutionen.* Frankfurt am Main. (Originalausgabe: The theory of the leisure class. An economic study of institutions. New York 1899.)

Venus, T. (2010). Sport im Rundfunk. Die Entwicklung der aktuellen Sportberichterstattung im österreichischen Hörfunk 1924–1938. In M. Marschik & R. Müllner (Hg.), *„Sind's froh, dass Sie zu Hause geblieben sind". Mediatisierung des Sports in Österreich* (S. 67–76). Göttingen.

Verein Arbeitsgemeinschaft Media-Analysen (2010). *Mediaanalyse 2010.* Wien.

Vinnai, G. (1970). *Fußballsport als Ideologie.* Frankfurt am Main.

Voigt, D. (1992). *Sportsoziologie. Soziologie des Sports.* Frankfurt am Main.

Wacquant, L. (2003). *Leben für den Ring. Boxen im amerikanischen Ghetto.* Konstanz.

Wagner, P. & Singer, R. (2003). Ein Fragebogen zur Erfassung der habituellen körperlichen Aktivität verschiedener Bevölkerungsgruppen. *Sportwissenschaft, 33*(4), 383–397.

Walseth, K. (2006). Sport and belonging. *International Review for the Sociology of Sport, 41*(3–4), 447–464.

Wann, D. L., Melnick, M. J., Russel, G. W. & Pease, D. G. (2001). *Sport Fans – The Psychology and Social Impact of Spectators.* London.

Webber, S. (1998). All Lined up with someplace to go: A history of in-line roller skates & skating. *Historical Roller Skating Overview, 65*, 3–7.

Weber, M. (1934). *Die protestantische Ethik und der Geist des Kapitalismus.* Tübingen. (Zuerst in Archiv für Sozialwissenschaften und Sozialpolitik,1904/05.)

Weber, M. (2010). *Wirtschaft und Gesellschaft: Grundriss der verstehenden Soziologie. Zwei Teile in einem Band.* Frankfurt am Main. (Originalausgabe: Tübingen 1922.)

Weinberg, K. S. & Arond, H. (1976). Die Berufskultur des Boxers. In G. Lüschen. & K. Weis (Hg.), *Die Soziologie des Sports* (S. 253–260). Darmstadt, Neuwied.

Weis, K. (1989). Sport und Olympische Spiele als moderne soziale Institution. In H. J. Hoffmann-Nowotny (Hg.), *Kultur und Gesellschaft. Gemeinsamer Kongress, Deutsche-Österreichische-Schweizerische Gesellschaft für Soziologie, Zürich 1988* (S. 435–437), Zürich.

Weis, K. (2008). Sport im Prozess der Säkularisierung. In K. Weis & R. Gugutzer (Hg.), *Handbuch Sportsoziologie* (S. 75–87). Schorndorf.

Weis, K. & Gugutzer, R. (2008). *Einleitung: Sport in Gesellschaft und Soziologie.* In K. Weis & R. Gugutzer (Hg.), *Handbuch Sportsoziologie* (S. 7–15). Schorndorf.

Weiß, O. (1990). *Sport und Gesellschaft. Eine sozialpsychologische Perspektive.* Wien.

Weiß, O. (1999). *Einführung in die Sportsoziologie.* Wien.

Weiß, O. (2001). Identity reinforcement in sport. Revisiting the symbolic interactionist legacy. *International Review for the Sociology of Sport, 36*(4), 393–405.

Weiß, O. (2008). Soziale Gruppen im Sport. In K. Weis & R. Gugutzer (Hg.), *Handbuch Sportsoziologie* (S. 152–160). Schorndorf.

Weiß, O., Hilscher, P., Norden, G. & Russo, M. (1999). Sport 2000. *Entwicklung und Trends im österreichischen Sport.* Forschungsbericht. Institut für Sportwissenschaft der Universität Wien, BSO. Wien.

Weiß, O., Hilscher, P., Norden, G. & Russo, M. (2010). Sport 2000. Entwicklungen und Trends im österreichischen Sport. In P. Hilscher, G. Norden, M. Russo & O. Weiß (Hg.), *Entwicklungstendenzen im Sport* (3. Aufl., S. 61–78). Wien.

Wendl, K. (2009). *Sport im Alltag – Sport im Fernsehen: Der öffentlich-rechtliche Sportauftrag des ORF. Eine Studie über den Zusammenhang von aktiv ausgeübtem und passiv rezipiertem (Fernseh-)Sport am Beispiel Vorarlberger Jugendlicher.* Dissertation, Universität Salzburg. Salzburg.

Wenner, L. A. (Hg.) (1998). *MediaSport.* London.

Wenner, L. A. & Gantz, W. (1998). Watching sports on television: Audience experience, gender, fanship, and marriage. In L. A. Wenner (Hg.), *MediaSport* (S. 233–251). London.

White, D. M. (1950). The „gate keeper": A case study in the selection of news. *Journalism Quarterly, 27,* 383–390.

Widmeyer, W. N. (1990). Group composition in sport. *International Journal of Sport Psychology, 21,* 264–285.

Wilhelm, A. (1999). Einstellung und Motivation zur Sportteilnahme. *Sportwissenschaft, 29*(4), 427–439.

Wilhelm, A. (2001). *Im Team zum Erfolg. Ein sozial-motivationales Verhaltensmodell zur Mannschaftsleistung.* Lengerich, Wien.

Williams, J. M. & Hacker, C. M. (1982). Causal relationships among cohesion, satisfaction, and performance in women's intercollegiate field hockey teams. *Journal of Sport and Exercise Psychology, 4*, 324–337.

Williams, K. D., Nida, S. A., Baca, L. D. & Latané, B. (1989). Social loafing and swimming: Effects of identifiability on individual and relay performance of intercollegiate swimmers. *Basic and Applied Social Psychology, 10*(1), 73–81.

Willimczik, K. (1997). *Statistik im Sport. Grundlagen, Verfahren, Anwendungen* (3. überarbeitete Aufl.). Hamburg.

Winkler, J. (1995a). Zum Stand der Soziologie des Sports in der Bundesrepublik Deutschland. In J. Winkler & K. Weis (Hg.), *Soziologie des Sports. Theorieansätze, Forschungsergebnisse und Forschungsperspektiven* (S. 9–20). Opladen.

Winkler, J. (1995b). Lebensstil und Sport. Der Sport als ‚stilistische Möglichkeit' in der Symbolisierung der Lebensführung. In J. Winkler & K. Weis (Hg.), *Soziologie des Sports. Theorieansätze, Forschungsergebnisse und Forschungsperspektiven* (S. 261–280). Opladen.

Winter, I.C. & Klob, B. (2011). *Fußball und Sicherheit in Österreich.* Frankfurt am Main.

Wopp, C. (1995). *Entwicklungen und Perspektiven des Freizeitsports.* Aachen.

Wössner, J. (1979). *Soziologie. Einführung und Grundlegung* (8. Aufl.). Wien, Köln, Graz.

Wright, G. H. v. (1979). *Norm und Handlung. Eine logische Untersuchung.* Königstein.

Zapotoczky, K. (2005). Lebensstilgestaltung: Möglichkeiten und Grenzen. In K. Zapotoczky, A. Grausgruber & R. Mechtler (Hg.), *Lebensstil als Gesundheitsfaktor. Ergebnisse des elften Linzer Gesundheitssymposiums* (April 2003) (S. 37–59). Linz.

Zurcher, L. A. & Meadow, A. (1979). Über Stierkampf und Baseball: Ein Beispiel für Verflechtung sozialer Institutionen. In K. Hammerich & K. Heinemann (Hg.), *Texte zur Soziologie des Sports. Sammlung fremdsprachiger Beiträge* (2. Aufl., S. 110–130). Schorndorf.

Zeitungen, Zeitschriften:

Der Standard. Österreichs unabhängige Tageszeitung. Wien
Sportnachrichten. Wochenschrift für Sport und Bewegungsspiele. Wien.

Index

Fettmarkierte Seitenzahlen zeigen die Definitionen an.

Gertrud Pfister, Mari Kristin Sisjord (Eds.)

Gender and Sport

Changes and Challenges

2013, 276 pages, pb, € 38,00
ISBN 978-3-8309-2873-7

This volume covers current issues, cutting-edge debates and new knowledge on women and sport. The range of topics extends from female coaches and women in sport to sexual harassment, from snowboarders to schoolgirls, and from physical education to football. The aim of this book is to provide an overview of the current debates on gender and sport from a women's perspective, to share new knowledge about important issues, in particular about gender (in)equalities, and to present insights into the causes and effects of the debates and developments in the arena of women's sport.

Klaus Hefner

Amateurfußballtrainer der neuen Generation

Grenzgänger am Rande der Ehrenamtlichkeit

Edition Global-lokale Sportkultur, Band 29
2012, 264 Seiten, br., 29,90 €
ISBN 978-3-8309-2788-4

Diese Studie untersucht anhand von 10 Einzelfallbeispielen nicht nur die Biographien und Sportkarrieren der Trainer, sondern auch den Wandel dieser Funktionsrolle von einer weitestgehend ehrenamtlichen Laientätigkeit zu einer quasi-professionellen Erwerbstätigkeit.

Daniel Schönert

Präsidenten in Fußballvereinen

Eine soziologische Studien über ehrenamtliche Vereinsvorsitzende im (semi-)professionellen Fußball

Edition Global-lokale Sportkultur, Band 28
2011, 236 Seiten, br., 29,90 €
ISBN 978-3-8309-2530-9

Im Rahmen dieser Studie sind die ehrenamtlichen Vereinspräsidenten der vier höchsten deutschen Fußballligen in den sportsoziologischen Blick genommen worden. Dadurch konnten Karrierewege dieser Positionselite nachgezeichnet, soziale Hintergründe eruiert wie Persönlichkeitsmerkmale zugewiesen und in einen Zusammenhang mit dem ehrenamtlichen Amtsgeschäft gestellt werden.

WAXMANN
Münster · New York · München · Berlin